国家重点档案专项资金资助项目

民国时期重庆民族工业发展档案汇编

重庆电力股份有限公司

第⑦辑

重庆市档案馆◎编

唐润明◎主编

西南师范大学出版社
国家一级出版社 全国百佳图书出版单位

四、职员名册（续）

重庆电力股份有限公司全体职员名册（一九四六年）……三一八八
重庆电力股份有限公司关于请查收公司主管人调查表致重庆行辕的代电（一九四八年四月十二日）……三二二七
重庆电力股份有限公司一九四八年职员动态表（一九四八年）……三二二九
重庆电力股份有限公司职员人数统计表（一九四九年八月）……三二六八
重庆电力股份有限公司职工人数、薪酬统计表（一九四九年十月二十四日）……三三二九
重庆电力股份有限公司职员考绩册……三三三〇
重庆电力股份有限公司应请加级各员姓名表……三三六〇
关于秘书室检送一九四六年度考绩册及考绩办法致稽核室的函(附办法、名册)（一九四七年七月二十五日）……三三六一
重庆电力股份有限公司稽核室及所属各股职员姓名、薪金清册……三四一四
重庆电力股份有限公司一九四五年到职职员名册……三四一九
重庆电力股份有限公司各科、厂、处、组、社高级职员一九四三年、一九四四年考绩清册……三四二四
重庆电力股份有限公司一九四三年到职职员册考绩后记……三四七七
重庆电力股份有限公司各科科长及各办事处主任名册……三四八六
重庆电力股份有限公司各科室职员一九四一年度考绩改支薪金清册……三四八九
重庆电力股份有限公司全体职员姓名、薪级册……三五二六
重庆电力股份有限公司各科、股职员姓名清册……三五三〇

目录

重庆电力股份有限公司全体工友名册……三五五五
重庆电力股份有限公司稽核室稽查股现有职员名册……三七二一
重庆电力股份有限公司一九四七年到职名册……三七二三

四、职员名册（续）

重庆电力股份有限公司全体职员名册（一九四六年） 0219-1-33

59

重慶電力股份有限公司全體職員名册

卅五年

重庆电力股份有限公司全体职员名册（一九四六年） 0219-1-33

5 9-1

重慶電力股份有限公司经理室

職別	姓名	年齡	籍貫	到職年月	學歷	經歷	薪金	備註
總经理	劉航琛	五六	四川省 泸縣	二十一年 四月 日	北平大学政经系畢業			
協理	程本臧	四三	浙江省 奉化縣	二十二年 二月 日	交通大学電机工程系畢業	一〇〇〇	一〇〇〇〇	外支超級一百五十元
秘書	張君鼎	四二	四川省 長寿縣	二十八年 十二月 日	上海法科大学经济系畢業		三六〇〇〇	
助理秘書	何逸飛	四三	四川省 重庆縣	三十五年 一月 日	四川法政專校法科畢業		一四〇〇〇	兼办收費及用檢組事宜
主任秘書	劉正華		省 縣	三十年 月 日			三〇〇〇〇	
秘書	董航庚	四一	四川省 成都縣	三十一年 四月 日	成都縣立中学畢業		二六〇〇〇	
	楊新民		省 縣	年 月 日			三〇〇〇〇	
			省 縣	年 月 日				
			省 縣	年 月 日				
			省 縣	年 月 日				
			省 縣	年 月 日				
			省 縣	年 月 日				
			省 縣	年 月 日				
			省 縣	年 月 日				

重庆电力股份有限公司全体职员名册（一九四六年） 0219-1-33

60

重慶電力股份有限公司總工程師室

職工別	號數	姓名	年齡	籍貫	到職年月	學歷	經歷	薪金	備註
總工程師		吴錫瀛	四一	四川省岳池縣	二十二年六月日	交通大学机械系畢業			兼工務科長
工程師		周傳甲	三七	浙江省杭縣	三十四年四月日	浙江大学電机系畢業			
工務員		郭大成	二九	四川省泸縣	三十五年一月日	武汉大学電机系畢業			

61

重慶電力股份有限公司總務科

職工別	號數	姓名	年齡	籍貫	到職年月	學歷	經歷	薪金	備註
科長		張儒修	四九	四川省成都縣	三十年四月日				用電檢查組長
副科長		董毓庚	四一	四川省成都縣	三十一年四月日	華陽舊制中学			調為本公司秘書
工程師		汪振祥	四〇	浙江省杭縣	三十二年五月日	浙大高級工科職校畢業			
科員		劉大有	二八	四川省巴縣	三十年十一月日	四川工業專科学校畢業			
				省縣	年月日				
				省縣	年月日				
				省縣	年月日				
				省縣	年月日				
				省縣	年月日				
				省縣	年月日				
				省縣	年月日				
				省縣	年月日				
				省縣	年月日				
				省縣	年月日				

62

重慶電力股份有限公司文書股

職工別	號數	姓名	年齡	籍貫	到職年月日	學歷	經歷	薪金	備註
股長		闞倬雲	五一	四川省渠縣	二十四年五月日	上海震旦大学文学系肄業			
副股長		周丕南	四八	四川省達縣	二十七年二月日	私塾			
科員		江海東	五八	四川省華陽縣	二十八年四月日	四川法政校肄業			
〃		楊同培	三五	四川省宣汉縣	二十八年十月日	達縣高中畢業			
〃		陳志唐	二八	浙江省杭縣	三十四年二月日	蕙蘭高級中学畢業			
〃		龔伯皋	三三	湖南省湘潭縣	三十四年四月日	國立湖南大学文学系畢業			
〃		蕭堯先	二九	四川省岳池縣	三十一年四月日	南充中学肄業			
		張懋玉	三七	四川省梁山縣	二十七年一月日	舊学			
				省縣	年月日				
				省縣	年月日				
				省縣	年月日				
				省縣	年月日				
				省縣	年月日				
				省縣	年月日				

重庆电力股份有限公司全体职员名册（一九四六年） 0219-1-33

重庆电力股份有限公司全体职员名册（一九四六年） 0219-1-33

重慶電力股份有限公司人事股

職工別	數號	姓名	年齡	籍貫	到職年月日	學歷	經歷	薪金	備註
副股長		許文熙	四八	浙江省海寧縣	三十二年五月日	南洋大学畢業			
科員		祝振庭	三一	安徽省宿松縣	三十一年十二月日	南京体专卒業			
〃		曾德風	三〇	四川省璧山縣	二十九年十一月日	重慶高商畢業			
〃		韋在中	二五	四川省閬中縣	三十年十二月日	閬中縣立中学高中部肄業			
〃		孟世德	二三	四川省巴縣	三十年十月日	新沙高中校肄業			
〃		謝景安	四七	江西省南昌縣	三十四年八月日	江西豫章法政校畢業			
見習		朱興中	二〇	四川省巴縣	三十叁年六月日	東方中学肄業			
				省縣	年月日				
				省縣	年月日				
				省縣	年月日				
				省縣	年月日				
				省縣	年月日				
				省縣	年月日				
				省縣	年月日				

長儆

重庆电力股份有限公司全体职员名册（一九四六年） 0219-1-33

64

重慶電力股份有限公司材料股

職別	工號數	姓名	年齡	籍貫	到職年月日	學歷	經歷	薪金	備註
股長		鄔仲廉	三五	四川省巴縣	二十三年十一月 日	実高商校畢業			
副股長		陳西黎	三一	四川省巴縣	二十三年七月 日	商職校肄業			
工程师		王殿鰲	五一	山西省朔縣	三十二年六月 日	山西大学機械工程科畢業			
科員		朱家鈺	三〇	四川省閬中縣	二十六年六月 日	縣立中学畢業			
〃		王永思	三八	四川省瀘縣	廿八年十月 日	中大高中校畢業			
〃		陳駱謨	三〇	四川省瀘縣	二十六年六月 日	瀘縣中学肄業			
〃		喻邦仕	三〇	四川省巴縣	二十三年一月 日	中央工校卒業			
〃		李重芳	二九	安徽省合肥縣	二十九年九月 日	安徽中学肄業			
〃		胡黼文	三四	四川省巴縣	三十二年十二月 日	縣立中学畢業			
〃		陽光化	二二	四川省岳池縣	三十一年一月 日	岳池縣立中学卒業			
		陳文璟		皖省壽縣	三十一年五月 日	洛陽軍校畢業			
		湯徽英	二三	浙江省杭縣	三十二年十一月 日	九江御村师範卒業			
		陳麗之	二三	江蘇省南京縣	三十二年十一月 日	実驗中学肄業			
		吳摯儂	二八	四川省重慶縣	三十五年三月 日	立信會計校畢業		二〇〇〇	

重庆电力股份有限公司全体职员名册（一九四六年） 0219-1-33

65

重慶電力股份有限公司燃料股

職別	姓名	年齡	籍貫	到職年月	學歷	經歷	薪金	備註
股長	曾昭元	三一	四川省巴縣	二十三年一月日	大同大学肄業			
副股長	周立剛	二九	四川省巴縣	二十の年一月日	中央工校畢業			
科員	楊紹勲	二四	四川省萬縣	三十年七月日	華西專校畢業			
〃	明智成	五〇	四川省開縣	三十一年二月日	舊制中学畢業			
〃	馮業初	二八	浙江省諸暨縣	三十二年一月日	安定中学肄業			停職
〃	連鍾毓	三五	江苏省吴縣	三十二年九月日	江苏省立師範畢業			
〃	嚴正	三三	江苏省無錫縣	三十二年十二月日	復旦大学畢業			
〃	周顯熹	二五	四川省達縣	二十九年十二月日	華西專校肄業			
〃	龔伯階	三六	四川省巴縣	三十の年一月日	川東師範畢業			
〃	林鯤化	二三	河北省天津縣	三十三年一月日	廣東中学肄業			
〃	楊子玉	二三	江苏省上海縣	三十三年六月日	中華戰校畢業			
			省縣	年月日				
			省縣	年月日				
			省縣	年月日				

重庆电力股份有限公司全体职员名册（一九四六年） 0219-1-33

66

重慶電力股份有限公司購置股

職工別	識數	姓名	年齡	籍貫	到職年月	學歷	經歷	薪金	備註
股長		王德華	三二	四川省巴縣	二十七年九月日	北平大學電機工程畢業			工程師
副股長		唐鶴生	二九	江蘇省上海縣	二十六年八月日	高職校畢業			
科員		晏懷憶	二六	四川省隆昌縣	二十六年八月日	隆昌中學卒業			
		周自舉	三〇	四川省雲陽縣	三十四年八月日	實商高中卒業			
				省縣	年月日				
				省縣	年月日				
				省縣	年月日				
				省縣	年月日				
				省縣	年月日				
				省縣	年月日				
				省縣	年月日				
				省縣	年月日				
				省縣	年月日				
				省縣	年月日				

重庆电力股份有限公司全体职员名册（一九四六年）　0219-1-33

67

重慶電力股份有限公司庶務股

職別	姓名	年齡	籍貫	到職年月日	學歷	經歷	薪金	備註
股長	劉鳴皋	三二	四川省巴縣	二十四年四月日	高商校畢業			
副股長	甯席君	三〇	四川省犍為縣	三十一年三月日	中央軍校畢業			
科員	徐世和	三四	湖北省武昌縣	二十九年八月日	舊学			
〃	譚謀遂	二九	四川省巴縣	三十一年五月日	福特汽車專校卒業			
〃	劉煥成	二七	四川省岳池縣	二十八年九月日	南充中学肄業			
〃	王祥瑋	二四	四川省瀘縣	三十年八月日	華中戰校肄業			
〃	劉子傑	三六	四川省德陽縣	三十二年六月日	綿竹舊制中学肄業			
〃	盧國全	二八	四川省巴縣	三十年八月日	惠善中学畢業			
			省縣	年月日				
			省縣	年月日				
			省縣	年月日				
			省縣	年月日				
			省縣	年月日				
			省縣	年月日				

重庆电力股份有限公司全体职员名册（一九四六年） 0219-1-33

68

重慶電力股份有限公司醫務室

職工別	姓名	年齡	籍貫	到職年月	學歷	經歷	薪金	備註
主任醫師	羅廿一	三八	四川省閬江縣	二十七年一月 日	上海大学畢業			
醫師	劉維成	五四	河北省北平縣	三十三年 月 日	美國華盛頓大学畢業			
〃	傅文祥	三二	四川省達縣	二十七年三月 日	達縣聯中畢業			
助理醫師	王威康	三二	浙江省紹興縣	三十年七月 日	衛生署衛生人員訓練所畢業			
〃	葉文全	二九	四川省達縣	三十一年十一月 日	達縣聯中畢業			
	杜朝鑫	二四	四川省潼南縣	二十六年四月 日	高小畢業			
	柏濟民	二六	四川省岳池縣	二十八年三月 日	高小肄業			
	謝慶餘	二七	四川省成都縣	三十二年三月 日	高小畢業			
			省 縣	年 月 日				
			省 縣	年 月 日				
			省 縣	年 月 日				
			省 縣	年 月 日				
			省 縣	年 月 日				
			省 縣	年 月 日				

69

重慶電力股份有限公司工務科

職工別	姓名	年齡	籍貫	到職年月	學歷	經歷	薪金	備註
副科長	易宗樸	三八	四川省合川縣	二十七年十月日	比國列日大学電机畢業			兼機務主任及第一發電廠主任
〃	宋達金	三九	浙江省紹兴縣	二十三年十月日	浙江大学電机系畢業			兼電務主任
線路設計股長	朱福騏	五二	浙江省吳兴縣	三十二年六月日	交通大学電机系卒業			
線路維持股長	吳昌恕	二九	四川省青神縣	三十年九月日	重慶大学畢業			
工程師	唐政權	三四	四川省重庆縣	二十二年一月日	川東联立高工中校畢業			
副工程師	張謁瑞	四五	浙江省鄞縣	三十一年七月日	上海同善学校畢業			
工務員	鄧德元	三三	四川省璧山縣	二十の年八月日	重庆工專校畢業			
〃	張继琴	三二	四川省巴縣	二十二年十二月日	西里中学畢業			
〃	曾淵湘	二九	四川省華陽縣	二十五年二月日	天府中学肄業			
〃	王一宇	二五	浙江省青田縣	三十の年月日	浙江大学畢業			
〃	余威鈿	二六	四川省萬縣	三十の年月日	西北大学畢業			
	何紹明	二五	四川省岳池縣	三十二年十月日	中央工校畢業			
			省縣	年月日				
			省縣	、年月日				

70

重慶電力股份有限公司業務科

職別	姓名	年齡	籍貫	到職年月	學歷	經歷	薪金	備註
科長	張玠	四六	四川省南充縣	二十〇年八月日	吴淞同濟大學電工機械畢業			
副科長	陳景嵐	三六	四川省富順縣	二十〇年五月日	國立北平大學電機工程畢業			兼用戶股長
科員	陳樹風	三三	四川省隆昌縣	二十五年九月日	四川省立第一高級商科職業學校肄			
科員	李子洛	三八	四川省巴縣	二十九年十二月日	巴縣贛江中学高中部畢業			
			省縣	年月日				
			省縣	年月日				
			省縣	年月日				
			省縣	年月日				
			省縣	年月日				
			省縣	年月日				
			省縣	年月日				
			省縣	年月日				
			省縣	年月日				
			省縣	年月日				

重庆电力股份有限公司全体职员名册（一九四六年） 0219-1-33

重庆电力股份有限公司全体职员名册（一九四六年） 0219-1-33

71

重慶電力股份有限公司用戶股

職別	工號數	姓名	年齡	籍貫	到職年月	學歷	經歷	薪金	備註
副股長		李德全	三八	四川省巴縣	二十三年九月日	重慶商職校商科卒業			
工程師		王紹倫	五一	四川省自貢縣	二十三年十一月日	天津高工校機械科畢業			
〃		李培陽	三二	山西省陽高縣	三十年十月日	北平大学工学院			
工務員		曾澤民	三四	四川省璧山縣	二十五年九月日	省立陶瓷中学畢業			
〃		馮先富	二七	浙江省紹興縣	二十二年十一月日	杭州省立高級職業校			
〃		羅鴻璨	三七	山東省掖縣	三十三年六月日	哈尔濱電工学校機械科畢業			
助理工務員		任培江	二八	四川省南充縣	三十一年十月日	四川省立成都高級工業職校畢業			
科員		劉正昌	二八	四川省巴縣	二十六年八月日	南充嘉陵中学高中部畢業			
〃		孫續亨	二六	四川省石硅縣	二十九年十月日	四川省立四中高中部肄業			
〃		蕭一可	二四	江西省吉安縣	二十九年十二月日	東吳大学法科肄業			
〃		毛日章	三二	浙江省奉化縣	二十九年十二月日	上海聖芳濟學院英文畢業			
〃		王大緒	二五	四川省巴縣	二十七年六月日	成都成城中学肄業			
〃		楊世明	三〇	四川省巴縣	二十九年七月日	省立萬縣師範學校肄業			
〃		陳尊雲	三一	四川省[illegible]縣	三十年二月日	嘉陵中学高中部肄業			

重庆电力股份有限公司全体职员名册（一九四六年） 0219-1-33

重慶電力股份有限公司用户股

職別	工號數	姓名	年齡	籍貫	到職年月	學歷	經歷	薪金	備註
科員		趙芳舉	三五	山東省益都縣	二十九年十二月日	山東省鄉村建設學校肄業			
〃		薛嘉班	五五	四川省宜賓縣	三十一年二月日	南京警官學校畢業			
〃		徐昌裔	三〇	四川省巴縣	二十九年十二月日	巴縣縣立高農校肄業			
〃		王德懋	二五	四川省瀘縣	[illegible]年十一月日	瀘縣縣立商校肄業			
〃		蕭藻年	三八	四川省縣	三十二年九月日	達縣聯立中學高中部肄業			
〃		毛信懋	二七	浙江省奉化縣	二十九年十二月日	東吳大學法律科肄業			

重庆电力股份有限公司全体职员名册（一九四六年） 0219-1-33

73

重慶電力股份有限公司抄表股

職工別	識數	姓名	年齡	籍貫	到職年月	學歷	經歷	薪金	備註
股長		王恒	二九	山東省萊陽縣	三十二年十一月日	日本東京高工電氣科卒業			副工程師
工務見習		鄢承琯	二二	四川省成都縣	三十二年八月日	中央工校電機科畢業			
料員		鄭樸	二八	四川省泸縣	二十四年八月日	实用商專校肄業			
〃		夏仲康	三八	四川省富順縣	二十四年八月日	富順中校肄業			
〃		洪家楨	三四	四川省成都縣	二十五年八月日	成都成城中学畢業			
〃		胡澄秋	三六	四川省巴縣	二十七年十月日	重中学畢業			
〃		文家敏	二六	四川省江北縣	二十五年九月日	江北中学肄業			
〃		唐勤序	三一	四川省江北縣	二十四年九月日	江北治平中学畢業			
〃		賴光輝	二九	四川省重慶縣	二十六年八月日	巴中校肄業			
〃		何開源	四一	四川省內江縣	二十七年九月日	內江沱江中学肄業			
〃		馮堯安	二九	四川省巴縣	二十七年九月日	贛江中学畢業			
〃		盧廷錫	三五	四川省巴縣	三十年五月日	上海法学院肄業			
〃		賁興業	二六	四川省縣	二十七年十月日	治平中学卒業			
〃		朱立之	四二	四川省縣	二十四年六月日	私塾			

74

重慶電力股份有限公司抄表股

職別	工號數	姓名	年齡	籍貫	到職年月	學歷	經歷	薪金	備註
科員		尹輝暄	三〇	四川省瀘縣	三十三年五月　日	瀘縣省渝高工畢業			
〃		張道剛	二五	四川省巴縣	三十年十二月　日	南開中学高中部畢業			
〃		劉賡岩	二七	四川省南充縣	三十年六月　日	蓬溪縣中畢業			
〃		何足鼎	三六	四川省大足縣	二十九年十月　日	大足中学畢業			
				省　縣	年　月　日				
				省　縣	年　月　日				
				省　縣	年　月　日				
				省　縣	年　月　日				
				省　縣	年　月　日				
				省　縣	年　月　日				
				省　縣	年　月　日				
				省　縣	年　月　日				
				省　縣	年　月　日				
				省　縣	年　月　日				

重庆电力股份有限公司全体职员名册（一九四六年）　0219-1-33

重慶電力股份有限公司票據股

職別	工號數	姓名	年齡	籍貫	到職年月	學歷	經歷	薪金	備註
股長		黃登榮	三〇	四川省巴縣	二十六年八月日	重慶市中校畢業			
副股長		李文修	三三	四川省巴縣	二十七年九月日	巴渝中學畢業			
科員		李樹輝	二七	四川省江津縣	二十六年八月日	江北中學畢業			
〃		王澤榮	三二	四川省巴縣	二十八年一月日	巴縣西里中學畢業			
〃		毛君渠	三五	四川省巴縣	二十八年八月日	川東共立[illegible]期師範學校畢業			
〃		劉祖芳	二七	四川省巴縣	二十八年八月日	市中校肄業			
〃		廖成富	二八	四川省巴縣	三十年二月日	立信會計校畢業			
〃		余造邦	三三	四川省瀘縣	三十年二月日	瀘縣高中校畢業			
〃		周復生	二七	四川省巴縣	二十八年七月日	重慶中學肄業			
〃		周邦智	二五	四川省巴縣	二十八年六月日	市立中校畢業			
〃		劉竹然	三一	四川省巴縣	二十八年九月日	高工校肄業			
〃		費世昌	二九	四川省長壽縣	三十年二月日	縣中校卒業			
〃		吳重賢	二五	四川省瀘縣	二十八年七月日	縣中校肄業			
〃		谷其友	二六	四川省璧山縣	二十九年十二月日	復旦高中肄業			

重庆电力股份有限公司全体职员名册（一九四六年） 0219-1-33

76

重慶電力股份有限公司票據股

職工別	數號	姓名	年齡	籍貫	到職年月日	學歷	經歷	薪金	備註
科員		趙國棟	三一	四川省巴縣	三十年四月日	川東師範肄業			
〃		王邦寧	二四	四川省巴縣	二十九年十二月日	益商職校畢業			
〃		鄭立蓑	二八	四川省重慶縣	三十二年十月日	求精中学肄業			
〃		王式度	三三	四川省瀘縣	二十六年八月日	瀘縣中学畢業			
〃		張永達	二六	四川省合縣	三十二年八月日	華西專校畢業			
〃		吳啟喜	二五	四川省瀘縣	二十八年七月日	江陽中学肄業			
		賀震中	二九	湖北省蒲圻縣	三十二年四月日	武昌博文中学畢業			
		謝洪鈞	四六	四川省江北縣	三十二年四月日	江北中学肄業			
		車錫鑑	二一	四川省瀘縣	三十四年八月日	兼善高中畢業			
		傅浩熙	三五	四川省達縣	三十四年八月日	上海三極無綫電校肄業			
		賴君富	二一	四川省巴縣	三十四年八月日	中大附中高中部畢業			
		林雲森	三二	四川省岳池縣	三十四年八月日	南充嘉陵高中校卒業			
		傅彥時	二四	四川省重慶縣	三十四年八月日	成都協進高中校畢業			
		吳靜生	二五	四川省岳池縣	三十四年八月日	省立重慶高工校肄業			

77

重慶電力股份有限公司票據股

職工別	號數	姓名	年齡	籍貫	到職年月	學歷	經歷	薪金	備註
		周文	二九	四川省巴縣	三十四年八月日	復旦大学文学系肄業			
		劉良善	三〇	四川省重慶縣	三十四年九月日	川東師範畢業			
科員		王德懋	二五	四川省瀘縣	廿九年十一月日	瀘县中心高校肄業			
				省縣	年月日				
				省縣	年月日				
				省縣	年月日				
				省縣	年月日				
				省縣	年月日				
				省縣	年月日				
				省縣	年月日				
				省縣	年月日				
				省縣	年月日				
				省縣	年月日				
				省縣	年月日				

重庆电力股份有限公司全体职员名册（一九四六年） 0219-1-33

重慶電力股份有限公司收費股

職工別	號數	姓名	年齡	籍貫	到職年月	學歷	經歷	薪金	備註
股長		劉希伯	四九	四川省巴縣	三十一年七月日	私塾			
副股長		邵治宏	二九	四川省長壽縣	二十七年六月日	惠善高中校畢業			
〃		杭鶴聲	三二	四川省璧山縣	三十年四月日	江北中学畢業			
科員		羅守信	三二	四川省璧山縣	二十九年十二月日	川省立高级商科校畢業			
〃		廖精輝	五〇	四川省華陽縣	二十三年十月日	華陽中学畢業			
〃		李来義	四八	河南省商邱縣	二十三年十月日	舊学			
〃		楊達雲	五四	四川省成都縣	二十三年八月日	西安中学肄業			
〃		龐烈輝	五二	四川省江津縣	二十八年六月日	私塾			
〃		黄明林	二八	四川省長壽縣	二十九年十月日	大同高中校畢業			
〃		吴瑞生	三二	四川省巴縣	二十九年十二月日	求精中学高中部畢業			
〃		郭紹林	三三	四川省瀘縣	二十四年二月日	瀘縣瀘中校肄業			
〃		彭君儒	三三	四川省江北縣	二十九年十月日	江渊江専校畢業			
〃		李石蓀	三三	江西省臨川縣	二十九年十月日	舊学			
〃		何澤浦	四二	四川省巴縣	二十九年十月日	綏屬共立中学畢業			

79

重慶電力股份有限公司收費股

職工別	數識	姓名	年齡	籍貫	到職年月	學歷	經歷	薪金	備註
科員		耿應林	二六	四川省巴縣	二十八年六月 日	精益中学高中部畢業			
〃	〃	丁道宏	三二	四川省巴縣	二十五年九月 日	宏育中学高中部畢業			
〃	〃	朱殿英	三一	四川省巴縣	二十六年八月 日	求精中学肄業			
〃	〃	胡仲文	四五	四川省巴縣	三十年九月 日	巴中校肄業			
〃	〃	韓永慶	二七	四川省長壽縣	三十年九月 日	長壽縣中卒業			
〃	〃	唐安夫	二七	四川省永川縣	三十年九月 日	永川縣立中学高中部肄業			
〃	〃	門慶仁	三七	四川省江北縣	三十年九月 日	治平中学畢業			
〃	〃	劉心一	四二	四川省成都縣	三十年〇月 日	成都城中校畢業			
〃	〃	馮體政	二九	四川省泸縣	三十年六月 日	泸縣縣立中学高中部畢業			
〃	〃	王世相	二七	四川省奉節縣	三十年九月 日	省立四中校肄業			
〃	〃	劉德銓	四五	四川省巴縣	三十一年二月 日	巴縣中学畢業			
〃	〃	程仲頤	四四	四川省巴縣	三十一年一月 日	巴縣中学肄業			
〃	〃	余世昌	三一	四川省巴縣	三十二年八月 日	商高校畢業			
〃	〃	文伯威	四一	四川省巴縣	三十二年八月 日	上海湖洲旅沪中学畢業			

重庆电力股份有限公司全体职员名册（一九四六年） 0219-1-33

8 0

重慶電力股份有限公司收費股

職工別（職級）	姓名	年齡	籍貫	到職年月	學歷	經歷	薪金	備註
科員	劉國章	四四	四川省江北縣	三十一年二月日	江北中学畢業			
〃	何啟儀	三七	四川省巴縣	三十二年五月日	巴縣中学肄業			
〃	伍叔康	三八	四川省巴縣	三十三年十二月日	治平中学肄業			
〃	程守頤	三一	四川省巴縣	三十四年八月日	治平中学肄業			
〃	許國鈴	二三	浙江省海寧縣	三十四年八月日	國立二中校肄業			
〃	方至誠	三一	四川省成都縣	三十四年八月日	成都大成高中校畢業			
〃	章慕京	二八	安徽省泸江縣	三十四年八月日	湖南大学文学系畢業			
〃	鮮文焱	三一	四川省西充縣	三十四年八月日	西充縣中肄業			
	陳紹軒	三六	四川省綦江縣	三十一年三月日	綦江中学畢業			
	曾淳揚	三九	四川省中江縣	三十四年一月日	中江中学肄業			
	康紹良	三二	四川省泸縣	三十四年九月日	泸中校肄業			
科員	李竹雅	三八	四川省江北縣	三十五年二月日	私塾		三五〇	
〃	王衛仁	四二	湖北省黃陂縣	卅五年五月日	[illegible]江省立甲種商業学校		一〇〇〇	
			省 縣	年 月 日				

81

重慶電力股份有限公司會計科

職工別	姓名	年齡	籍貫	到職年月	學歷、經歷	薪金	備註
科長	黃大庸	四二	四川省犍為縣	二十九年十月日	北平大学畢業		
副科長	劉伊凡	三九	四川省江北縣	二十の年三月日	重慶聯中舊制中學肄業		兼出納股長
科員	艾明郊	四一	四川省江北縣	二十八年十月日	江北中学肄業		
			省 縣	年 月 日			
			省 縣	年 月 日			
			省 縣	年 月 日			
			省 縣	年 月 日			
			省 縣	年 月 日			
			省 縣	年 月 日			
			省 縣	年 月 日			
			省 縣	年 月 日			
			省 縣	年 月 日			
			省 縣	年 月 日			
			省 縣	年 月 日			

重庆电力股份有限公司全体职员名册（一九四六年） 0219-1-33

82

重慶電力股份有限公司出納股

職別	姓名	年齡	籍貫	到職年月	學歷	經歷	薪金	備註
副股長	馬行之	五二	四川省巴縣	二十三年七月日	舊学			
科員	曾東清	二九	四川省閬中縣	二十七年八月日	華西大学肄業			
，，	顧景霖	二五	湖北省宜昌縣	三十年二月日	宜昌中学高中部肄業			
，，	漆先進	二七	四川省重慶縣	三十年十二月日	治平中学畢業			
	秦先璧	三五	四川省江北縣	三十三年二月日	舊学			

83

重慶電力股份有限公司簿記股

職別	姓名	年齡	籍貫	到職年月	學歷	經歷	薪金	備註
股長	劉德惠	二九	四川省巴縣	二十六年八月 日	正則會計校畢業			
副股長	何篤睦	三五	四川省巴中縣	二十三年十二月 日	重慶市商校卒業			
科員	熊靜澤	三〇	四川省達縣	三十年三月 日	成都志城高級商校畢業			
〃	周光泳	二八	四川省達縣	二十七年十月 日	成都華西協会高中畢業			
〃	崔德沐	二五	四川省成都縣	三十年十月 日	成都志城高商校畢業			
〃	鄭昭琯	二六	四川省巴縣	三十年十月 日	會計專修館肄業			
〃	徐自律	三七	四川省璧山縣	三十一年五月 日				
〃	湯大棠	二七	四川省巴縣	三十年七月 日	華西中校畢業			
〃	王友籍	二八	四川省內江縣	三十一年七月 日	華西中校畢業			
〃	張治源	二九	四川省仁壽縣	二十七年三月 日	高商校畢業			
〃	廖冰岳	三三	四川省巴縣	三十年六月 日	商職校畢業			
〃	冷棠喜	三〇	四川省巴縣	三十一年九月 日	省立高商校畢業			
〃	韋伯俊	二九	四川省彭縣	三十一年一月 日	志城高商校畢業			
〃	王棠琛	二五	四川省榮昌縣	三十一年四月 日	志城高商校肄業			

84

重慶電力股份有限公司簿記股

職工別	號數	姓名	年齡	籍貫	到職年月日	學歷	經歷	薪金	備註
		朱文德	二八	四川省銅梁縣	三十二年六月日	省立高商校畢業			
		何敬平	二八	四川省巴縣	三十四年八月日	求精商專校畢業			
		周伯舉	三〇	四川省雲陽縣	三十四年八月日	實商高中畢業			調總務科購置股
		楊世棠	二五	四川省酉陽縣	三十四年八月日	華西工商專校畢業			
		武克勤	二六	四川省萬縣	三十四年八月日	朝陽大學畢業			
		鄧祥森	二七	四川省巴縣	三十四年八月日	華西專校畢業			
				省縣	年月日				
				省縣	年月日				
				省縣	年月日				
				省縣	年月日				
				省縣	年月日				
				省縣	年月日				
				省縣	年月日				
				省縣	年月日				

重庆电力股份有限公司全体职员名册（一九四六年） 0219-1-33

-85

重慶電力股份有限公司稽核科

職別	工號數	姓名	年齡	籍貫	到職年月	學歷	經歷	薪金	備註
科長		劉靜之	五七	成都省華陽縣	二十二年七月日	交通大学土木工科畢業			
主任工程師		吳克斌	四〇	安徽省嘉山縣	二十二年七月日				兼副科長
科員		駱祥麟	二五	四川省重慶縣	二十九年十月日	英井中学畢業			
				省縣	年月日				
				省縣	年月日				
				省縣	年月日				
				省縣	年月日				
				省縣	年月日				
				省縣	年月日				
				省縣	年月日				
				省縣	年月日				
				省縣	年月日				
				省縣	年月日				
				省縣	年月日				

重庆电力股份有限公司全体职员名册（一九四六年） 0219-1-33

86

重慶電力股份有限公司稽查股

職別	工繳試	姓名	年齡	籍貫	到職年月	學歷	經歷	薪金	備註
股長		王松懋	三九	江苏省镇江縣	三十二年十二月日	镇江警官校			兼用檢組交涉員
副股長		李仙槎	五七	四川省秀山縣	二十七年五月日	上海南洋公学肄業			已故
〃 〃		孫光宗	三〇	湖北省穀城縣	二十九年八月日	穀城縣立中学肄業			長假回家
科員		金聲遠	三七	湖北省汉口縣	二十八年六月日	上海藝術大学文学系卒業			
〃 〃		傅道乾	三九	四川省泸縣	二十七年五月日	私塾			
〃 〃		劉遠鴻	四五	湖北省汉口縣	三十二年二月日	湖北法專肄業			
〃 〃		陶純武	五一	四川省巴縣	二十八年六月日	舊学			
〃 〃		榮新民	四七	江苏省镇江縣	三十一年一月日	私塾			
				省縣	年月日				
				省縣	年月日				
				省縣	年月日				
				省縣	年月日				
				省縣	年月日				
				省縣	年月日				

重庆电力股份有限公司全体职员名册（一九四六年） 0219-1-33

87

重慶電力股份有限公司審核股

職別（工試）	姓名	年齡	籍貫	到職年月	學歷	經歷	薪金	備註
股長	吳德超	三一	廣西省平南縣	二十九年十二月日	朝陽大學經濟系畢業			調統計股股長
副股長	程志學	四九	湖北省黃安縣	二十三年七月日	武昌中華大學畢業			
科員	楊明振	三四	江蘇省淮安縣	二十九年十月日	淮安中學肄業			調票據股
〃	王樹椿	二六	四川省岳池縣	二十七年七月日	岳池中學肄業			仝前
〃	趙麗生	三九	四川省閬中縣	二十九年四月日	舊制中學畢業			仝前
〃	劉德棠	三一	四川省巴縣	三十一年二月日	武昌中華大學理科肄業			仝前
〃	陶基寬	三一	江蘇省南京縣	三十年十月日	廣益中學肄業			
〃	伍學詩	二五	四川省江北縣	三十一年四月日	立信會計校畢業			調票據股
〃	陳克仁	二二	四川省重慶縣	三十一年五月日	中學肄業			
			省縣	年月日				
			省縣	年月日				
			省縣	年月日				
			省縣	年月日				
			省縣	年月日				

重庆电力股份有限公司全体职员名册（一九四六年） 0219-1-33

88

重慶電力股份有限公司統計股

職工別	號數	姓名	年齡	籍貫	到職年月	學歷	經歷	薪金	備註
				省 縣	年 月 日				
				省 縣	年 月 日				
				省 縣	年 月 日				
				省 縣	年 月 日				
				省 縣	年 月 日				
				省 縣	年 月 日				
				省 縣	年 月 日				
				省 縣	年 月 日				
				省 縣	年 月 日				
				省 縣	年 月 日				
				省 縣	年 月 日				
				省 縣	年 月 日				
				省 縣	年 月 日				
				省 縣	年 月 日				

87

重慶電力股份有限公司第二發電廠

職別	工數號	姓名	年齡	籍貫	到職年月	學歷	經歷	薪金	備註
工程師		趙之陳	三九	山西省朔縣	二十八年四月　日	省立工業專科学校畢業			
〃		陳琋	三二	山西省神池縣	二十九年三月　日	北平大学電力工程畢業			停職
〃		楊賢生	五七	安徽省合肥縣	二十一年四月　日				
副工程師		楊如坤	五五	安徽省合肥縣	二十二年四月　日	兵工学校畢業			
〃		花光棠	二六	四川省達縣	三十二年六月　日	重慶大学電机系畢業			
工務員		黃文恭	二七	湖北省汉口縣	三十四年　月　日	金陵大学電机工程系畢業			
見習工務員		徐煥新	二八	湖南省耒陽縣	三十四年八月　日	西北大学電机工程系畢業			
科員		楊富尊	三八	四川省華陽縣	二十二年六月　日	成都縣中校畢業			
				省　縣	年　月　日				
				省　縣	年　月　日				
				省　縣	年　月　日				
				省　縣	年　月　日				
				省　縣	年　月　日				
				省　縣	年　月　日				

20

重慶電力股份有限公司第二發電廠

職別	號數	姓名	年齡	籍貫	到職年月	學歷	經歷	薪金	備註
主任		劉希孟	三八	四川省巴縣	二十七年九月日	交通大学電机系畢業			兼管理股長
修配股長		郭民永	三〇	四川省成都縣	二十八年九月日	重慶大学電机工程系畢業			
工程師		黃士澄	三〇	廣東省新会縣	三十年九月日	中山大学電机工程系畢業			
〃		張先立	二九	湖北省枝江縣	三十年八月日	金陵大学電机工程系畢業			自費留學
〃		戴策	三一	浙江省德清縣	三十三年一月日	金陵大学電机工程系畢業			
副工程師		張道曾	二八	江蘇省无錫縣	三十四年三月日	交通大学電机工程系肄業			
科員		高燮明	三六	江蘇省无錫縣	二十七年十二月日	无錫中学畢業			
〃		彭定智	二五	四川省巴縣	二十九年一月日	建文高中畢業			
見習		張世華	一九	四川省岳池縣	三十五年六月日	廣安縣立中学			
				省 縣	年 月 日				
				省 縣	年 月 日				
				省 縣	年 月 日				
				省 縣	年 月 日				
				省 縣	年 月 日				

重庆电力股份有限公司全体职员名册（一九四六年） 0219-1-33

91

重慶電力股份有限公司第三發電廠

職別	工號數	姓名	年齡	籍貫	到職年月	學歷	經歷	薪金	備註
主任		張萬楷	三二	四川省成都縣	二十八年九月 日	交通大学電机工程系畢業			兼修配股長
管理股長		孫新傳	三〇	江苏省如皋縣	二十九年八月 日	浙江大学電机工程系畢業			
工程師		王國新	三六	四川省綦江縣	三十一年五月 日				
〃		郭行永	二七	四川省華陽縣	三十一年七月 日	金陵大学電机系畢業			
〃		王德彰	二九	河北省高陽縣	三十一年七月 日	金陵大学電机工程系畢業			
〃		張博文	三四	山西省垣曲縣	二十九年十月 日	北平大学電力工程畢業			
副工程师		吴浩興	二八	江苏省宜兴縣	三十二年六月 日	中山大学電机系畢業			
工務員		戴次群	三八	四川省内江縣	二十四年八月 日	成都高工校電机畢業			
科員		王國俌	三八	四川省合川縣	三十年十二月 日	中[illegible]公学肄業			
〃		劉登嶽	二八	四川省隆昌縣	二十八年六月 日	建[illegible]高中校肄業			
見習		蕭明惠	二一	四川省岳池縣	三十五年二月 日	岳池縣立中学			
〃		王國壽	二一	四川省合川縣	三十五年二月 日	合川縣立中学			

重庆电力股份有限公司全体职员名册（一九四六年） 0219-1-33

92

重慶電力股份有限公司江北辦事處

職工別	姓名	年齡	籍貫	到職年月	學歷	經歷	薪金	備註
主任	章疇叙	三三	河北省天津縣	三十年十一月 日	哈尔滨工業大学電机系畢業			兼工程股長
營業股長	吴季鹤	三〇	四川省重庆縣	二十五年九月 日	省商校畢業			
工務員	冉 模	三二	四川省万縣	二十三年十月 日	成都中学肄業			
科員	周正倫	三二	四川省涪陵縣	三十二年六月 日	治平中学畢業			
〃	李仲康	二九	四川省泸縣	二十六年七月 日	泸縣中学高中部畢業			
〃	陳遠清	三〇	四川省泸縣	二十九年一月 日	泸縣川南師範畢業			
〃	馬雲程	六〇	四川省江北縣	二十五年六月 日	舊学			
			省 縣	年 月 日				
			省 縣	年 月 日				
			省 縣	年 月 日				
			省 縣	年 月 日				
			省 縣	年 月 日				
			省 縣	年 月 日				

重慶電力股份有限公司南岸辦事處

職別	姓名	年齡	籍貫	到職年月日	學歷	經歷	薪金	備註
主任	劉佩雄	四二	江苏省無錫縣	二十二年七月日	江苏公立南京工業専校畢業			
營業股長	謝天澤	三七	四川省璧山縣	二十三年八月日	重慶商職校畢業			
工程股長	高昌瑞	三一	江苏省無錫縣	三十三年六月日	浙江大学電机系畢業			
工務員	程孟晋	三三	四川省巴縣	二十四年八月日	東吳大学肄業			
〃	施慎安	三一	江苏省無錫縣	二十七年七月日	輔仁中学畢業			
〃	鍾思聖	二五	湖北省咸寧縣	三十二年五月日	同濟大学肄業			
〃	羅經南	二九	浙江省吴興縣	三十二年四月日	大同大学電机系畢業			
学習工務員	樂秀寶	二三	浙江省寧波縣	三十五年月日	中央技校畢業			四〇〇〇 改科員
科員	歐陽民	三二	四川省資中縣	二十九年四月日	自貢高中校畢業			
〃	杜幼佩	二五	江苏省無錫縣	三十一年四月日	江南高中肄業			
〃	何靜波	二七	四川省南充縣	三十二年六月日	南岸中学肄業			
	蒙江河	二六	四川省長壽縣	三十二年六月日	重慶高職校畢業			
			省 縣	年 月 日				
			省 縣	年 月 日				

重庆电力股份有限公司全体职员名册（一九四六年） 0219-1-33

24

重慶電力股份有限公司沙坪垻辦事處

職別 工數	姓名	年齡	籍貫	到職年月	學歷	經歷	薪金	備註
主任	秦亞雄	三五	河北省遵化縣	二十五年三月日	哈尔濱中俄大学畢業			
工程股長	范志高	三五	四川省華陽縣	二十七年八月日	重慶大学肄業			
營業股長	劉祖蔭	三〇	四川省巴縣	二十五年十一月日	省立高商校肄業			
副工程師	陳欽桂	二七	四川省郫縣	三十二年二月日	中央大学電机系畢業			
助理工務員	唐政海	二六	四川省重庆縣	二十七年十月日	省立高工校肄業			
科員	楊慶麃	四二	江苏省常熟縣	三十年一月日	吳淞陆公学畢業			
,,	何中聖	三一	四川省巴縣	二十八年七月日	四里中学肄業			
			省 縣	年 月 日				
			省 縣	年 月 日				
			省 縣	年 月 日				
			省 縣	年 月 日				
			省 縣	年 月 日				
			省 縣	年 月 日				
			省 縣	年 月 日				

95

重慶電力股份有限公司用電檢查組

職別	工號數	姓名	年齡	籍貫	到職年月	學歷	經歷	薪金	備註
副組長		張雲山	三五	江苏省上海縣	二十七年二月 日	中華職校電氣工程肄業			股長待遇
交涉員		王康生	五二	湖北省沔陽縣	二十九年八月 日				
副工程師		吳英銓	三一	江西省南昌縣	三十〇年三月 日	東京高等工業學校電机畢業			
工務員		陳光武	三四	四川省岳池縣	二十三年七月 日	成都省立高級電氣工程畢業			
學習工務員		林炳之	二八	廣西省陸川縣	三十〇年十月 日	西北大学電机系畢業			辭職
料員		張白康	三五	四川省成都縣	二十九年十二月 日	上海南洋電訊工專校卒業			
〃		盧惠鑾	三〇	廣東省中山縣	三十二年十二月 日	中山大学机械系肄業			
〃		鄒功甫	三二	四川省華陽縣	三十三年五月 日	成都光華大学肄業			
〃		傅德新	三〇	四川省巴縣	二十七年十月 日	治平中学畢業			
				省 縣	年 月 日				
				省 縣	年 月 日				
				省 縣	年 月 日				
				省 縣	年 月 日				
				省 縣	年 月 日				

重庆电力股份有限公司全体职员名册（一九四六年） 0219-1-33

96

重慶電力股份有限公司福利社

職別	姓名	年齡	籍貫	到職年月	學歷	經歷	薪金	備註
主任	楊新民	四四	四川省 縣	上十の年六月 日				調為本公司秘書
科員	毛世偉	三〇	四川省彭縣	三十年十二月 日	成都敬業中學高中部畢業			
〃	楊靜安	三九	湖北省黃陂縣	三十一年三月 日				
〃	鄭忠業	三一	四川省景庆縣	三十一年三月 日	中央軍校畢業			
〃	劉祖春	二四	四川省巴縣	二十八年六月 日	益商職校畢業			調会計科
〃	朱效先	五四	四川省閬中縣	二十三年四月 日	華西中校肄業			
〃	莊在盦	二五	江蘇省無錫縣	三十二年七月 日	無錫中學高中部肄業			停職
〃	楊玉泉	二七	四川省瀘縣	三十二年四月 日	文成職校畢業			辭退 三十五年 月廿日
			省 縣	年 月 日				
			省 縣	年 月 日				
			省 縣	年 月 日				
			省 縣	年 月 日				
			省 縣	年 月 日				
			省 縣	年 月 日				

重庆电力股份有限公司关于请查收公司主管人调查表致重庆行辕的代电（一九四八年四月十二日）　0219-2-260

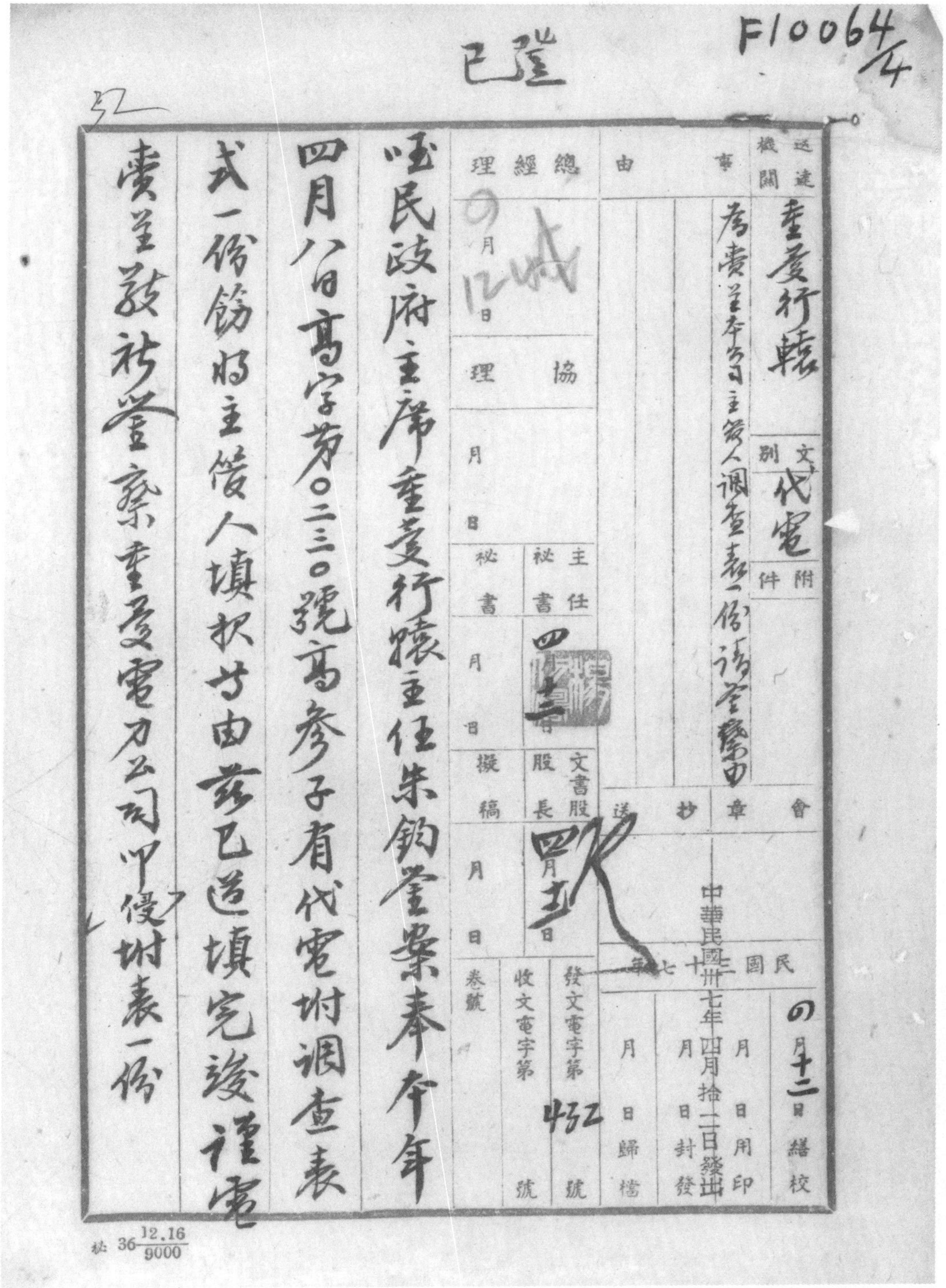
F10064/4

已呈

32

送達機關	重慶行轅
文別	代電
附件	
事由	為賫呈本公司主管人調查表一份請查照由
總經理	四月十二日
協理	月　日
主任秘書	四月十二日
秘書	月　日
文書股股長	四月十二日
擬稿	月　日
會章	
抄送	
發文電字第	432號
收文電字第	號
卷號	
繕校	四月十二日
用印	月　日
封發	月　日
歸檔	月　日

民國三十七年

中華民國卅七年四月拾二日發出

國民政府主席重慶行轅主任朱鈞鑒：案奉本年四月八日高字第〇二三〇號高參子有代電附調查表式一份，飭將主管人填報等由，茲已遵填完竣，謹電賫呈，敬祈鑒察。重慶電力公司卯侵附表一份

秘 36 12.16/9000

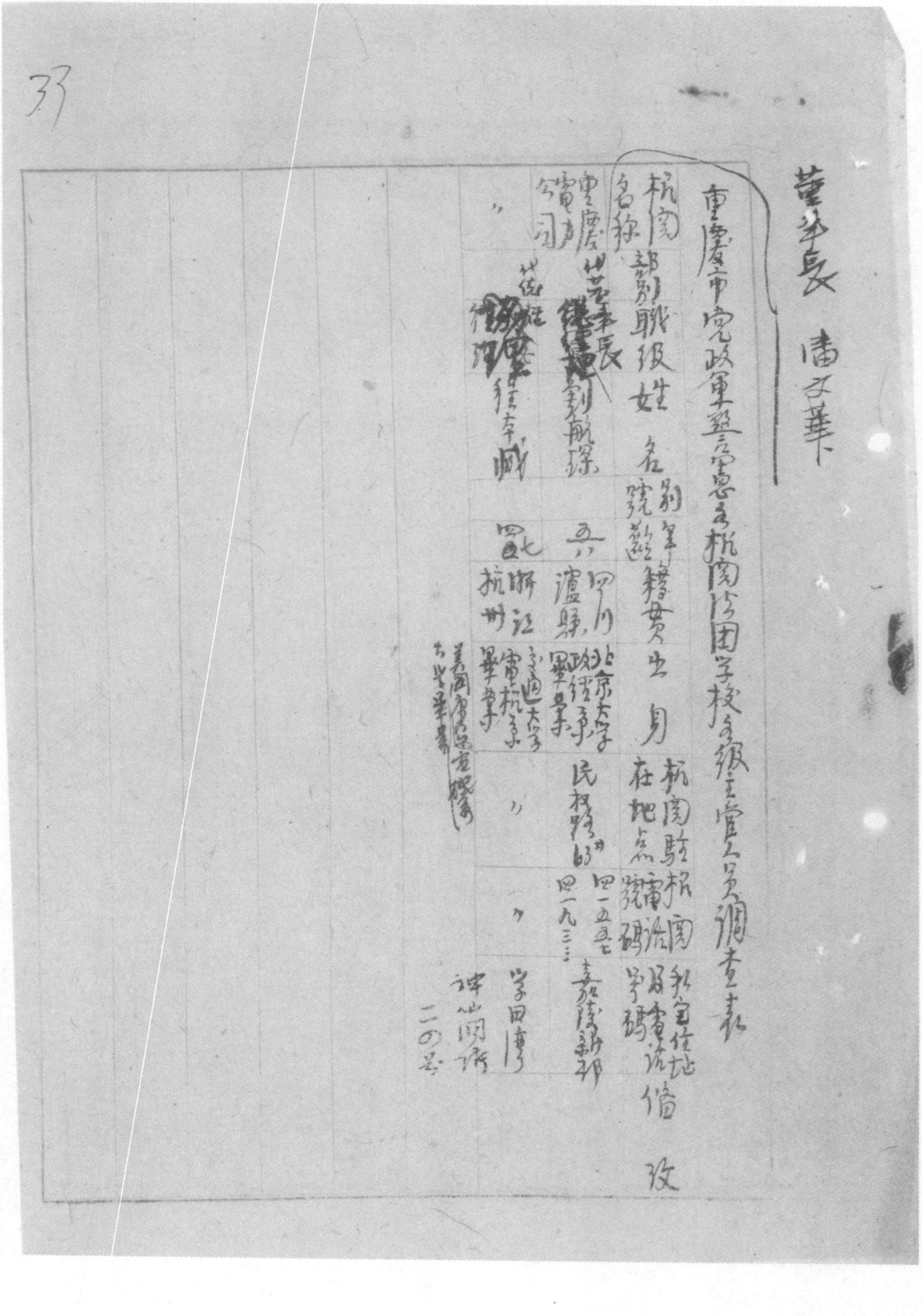

董事長 潘文華

重慶市黨政軍聯合[illegible]各機關法團學校各級主管人員調查表

機關名稱	部別職級	姓名	別號	年齡	籍貫	出身	機關駐在地點	電話號碼	私宅住址	電話號碼	備考
重慶電力公司	董事長	劉航琛		五八	四川瀘縣	北京大學政經系畢業	民權路卅六號	四一五五七 四一九三三	嘉陵新邨		
〃	代總經理 協理	程本臧		四七	浙江杭州	交通大學電機系畢業 美國康奈爾大學研究院畢業	〃	〃	學田灣 中山四路二〇四號		

重庆电力股份有限公司关于请查收公司主管人调查表致重庆行辕的代电（一九四八年四月十二日） 0219-2-260

重庆电力股份有限公司一九四八年职员动态表（一九四八年） 0219-2-229

49

重慶電力公司職員動態表

卅七年元月份

部別	上月底計	本月新派	本月免職	本月調入	本月調出	本月底計	備註
經理室	6	1				7	
秘書室	4					4	
人事股	5					5	
文書股	6					6	
總務科	3					3	
材料股	12					12	
燃料股	9					9	
購置股	3					3	
庶務股	7					7	
稽核室	3					3	
審核股	4					4	
稽查股	4					4	
會計科	3					3	
出納股	5					5	
簿記股	17					17	
統計股	4					4	
業務科	6					6	
收費股	60					60	
票據股	33					33	
抄表股	21					21	
營業股	13					13	
檢查組	13					13	
福利社	5					5	
醫務室	7					7	
總工程師室	2					2	
電務科	13					13	
用電股	12					12	
表務股	1					1	
機務科	3					3	
第一廠	10		1			9	
第二廠	8					8	
後次頁	302					302	

主任秘書　　人事股長　　製表

50

承前頁	302					302	
第三厰	10					10	
江办處	8					8	
南办處	10					10	
沙办處	9					9	
稽警隊	2					2	
合計	331					341	

主任秘書　　人事股長　　製表

重庆电力股份有限公司一九四八年职员动态表（一九四八年）　0219-2-229

51

重慶電力公司工友動態表

卅七年元月份

部別	上月底計	本月新派	本月免職	本月調入	本月調出	本月底計	備註
材料股	20					20	
燃料股	19					19	
購置股	1					1	
庶務股	12					12	司機助手
業務科	85		1			84	
用電股	40					40	
表務股	5					5	
電話室	12					12	
市一區	174					174	
市二區	119					119	
市三區	215					215	
江辦處	9					9	
南辦處	60					60	
沙辦處	42					42	
檢查組	14					14	
庶務股	81					81	茶役
稽警隊	40	1	1			40	
合計	948					947	

主任秘書　　人事股長　　製表

重庆电力股份有限公司一九四八年职员动态表（一九四八年）　0219-2-229

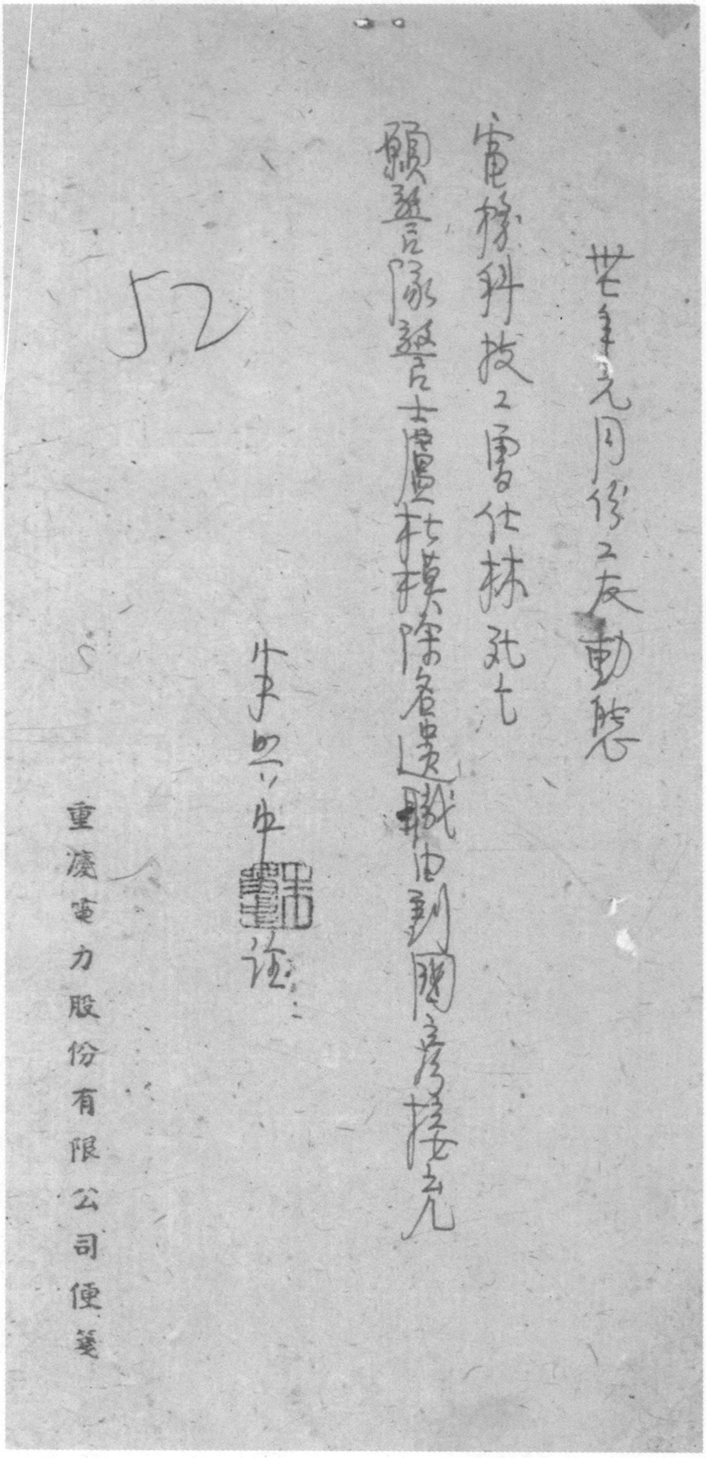

卅七年九月份工友動態

電務科技工曹仕林死亡

鵝警隊警士盧柏模除名遺職由劉國彥接充

朱典生謹

重慶電力股份有限公司便箋

重庆电力股份有限公司一九四八年职员动态表（一九四八年） 0219-2-229

53

重慶電力公司職員動態表

卅七年二月份

部別	上月底計	本月新派	本月免職	本月調入	本月調出	本月底計	備註
經理室	7					7	本月無動態
秘書室	4					4	
人事股	5					5	
文書股	6					6	
總務科	3					3	
材料股	12					12	
燃料股	9					9	
購置股	3					3	
庶務股	7					7	
稽核室	3					3	
審核股	4					4	
稽查股	4					4	
會計科	3					3	
出納股	5					5	
簿記股	17					17	
統計股	4					4	
業務科	6					6	
收費股	60					60	
票據股	33					33	
抄表股	21					21	
營業股	13					13	
檢查組	13					13	
福利社	5					5	
醫務室	7					7	
總工程師室	2					2	
電務科	13					13	
用電股	12					12	
表務股	1					1	
機務科	3					3	
第一廠	9					9	
第二廠	8					8	
總人員	302					302	

主任秘書　　　　人事股長　　　　製表

重庆电力股份有限公司一九四八年职员动态表（一九四八年） 0219-2-229

54

[illegible]	302					302	
第三廠	10					10	
江辦處	8					8	
南辦處	10					10	
沙辦處	9					9	
廠警隊	2					2	
合計	341					341	

主任秘書　　人事股長　　製表

重庆电力股份有限公司一九四八年职员动态表（一九四八年） 0219-2-229

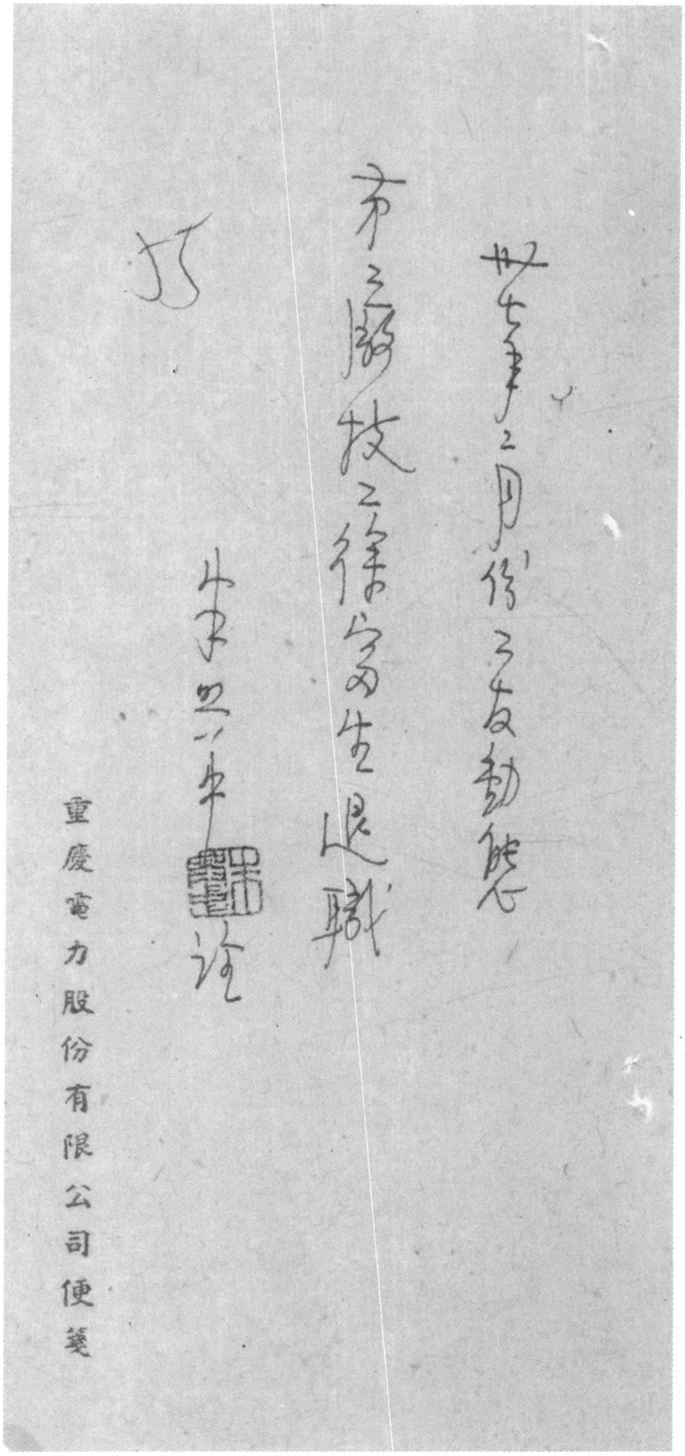

卅七年二月份工友動態

本廠技工徐家生退職

重慶電力股份有限公司便箋

重庆电力股份有限公司一九四八年职员动态表（一九四八年） 0219-2-229

56

重慶電力公司工友動態表

卅七年二月份

部別	上月底計	本月新派	本月免職	本月調入	本月調出	本月底計	備註
材料股	20					20	
燃料股	19					19	
購置股	1					1	
庶務股	12					12	[illegible]助手
電務科	84					84	
用電股	40					40	
表務股	5					5	
電話室	12					12	
第一廠	174					174	
第二廠	119		1			118	
第三廠	215					215	
江北辦事處	9					9	
南岸辦事處	60					60	
沙坪辦事處	42					42	
稽查組	14					14	
庶務股	81					81	勤役
[illegible]警隊	40					40	
合計	947					946	

主任秘書　　人事股長　　製表

重庆电力股份有限公司一九四八年职员动态表（一九四八年）　0219-2-229

卅七年三月份工友動態

沙處段石工梁保清改以工名義

電務科鋸工張培芳升工務員

第二廠技工許春生死亡

頭班警隊警士樊文斗离職錄孔田到職

朱思如呈

准

57

重慶電力股份有限公司便箋

重庆电力股份有限公司一九四八年职员动态表（一九四八年） 0219-2-229

58

重慶電力公司職員動態表

卅七年三月份

部别	上月底計	本月新派	本月免職	本月調入	本月調出	本月底計	備註
經理室	7					7	
秘書室	4	1				5	
人事股	5					5	
文書股	6					6	
總務科	3					3	
材料股	12					12	
燃料股	9					9	
購置股	3					3	
醫務股	7					7	
稽核室	3					3	
審核股	4					4	
稽查股	4					4	
會計科	3					3	
出納股	5					5	
簿記股	17					17	
統計股	4					4	
業務科	6					6	
收費股	60					60	
票據股	33					33	
抄表股	21					21	
營業股	13					13	
檢查組	13					13	
福利社	5					5	
醫務室	7					7	
總工程師室	2					2	
電務科	13	1				14	
用電股	12					12	
表務股	1					1	
機務科	3					3	
第一廠	9					9	
第二廠	8					8	
轉次頁	302					304	

主任秘書　　人事股長　　製表

重庆电力股份有限公司一九四八年职员动态表（一九四八年） 0219-2-229

59

承前页	302					304	
第三厂	10					10	
江办处	8					8	
南办处	10					10	
沙办处	9					9	
驳运队	2					2	
合计	341					343	

主任秘书　　代股长　　制表

重庆电力股份有限公司一九四八年职员动态表（一九四八年） 0219-2-229

卅七年五月份職員動態

會務科錄事張垣芳升為該科工務員

秘書室秘書徐代植升職

[illegible]

60

重慶電力股份有限公司便箋

重庆电力股份有限公司一九四八年职员动态表（一九四八年） 0219-2-229

61

重慶電力公司職員動態表

卅七年三月份

部別	上月底計	本月新派	本月免職	本月~~免職~~調入	本月調出	本月底計	備註
材料股	20					20	
燃料股	19					19	
購置股	1					1	
庶務股	12					12	司機助手
業務科	84		1			83	
用電股	40					40	
表務股	5					5	
實驗室	12					12	
第一廠	174		1			173	
第二廠	118					118	
第三廠	215					215	
江北辦事處	9					9	
南岸辦事處	60					60	
沙坪壩辦事處	42					42	
稽查組	14					14	
線務股	81					81	茶役
領班隊	40	1	1			40	
合計	946					944	

主任秘書　　人事股長　　製表

重庆电力股份有限公司一九四八年职员动态表（一九四八年）　0219-2-229

四月份職員動態

總務科科長張儒修辭職　業務科李文修、邱治安對調

業務科陳海全、張毅生調回原處工作　業務科人事室袁長信

稽核室王衛仁調審核股　業務科蕭新民調稽查組

電務副科長歐陽鑑、稅務郭煜鉅對調　三廠黃孝述升副工程師

朱昌生注

重慶電力股份有限公司便箋

62

63

重慶電力公司職員動態表

卅七年四月份

部別	上月底計	本月新派	本月免職	本月調入	本月調出	本月底計	備攷
經理室	7					7	
秘書室	5					5	
人事股	5					5	
文書股	6					6	
總務科	3		1			2	
材料股	12					12	
燃料股	9					9	
購置股	3					3	
庶務股	7					7	
稽核室	3				1	2	
審核股	4			1		5	
稽查股	4				1	3	
會計科	3					3	
出納股	5					5	
簿記股	17					17	
統計股	4					4	
業務科	6		1			5	
收費股	60			1	3	58	
裝接股	33					33	
抄表股	21					21	
營業股	13			1	1	13	
檢查組	13			1		14	
福利社	5					5	
醫務室	7					7	
總工程師室	2					2	
電務科	14			1	1	14	
用電股	12					12	
表務股	1					1	
稽務科	3					3	
第一廠	9			1	1	9	
第二廠	8					8	
總人員	304					300	

主任秘書　　人事股長　　製表

重庆电力股份有限公司一九四八年职员动态表（一九四八年） 0219-2-229

64

總辦處	304					300	
第三廠	10					10	
江辦處	8					8	
南辦處	10					10	
沙辦處	9					9	
駐警隊	2					2	
合計	343					335	

主任秘書　　人事股長　　製表

重庆电力股份有限公司一九四八年职员动态表（一九四八年） 0219-2-229

四月份工友動態

陳海全調用戶稽核室　張叙生調用戶[illegible]處

電務科劉有發、陳銘聲、張玉山、劉華欽，調業務科

顧璧之、張建陞、楊宗富、馬青山離職　李友三升職

王秉樞　謝孔先

三廠加工王方中長假

業務楊渭濱開除

65

朱學中（印）

五月三日

重慶電力股份有限公司便箋

重庆电力股份有限公司一九四八年职员动态表（一九四八年） 0219-2-229

66 重慶電力公司工友動態表

卅七年四月份

部別	上月底計	本月新派	本月免職	本月調入	本月調出	本月底計	備攷
材料股	20					20	
燃料股	19					19	
購置股	1					1	
庶務股	12					12	司机助手
電務科	83					83	
用電股	40				2	38	
表務股	5				2	3	
電話室	12					12	
業務科						4	
第一廠	173					173	
第二廠	118					118	
第三廠	215		1			214	
江办處	9					9	
南办處	60					60	
沙办處	42			1		43	
稽查組	14					14	
總務股	81		1	1		81	
驗表隊	40	3	3			40	
合計	944					944	

主任秘書　　　人事股長　　　製表

第⑦辑

重庆电力股份有限公司一九四八年职员动态表（一九四八年） 0219-2-229

重慶電力公司職員動態表

67

卅七年五月份

部別	上月底計	本月新派	本月免職	本月調入	本月調出	本月底計	備考
經理室	7	2				9	
秘書室	5					5	
人事股	5					5	
文書股	6					6	
總務科	2					2	
材料股	12					12	
燃料股	9			1		10	
購置股	3					3	
庶務股	7					7	
稽核室	2					2	
審核股	5					5	
複查股	3					3	
會計科	3					3	
出納股	5					5	
簿記股	17		1			16	
統計股	4					4	
業務科	5					5	
收費股	58		1			57	
業擴股	33					33	
抄表股	21					21	
營業股	13					13	
檢查組	14					14	
福利社	5					5	
醫務室	7					7	
總工程師室	2					2	
電務科	14					14	
用電股	12					12	
表務股	1					1	
機務科	3					3	
第一廠	9				1	8	
第二廠	8					8	
總人員	300					300	

主任秘書　　人事股長　　[illegible]

68

[illegible]	300					300
第三廠	10					10
江北處	8					8
南岸處	10					10
沙坪處	9					9
顧警隊	2					2
合計	339					339

代總經理田習之到職
駐美代表趙亦餘辭職
簿記股科員張治民停職
收費股見習李元清開除
一廠見習[illegible]清民調燃料股
材料股吳克[illegible]改為業務二科員
趙元[illegible]為一廠管理股長
楊如坤為一廠[illegible]股長

主任秘書　人事股長　製表

重庆电力股份有限公司一九四八年职员动态表（一九四八年）　0219-2-229

重庆电力股份有限公司一九四八年职员动态表（一九四八年）　0219-2-229

69

重慶電力公司工友動態表

卅七年三月份

部別	上月底計	本月新進	本月免職	本月調入	本月調出	本月底計	備考
材料股	20					20	
燃料股	19					19	
購置股	1					1	
廠務股	12					12	
電務科	83		2			81	
用電股	38					38	
表務股	3			3		6	
電話室	12				3	9	
業務科	4					4	
第一廠	173			3	3	173	
第二廠	118					118	
第三廠	214		1			213	
江辦處	9					9	
南辦處	60					60	
沙辦處	43					43	
稽查組	14					14	
廠務股	81		1			80	
駐警隊	40		1			39	
合計	944					939	

電務科小工胡友餘退職
〃　〃　〃劉海元死亡
第二廠解僱伍吉保
駐警李克耀死亡
三廠小工吳振聲免僱
　　　胡寶卿
電話室工郭榮調稽務科
　　　譚治民
　　　陳學良
稽務科林學調表務股
　　　蔣友泉

主任秘書　　人事股長　　製表

重庆电力股份有限公司一九四八年职员动态表（一九四八年） 0219-2-229

70

重慶電力公司職員動態表

卅七年六月份

部別	上月底計	本月新派	本月免職	本月調入	本月調出	本月底計	備攷
經理室	9					9	
秘書室	5					5	
人事股	5					5	
文書股	6					6	
總務科	2					2	
材料股	12					12	
燃料股	10					10	
購置股	3					3	
庶務股	7					7	
稽核室	2	1				3	
審核股	5					5	
稽查股	3					3	
会計科	3					3	
出納股	5					5	
簿記股	16	2	3			15	
統計股	4					4	
業務科	5					5	
收費股	57					57	
票據股	33					33	
抄表股	21					21	
營業股	13		1			12	
檢查組	14		1			13	
福利社	5					5	
医務室	7					7	
總工程師室	2					2	
電務科	14					14	
用電股	12					12	
表務股	1					1	
機務科	3					3	
第一廠	8					8	
第二廠	8					8	
轉次頁	300					298	

主任秘書　　人事股長　　製表

71

承所員	300					298	
第三廠	10					10	
江办处	8					8	
南办处	10					10	
沙办处	9					9	
護警隊	2					2	
合計	339					337	

副主任稽核李逢春到職
傳記股長萬朝傑到職
試用葉靖成到職
秘書馮克熙离職
傳記股長劉俊堯
科員劉祖蔭
見習何毅華
營業股科員孫鎮雲
（以上）离職
二級工程師涂彩堯調修配股長

主任秘書　　人事股長　　製表

重庆电力股份有限公司一九四八年职员动态表（一九四八年） 0219-2-229

72

重慶電力公司工友動態表

卅七年六月份

部別	上月底計	本月新派	本月免職	本月調入	本月調出	本月底計	備考
材料股	20					20	
燃料股	19					19	
購置股	1					1	
總務股	12	1	1			12	司机助手
電務科	81	1				82	
用實股	38					38	
表務股	6					6	
電話室	9					9	
業務科	4					4	
第一廠	173		1			172	
第二廠	118		2			116	
第三廠	213		1			212	
江北處	9					9	
南岸處	60					60	
沙磁處	43					43	
檢查組	14					14	
總務股	80		1			79	茶役傳達
駐警隊	39	1				40	
合計	939					936	

一廠小工李樹林
二廠 〃 冷樹標
　　 〃 鄧伯云
三廠 〃 盧祥楨
總務股司机何祥生
　　茶役余吉祥
（以上）離職

電務科小工胡友餘　復職

總務股司机吳榮厚
警士譚十新
（以上）到職

主任秘書　　人事股長　　製表

73

重慶電力公司職員動態表

卅七年八月份

部別	上月總計	本月新派	本月免職	本月調入	本月調出	本月總計	備考
經理室	9					9	
秘書室	6					6	
人事股	5					5	
文書股	6					6	
總務科	2					2	
材料股	11					11	
燃料股	9					9	
購置股	3		1			2	
庶務股	7					7	
稽核室	3					3	
審核股	5					5	
稽查股	3					3	
會計科	3					3	
出納股	5					5	
簿記股	15					15	
統計股	4					4	
業務科	4					4	
收費股	57					57	
票據股	33					33	
抄表股	21		1			20	
營業股	12					12	
檢查組	14	1	1			14	
福利社	5					5	
醫務室	7					7	
總工程師室	1					1	
電務科	14					14	
用電股	12					12	
表務股	1					1	
廠務科	3					3	
第一廠	8					8	
第二廠	8					8	
總次頁	296					294	

主任秘書　　人事股長　　製表

74

重慶電力公司職員動態表

[illegible]

部別	[illegible]	[illegible]	[illegible]	[illegible]	[illegible]	[illegible]	備註
總所員	296					294	
第三廠	10					10	
江北辦事處	9					9	
南岸辦事處	10					10	
沙坪壩辦事處	9					9	
額警隊	2					2	
合計	336					334	

註：
財置股見習員周自華 辭職
抄表股工務員鐘恩璧 〃
稽查組科員鄒功甫 〃
〃 〃 僱員何之倩 到職

主任秘書　　人事股長　　製表

重庆电力股份有限公司一九四八年职员动态表（一九四八年）　0219-2-229

重庆电力股份有限公司一九四八年职员动态表（一九四八年） 0219-2-229

75

重慶電力公司工友動態表

卅七年八月份

部　別	上月底計	本月新派	本月免職	本月調入	本月調出	本月底計	備　註
材料股	20					20	
燃料股	19					19	
購置股	1					1	
廠務股	12					12	
電務科	82		1			81	
用電股	38					38	
總務股	6					6	
電話室	9					9	
業務科	4					4	
第一廠	169		1	2		~~168~~	170
第二廠	116					116	
第三廠	212				2	210	
江辦處	9					9	
南辦處	60					60	
沙辦處	43					43	
檢查組	14					14	
廠務隊	78					78	
駐警隊	40					40	
合　計	933					931	

註：
電務科工人王金全長假
第一廠小工王萬男
第三廠小工趙鍵、周玉章調一廠、

主任秘書　　人事股長　　製表

72

重慶電力公司職員動態表

卅七年九月份

部別	上月底計	本月新派	本月免職	本月調入	本月調出	本月底計	備攷
經理室	9					9	
秘書室	6					6	
人事股	5					5	
文書股	6	1		1		8	
總務科	2					2	
材料股	11					11	
燃料股	9					9	
購置股	2					2	
庶務股	7					7	
稽核室	3					3	
審核股	5					5	
稽查股	3		1	/		2	
會計科	3		1			2	
出納股	5					5	
簿記股	15	1				16	
統計股	4					4	
業務科	4					4	
收費股	57					57	
票據股	33					33	
抄表股	20					20	
營業股	12					12	
檢查組	14					14	
福利社	5					5	
醫務室	7					7	
總工程師室	1					1	
電務科	14					14	
用電股	12					12	
表務股	1					1	
廠務科	3					3	
第一廠	8					8	
第二廠	8					8	
職次員	294					295	

主任秘書　　人事股長　　製表

重庆电力股份有限公司一九四八年职员动态表（一九四八年） 0219-2-229

77

部別	上月底計	本月新派	本月離職	本月調入	本月調出	本月底計	備考　3[illegible]
總務處	294					295	
第三廠	10					10	
江辦事處	9					9	
南辦事處	10		1			9	
沙辦事處	9				1	8	
顧問	2					2	
共計	334					333	

註：稽查股科員劉遠鴻長假
出納股 〃 徐紹逸 〃
南辦事處 〃 楊遠群於本月離職
簿記股 〃 楊昌祿到職
文書股雇員李雲翔 〃
沙辦處科員徐永亭調文書股

主任秘書　　人事股長　　製表

重庆电力股份有限公司一九四八年职员动态表（一九四八年） 0219-2-229

78

重慶電力公司工友動態表

卅七年九月份

部別	上月底計	本月新派	本月免職	本月調入	本月調出	本月底計	備考
材料股	20					20	
燃料股	19					19	
購置股	1					1	
庶務股	12					12	
電務科	81					81	
用電股	38					38	
表務股	6					6	
電話室	9					9	
業務科	4					4	
第一廠	170		1			169	
第二廠	116		1			115	
第三廠	210					210	
江北辦事處	9					9	
南岸辦事處	60					60	
沙坪壩辦事處	43					43	
檢查組	14					14	
庶務股	78					78	
護警隊	40					40	
合計	931					929	

註：
一廠李德周因病死亡
二廠小工楊樹林開除

主任秘書　　人事股長　　製表

79.

重慶電力公司職員動態表

卅七年十月份

部別	上月底計	本月新派	本月免職	本月調入	本月調出	本月底計	備考
經理室	9					9	
秘書室	6					6	
人事股	5					5	
文書股	8					8	
總務科	2					2	
材料股	11					11	
燃料股	9					9	
購置股	2					2	
庶務股	7			1		8	
稽核室	3					3	
審核股	5					5	
稽查股	2					2	
會計科	2					2	
出納股	5			1		6	
簿記股	16				1	15	
統計股	4					4	
業務科	4					4	
收費股	57					57	
票據股	33					33	
抄表股	20					20	
票據股	12					12	
檢查組	14		1	1		14	
福利社	5					5	
醫務室	7					7	
總工程師室	1					1	
電務科	14					14	
用電股	12					12	
表務股	1					1	
廠務科	3					3	
第一廠	8					8	
第二廠	8					8	
轉次頁	295					296	

主任秘書　　人事股長　　製表

重庆电力股份有限公司一九四八年职员动态表（一九四八年） 0219-2-229

80

承前頁	295					296	
第三廠	10					10	
江办处	9				2	7	
南办处	9					9	
沙办处	8					8	
顧警隊	2					2	
合計	333					332	

註：稽查組助理張恩田長假
江办处科員馬云程調廣務股
〃 楊佰秋 〃 稽查組
總記股 〃 王荣琛 〃 出纳股

主任秘書　　人事股長　　製表

重庆电力股份有限公司一九四八年职员动态表（一九四八年）　0219-2-229

81

重慶電力公司工友動態表

卅七年十月份

部別	上月底計	本月新進	本月免職	本月調入	本月調出	本月底計	備攷
材料股	20					20	
燃料股	19					19	
購置股	1					1	
庶務股	12					12	
電務科	81					81	
用電股	38					38	
表務股	6					6	
電話室	9					9	
業務科	4					4	
第一廠	169			1		168	
第二廠	115					115	
第三廠	210		1			209	
江辦處	9					9	
南辦處	60					60	
沙辦處	43					43	
稽查組	14			1		15	
廠務股	78					78	
護警隊	40					40	
合計	928					927	

註、第一廠学徒邱宣林調稽查組
第三廠小工罗沱倚開除

主任秘書　　人事股長　　製表

重庆电力股份有限公司一九四八年职员动态表（一九四八年）　0219-2-229

重庆电力股份有限公司一九四八年职员动态表（一九四八年） 0219-2-229

82

重庆电力公司职员动态表

卅七年十一月份

部别	上月底计	本月新进	本月离职	本月调入	本月调出	本月底计	备考
经理室	9					9	
秘书室	6					6	
人事股	5					5	
文书股	8					8	
总务科	2					2	
材料股	11					11	
燃料股	9					9	
购置股	2					2	
庶务股	8					8	
稽核室	3					3	
审核股	5					5	
稽查股	2					2	
会计科	2		1			1	
出纳股	6					6	
保证股	15					15	
统计股	4					4	
业务科	4					4	
收费股	57					57	
票据股	33					33	
抄表股	20					20	
营业股	12					12	
检查组	14					14	
福利社	5					5	
医务室	7					7	
总工程师室	1			1		2	
电务科	14					14	
用电股	12					12	
表务股	1					1	
厂务科	3					3	
第一厂	8					8	
第二厂	8					8	
总计	296					296	

主任秘书　　人事股长　　制表

83

业务处	296					296	
第三厂	10					10	
江北处	7				1	6	
南岸处	9					9	
沙坪处	8					8	
厂警队	2					2	
合计	332					331	

註：刘伊凡辞职
马行之升为细股长
李云翔改名[illegible]
郭凡本调回给工程师室

主任秘书　　人事股长　　制表

中興印

重庆电力股份有限公司一九四八年职员动态表（一九四八年）　0219-2-229

84

重慶電力公司工友動態表

卅七年十一月份

部別	上月底計	本月新派	本月離職	本月調入	本月調出	本月底計	備攷
材料股	20					20	
燃料股	19					19	
購置股	1					1	
總務股	12					12	
業務科	81					81	
用電股	38					38	
[illegible]務股	6					6	
營造處	9					9	
工務科	4					4	
第一廠	168					168	
第二廠	115					115	
第三廠	209					209	
江辦处	9					9	
南辦处	60					60	
沙辦处	43					43	
稽查組	15					15	
總務股	78					78	
駐警隊	40	2	2			40	
合計	927					927	

註：警士[illegible]一新[illegible]
[illegible]

主任秘書　　人事股長　　製表

重庆电力股份有限公司一九四八年职员动态表（一九四八年） 0219-2-229

84

重慶電力公司職員動態表

卅七年十二月份

部別	上月底計	本月新派	本月免職	本月調入	本月調出	本月底計	備攷
經理室	9					9	
秘書室	6					6	
文書股	8					8	
人事股	5					5	
總務科	2					2	
材料股	11					11	
燃料股	9					9	
購置股	2					2	
庶務股	8				1	7	
稽核室	3					3	
稽查股	2					2	
審核股	5					5	
會計科	1					1	
出納股	6					6	
簿記股	15		1			14	
統計股	4					4	
業務科	4					4	
收費股	57					57	
票據股	33					33	
抄表股	20					20	
營業股	12					12	
檢查組	14					14	
福利社	5					5	
醫務室	7					7	
總工程師室	2					2	
電務科	13					13	
用電股	12					12	
表務股	1					1	
廠務科	3					3	
第一廠	8					8	
第二廠	8					8	
總人員	295					293	

主任秘書　　人事股長　　製表

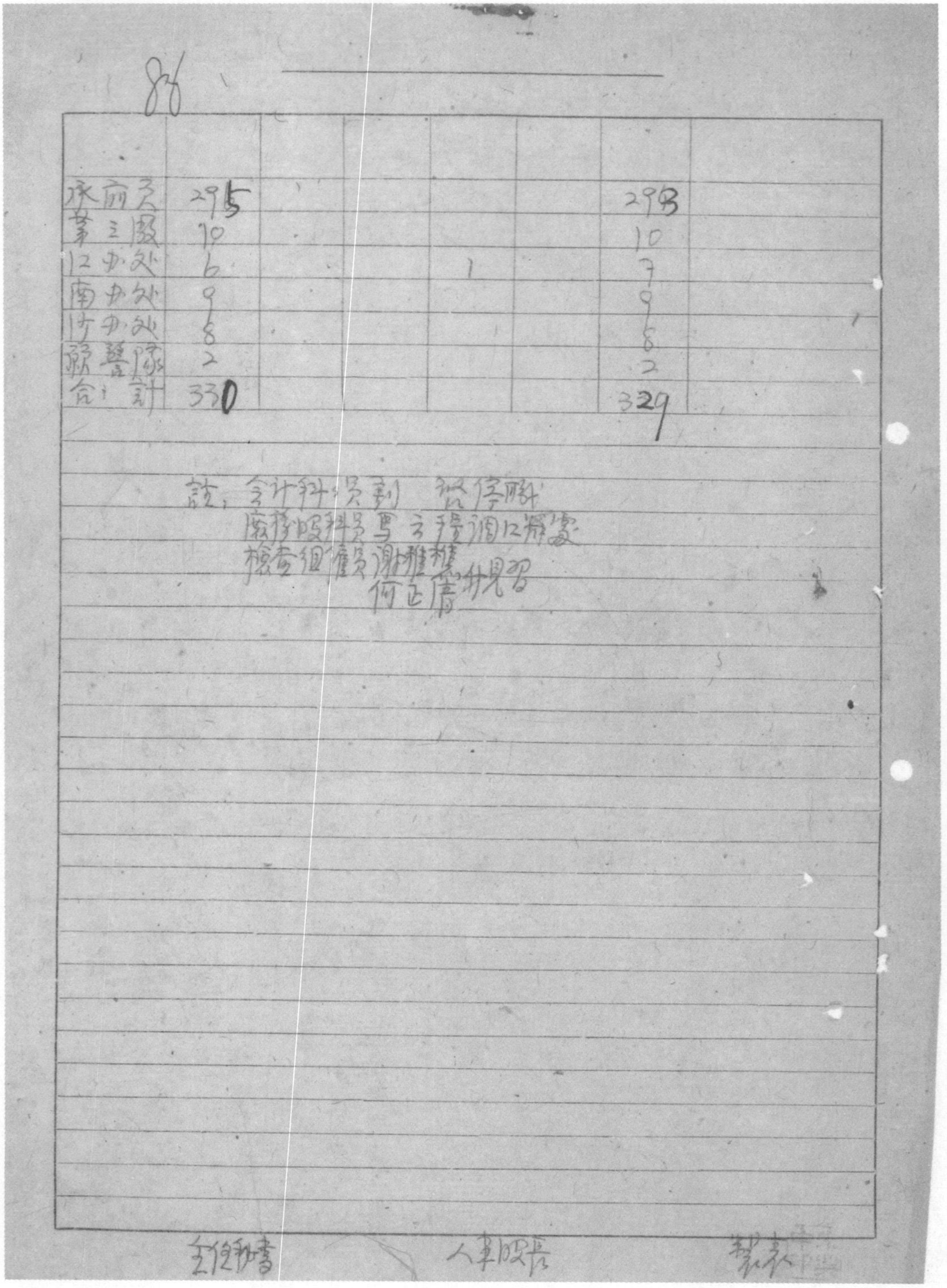

86

承前頁	295					293	
第三廠	10					10	
江北办处	6			1		7	
南岸办处	9					9	
沙办处	8					8	
護警隊	2					2	
合計	330					329	

註：會計科科員劉[illegible]經停職
廠務股科員馬[illegible]調江北辦處
檢查組僱員謝雅樵
何正倩升見習

主任秘書　　人事股長　　製表

重庆电力股份有限公司一九四八年职员动态表（一九四八年）　0219-2-229

87 重慶電力公司職工動態表

卅七年十二月份

部別	上月底計	本月新派	本月免職	本月調入	本月調出	本月底計	備考
材料股	20					20	
燃料股	19					19	
購置股	1					1	
廠務股	12					12	
電務科	81				2	79	
用電股	38					38	
總務股	6					6	
電話室	9					9	
業務科	4					4	
第一廠	168					168	
第二廠	115		1			114	
第三廠	209					209	
江辦處	9					9	
南辦處	60					60	
沙辦處	43					43	
稽查組	15			2		17	
庶務股	77		1			76	
警衛隊	40	1	1			40	
合計	926					924	

註：電務科小工傅德云、田云虎調稽查組
庶務股陳劍祥開除
第二廠學徒李國安去職
警衛隊錢國書未報到該缺另由案派補充

分任秘書　　人事股長　　製表

重庆电力股份有限公司一九四八年职员动态表（一九四八年）　0219-2-229

重庆电力股份有限公司职员人数统计表（一九四九年八月） 0219-2-278

重慶電力公司全体職員名冊

卅八年八月造

重庆电力股份有限公司职员人数统计表（一九四九年八月） 0219-2-278

00001 ~~0001~~

重慶電力公司職員人數統計表

卅八年八月造

部別	人數	備攷
經理室	12	
秘書室	5	
人事股	5	
文書股	7	
總務科	3	
材料股	11	
燃料股	9	
購置股	2	
庶務股	8	
稽核室	3	
審核股	5	
稽查股	2	
會計科	1	
出納股	7	
簿記股	13	
統計股	3	
業務科	6	
收費股	47	
票據股	28	
營業股	10	
用電檢查組	17	
福利社	4	
醫務室	7	
總工程師室	2	
電務科	15	
用電股	10	
表務股	3	
抄表股	24	
廠務科	3	
移次頁	27[illegible]	

重庆电力股份有限公司职员人数统计表（一九四九年八月） 0219-2-278

00002

承前頁	272
第一廠	9
第二廠	8
第三廠	8
江辦事處	12
南辦事處	18
沙辦事處	14
顧問	2
合計	343

重庆电力股份有限公司职员人数统计表（一九四九年八月） 0219-2-278

00000

重慶電力公司工友茶役人數統計表

卅八年八月造

單位名稱	工友總數 技工	幫工	小工	學徒	茶役總數	臨工總數	備攷
經理室					3		
秘書室					3		
總務科	3	6	43		24	14	內有廚工二十一人
業務科	二	2	2		8		
稽核室					3		
會計科					3		
電務科	17	28	77	5	1	5	
檢查組		6	7	4	3		

重庆电力股份有限公司职员人数统计表（一九四九年八月）　0219-2-278

一厰	18	31	108	10	8	25
二厰	14	17	77	6	5	18
三厰	22	18	150	17	6	29
江北辦事處	3	3	8		3	4
南岸辦事處	6	3	43	3	4	5
沙辦事處	6	2	34	1	3	2
驗警			40			
共計	89	116	589	46	77	102

工友總計九一七名

職工總計一〇二名

重庆电力股份有限公司职员人数统计表（一九四九年八月） 0219-2-278

00004

經理室

職別	姓名	年齡	籍貫	到職年月	現支薪金	備攷
總經理	傅友周			卅八年八月	1,000	
協理	程本臧	四七	浙江杭州	廿二年二月	1,000	
協理兼總工程師	吳錫瀛	四五	岳池	廿二年六月	1,000	
顧問	袁玉瑋				280	
	梁穎文			卅八年一月	[illegible]	
法律顧問	杜岷英				250	
	顧巨[illegible]			卅六年四月	100	
稽核	廖世浩			卅六年六月	700	

重庆电力股份有限公司职员人数统计表（一九四九年八月） 0219-2-278

駐美代表	趙永餘			卅七年五月	700	
滬辦事處副主任	陸錫成			卅八年一月	700	
財務專員	劉伊凡	四三	江北	卅八年三月	480	
秘書	田孟甫	三九	陝西城固	卅八年七月	155	董事會

00005

4

秘書室

職別	姓名	年齡	籍貫	到職年月	現支薪金	備考
主任秘書	楊彷濤	五〇	瀘	卅六年七月	300	
秘書	張君鼎	四六	長壽	廿六年十一月	400	
	闞倬雲	五五	渠	廿四年五月	420	兼文書股股長
	趙循伯	四三	渝	卅七年六月	170	
	徐代植	五〇	三台	卅七年三月	170	

孜

00006

秘書室人事股

職別	姓名	年齡	籍貫	到職年月	現支薪金	備攷
股長	甯席君	三三	犍為	卅年三月	130	
副	楊富尊	三八	成都	卅二年五月	280	
助理秘書	申倚晨	三二	渝	卅八年八月	80	
科員	曾德風	三三	璧山	廿九年十一月	70	
見習	朱興中	二四	巴	卅年六月	45	

重庆电力股份有限公司职员人数统计表（一九四九年八月） 0219-2-278

00007

秘書室文書股

職別	姓名	年齡	籍貫	到職年月	現支薪金	備攷
副股長	周丕南	三一	達	廿七年二月	245	
科員	汪海東	六一	華陽	廿六年二月	215	
	胡智成	三四	閬	卅年二月	80	
	王仲康	五六	巴	卅六年七月	80	
見習	蕭堯先	三三	岳池	廿六年一月	55	
	張懋玉	四	梁山	廿七年一月	55	
	李雲翔	三六	瀘	廿七年九月	30	

重庆电力股份有限公司职员人数统计表（一九四九年八月） 0219-2-278

總務科

職別	姓名	年齡	籍貫	到職年月	現支薪金	備攷
科長	張實之			卅六年七月	250	周審核查組組長兼
副	李逢春	五四	廣安	卅七年六月	170	
科員	劉大有	三二	巴	廿九年五月	130	

重庆电力股份有限公司职员人数统计表（一九四九年八月） 0219-2-278

00009

總務科材料股

職別	姓名	年齡	籍貫	到職年月	現支薪金	備攷
股長	鄢仲庸	三九	巴	廿三年十一月	320	一廠
副	陳西黎	三五	巴	廿三年七月	300	
科員	朱家鉉	三四	閬中	廿六年六月	215	
	王永思	四二	瀘	廿六年九月	170	一廠
	陳銘謙	三四	瀘	廿六年十一月	140	二廠
	喻邦仕	三三	巴	卅年三月	215	三廠
	李重芳	三三	安徽合肥	卅年三月	60	一廠
	胡甫文	三八	巴	廿二年十二月	90	二廠

重庆电力股份有限公司职员人数统计表（一九四九年八月） 0219-2-278

工務員	吳光楣	三八	浙江吳	廿五年十月	80	一廠
見習	楊子杰	三七	江蘇上海	卅三年二月	76	一廠
	史美斌	三六	渝	卅六年三月	80	名義未定 科員待遇

00010

總務科燃料股

職別	姓名	年齡	籍貫	到職年月	現支薪金	備考
股長	曾昭亢	三六	巴	廿二年一月	320	
副	周立剛	三三	巴	廿四年一月	200	
科員	楊同培	三八	宣漢	廿六年十月	130	二廠
	周顯壽	三九	達	廿九年十二月	80	三廠
	龔伯階	四〇	巴	卅四年一月	50	三廠
	湯大榮	三二	巴	卅年七月	130	
見習	林鯤仕	二七	河北天津	卅三年一月	76	一廠
	歸清源	二六	雲陽	廿二年十一月	76	三廠

欵

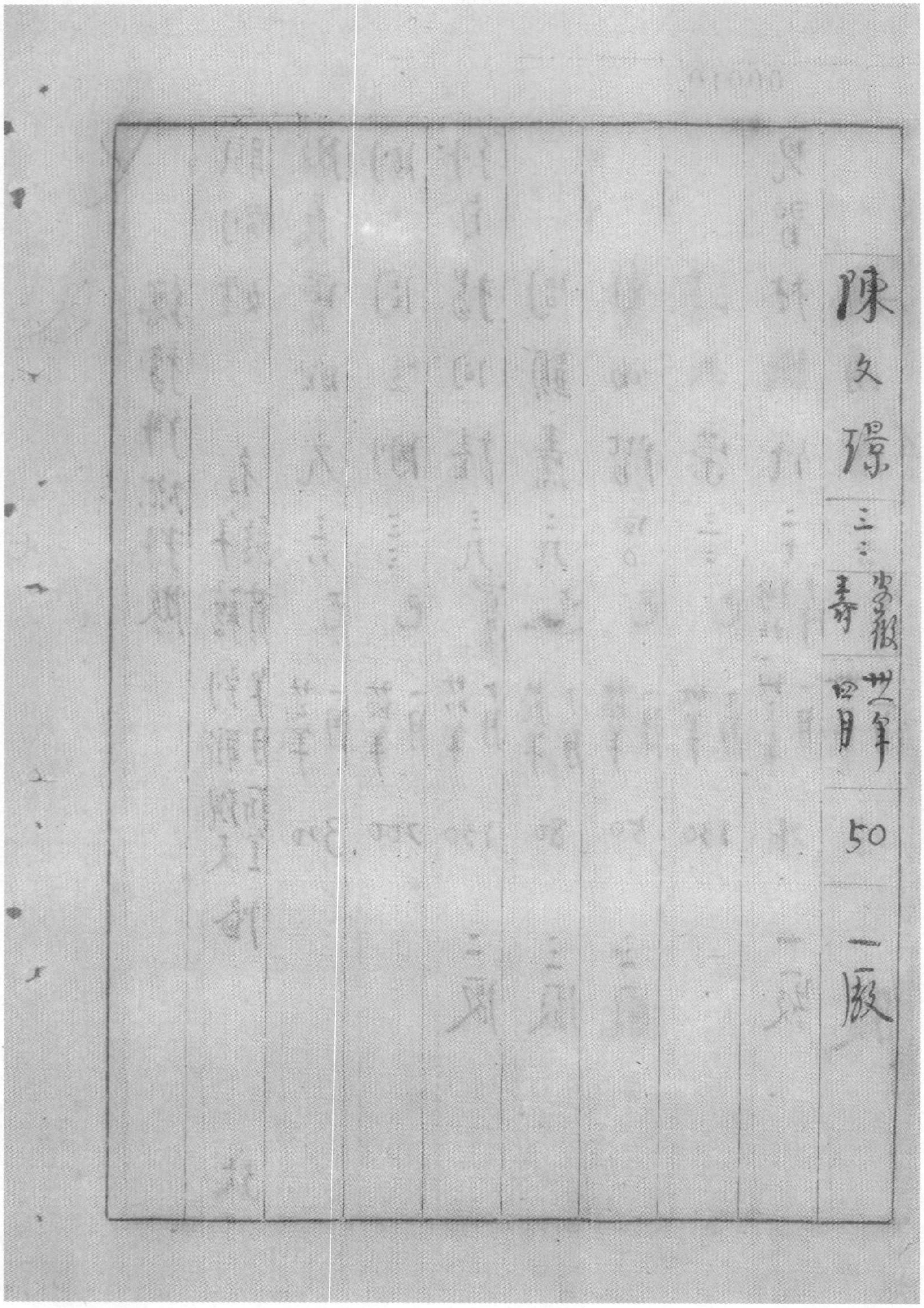

重庆电力股份有限公司职员人数统计表（一九四九年八月） 0219-2-278

重庆电力股份有限公司职员人数统计表（一九四九年八月） 0219-2-278

00011

總務科購置股

職別	姓名	年齡	籍貫	到職年月	現支薪金	備攷
股長	王德華	三六	巴	廿七年八月	400	
科員	章慕京	三二	安徽泸江	卅四年八月	65	

重庆电力股份有限公司职员人数统计表（一九四九年八月） 0219-2-278

00012

總務科庶務股

職別	姓名	年齡	籍貫	到職年月	現支薪金	備攷
股長	劉鳴皋	三六	巴	廿四年四月	245	
副	劉煥成	三一	岳池	廿六年九月	110	
科員	李叔耕	四三	浙江杭州	廿二年一月	215	
	劉子傑	三〇	洛陽	廿三年六月	80	
	譚謀遂	三三	巴	卅一年二月	155	
	孟世德	二九	巴	卅年十月	50	
	王祥璋	二八	瀘	卅年八月	100	
	傅道乾	四三	瀘	廿七年五月	215	

00013

稽核室

職別	姓名	年齡	籍貫	到職年月	現支薪金	備攷
主任	張玲	五〇	南充	卅四年八月	700	
副	楊新民	四八	瀘	卅四年六月	340	
科員	駱雅麟	二九	重慶	廿九年十月	50	

00014

稽核室審核股

職別	姓名	年齡	籍貫	到職年月	現支薪金	備考
股長	程志學	五三	湖北黄安	廿三年七月	280	
副	屠瑜	三二	湖北孝感	卅年七月	155	
科員	陳克仁	二六	渝	卅二年二月	65	
	陶基寬	三五	南京	卅年十月	70	
	王衛仁	四五	湖北黄陂	卅五年五月	100	

致

重庆电力股份有限公司职员人数统计表（一九四九年八月） 0219-2-278

重庆电力股份有限公司职员人数统计表（一九四九年八月） 0219-2-278

00015

稽核室稽查股

職別	姓名	年齡	籍貫	到職年月	現支薪金	備攷
副股長	李仙樓	六〇	秀山	廿年三月	230	
科員	陶純武	五六	巴	卅六年六月	120	

00016

會計科

職别	姓名	年齡	籍貫	到職年月	現支薪金	備攷
科長	黄大庸	四十六	犍為	廿九年十月	450	

重庆电力股份有限公司职员人数统计表（一九四九年八月） 0219-2-278

重庆电力股份有限公司职员人数统计表（一九四九年八月） 0219-2-278

00017

會計科出納股

職別	姓名	年齡	籍貫	到職年月	現支薪金	備考
股長	馬紓之	五六	巴	廿三年七月	320	
副	魯秉清	三三	閬中	廿七年八月	155	
科員	顧景霖	二九	湖北宜昌	卅年三月	110	
	漆先進	三一	渝	卅年十一月	90	
	王榮琛	二九	榮昌	廿七年四月	55	
	葉培成	二六	長壽	廿七年六月	35	
見習	秦光望	三九	江北	廿二年二月	55	

弦

重庆电力股份有限公司职员人数统计表（一九四九年八月） 0219-2-278

00018

會計科傳記股

職別	姓名	年齡	籍貫	到職年月	現支薪金	備攷
股長	萬朝傑	三七	渠	卅七年六月	140	
副	何篤睦	三九	巴中	廿三年十月	245	
科員	熊靜洋	三四	達	卅年三月	155	
	崔德球	二九	成都	卅年九月	90	
	鄒昭瑄	三〇	巴	卅年十月	100	
	徐自律	四〇	璧山	卅年三月	110	
	王友籍	三二	內江	卅年七月	70	
	廖冰岳	三七	巴	卅六年十一月	130	

重庆电力股份有限公司职员人数统计表（一九四九年八月） 0219-2-278

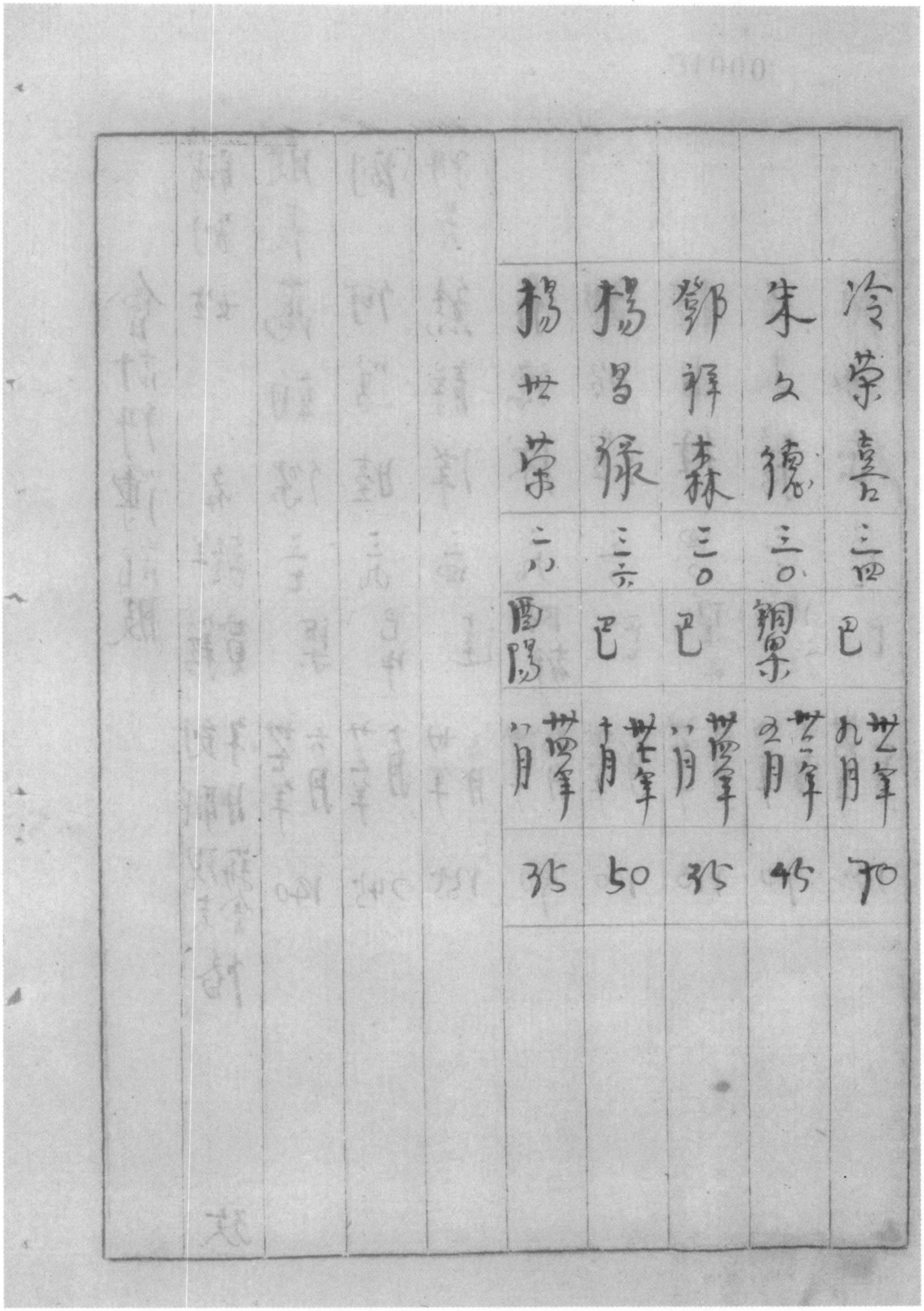

冷榮喜	三四	巴	卅七年九月	70
朱文德	三〇	銅梁	卅二年五月	45
鄧祥森	三〇	巴	卅四年八月	35
楊昌猴	三六	巴	卅七年十月	50
楊世榮	二六	酉陽	卅四年八月	35

重庆电力股份有限公司职员人数统计表（一九四九年八月） 0219-2-278

會計科統計股

職別	姓名	年齡	籍貫	到職年月	現支薪金	備攷
股長	吳德超	四	廣西平南	廿九年十二月	245	
科員	章伯俊	三三	彭	卅年一月	50	調出納股
	周光泳	三二	達	廿七年十月	80	已調管理股

00020

业务科

職別	姓名	年齡	籍貫	到職年月	現支薪金	備攷
科長	陳景嵐	四〇	富順	廿四年五月	510	
副	章時叙	三六	河北天津	卅年十一月	380	
業務專員	劉佩雄	四六	江蘇無錫	廿三年七月	580	
助理秘書	何逸飛	四七	渝	廿五年一月	170	
	李德全	三七	巴	廿二年九月	320	
科員	陳樹風	三七	隆昌	廿五年九月	215	

重庆电力股份有限公司职员人数统计表（一九四九年八月） 0219-2-278

00021

業務科收費股

職別	姓名	年齡	籍貫	到職年月	現支薪金	備攷
股長	劉希向	五三	巴	卅一年七月	320	
副	李文脩	三七	巴	廿七年六月	230	
	杭鶴聲	三六	巴	卅年四月	170	
	鄧治宏	三四	長寧	廿七年六月	280	
科員	羅守信	三六	璧山	廿九年十二月	185	
	李來儀	五三	河南商邱	廿三年九月	215	
	楊蓮雲	五八	成都	廿三年六月	215	
	龐熙輝	五六	江津	廿八年六月	215	

重庆电力股份有限公司职员人数统计表（一九四九年八月） 0219-2-278

黄明材	三二	長寿	廿九年十月	170
鄒紹林	三七	瀘	卅四年二月	215
李石蓀	三七	江西臨川	廿九年十月	155
何偉浦	四六	巴	廿九年十月	170
耿玄麟	三〇	巴	廿六年六月	170
丁道宏	三六	巴	廿五年九月	170
韓永慶	三一	長寿	廿六年九月	110
唐亞夫	三二	永川	卅年九月	80
關慶仁	四一	江北	卅年八月	90
劉心一	四六	邛都	卅年六月	155

重庆电力股份有限公司职员人数统计表（一九四九年八月） 0219-2-278

00022

馮休攻	三三	瀘	卅年六月	155
劉俊鐘	四九	巴	卅三年三月	65
宋世昌	三五	巴	卅三年八月	140
文伯威	四二	巴	卅三年八月	120
劉國章	四八	江北	卅三年二月	70
何毅儀	四一	巴	卅三年三月	60
汪致康	四二	巴	卅三年十一月	110
程守賢	三五	巴	卅四年八月	60
許國鈞	二七	浙江海寧	卅四年七月	50
方至誠	三四	成都	卅四年七月	50

鲜文森	三四	[illegible]	卅四年七月	50
高赞杨	三一	巴	卅五年七月	35
罗彦昇	四〇	泸	卅五年十二月	40
周耿光	三〇	渝	卅六年四月	40
刘正昌	三二	巴	卅六年八月	200
连望成	三八	璧山	卅六年七月	35
见习 陈绍轩	四〇	綦江	卅三年三月	55
鲁倬阳	四三	中江	卅三年八月	55
康绍良	三六	泸	卅四年九月	26
萧国桢	三二	奉节	卅五年七月	35

重庆电力股份有限公司职员人数统计表（一九四九年八月） 0219-2-278

00023

一	白清武	三一	中江	廿九年八月	46.50	
	嚴紹清	三六	瀘	廿三年三月	25.50	
	鄧本恒	三二	巴	廿三年十月	55	
	陳大芳	二八	邛崍	廿七年三月	36	
	詹昌緒	二三	江北	卅年四月	31.50	
	姚文炎	五〇	南充	廿四年四月	55	
	彭玉林	三二	長壽	廿九年三月	55	
	張玉文	二七	富順	卅三年三月	21	
警[illegible]局督察	宋信渠			卅八年四月	100	科員待遇

重庆电力股份有限公司职员人数统计表（一九四九年八月） 0219-2-278

00024

業務科業務股

職別	姓名	年齡	籍貫	到職年月	現支薪金	備攷
股長	黃燮榮	三四	巴	卅五年八月	285	
副	李樹輝	三〇	江津	廿五年八月	170	
科員	廖錫富	三三	巴	卅年二月	130	
	毛君渠	三九	巴	卅年八月	140	
	劉祖芳	三一	巴	廿六年八月	140	
	余進卿	三七	瀘	卅年二月	100	
	周復生	三一	巴	廿六年七月	110	
	王德懋	三九	瀘	廿九年十月	70	

重庆电力股份有限公司职员人数统计表（一九四九年八月） 0219-2-278

	劉竹然	三五	巴	廿六年八月	130
	黄世昌	三三	長壽	卅年二月	110
	吳重賢	二九	瀘	廿六年七月	80
	徐其友	三〇	璧山	廿九年十二月	90
	趙國棟	三五	巴	卅年四月	90
	王邦寧	二八	巴	廿九年十一月	105
	鄭孟歡	三二	渝	卅二年十一月	110
	王光慶	三七	瀘	廿六年八月	170
	張永達	三〇	合川	卅二年八月	80
	趙錫生	四三	閬中	廿九年四月	200

重庆电力股份有限公司职员人数统计表（一九四九年八月） 0219-2-278

00025

	劉俊榮	三六	巴	卅年一月	140
	任學詩	二九	江北	卅年四月	55
	賢先福	二八	湖南湘潭	卅五年七月	35
	彭君儒	三七	江北	卅六年十月	120
	吳靜生	二八	璧山	卅四年八月	35
	劉良善	三三	巴	卅四年八月	40
	傅佳然	三六	達	卅四年八月	45
見習	謝洪鈞	五〇	江北	卅四年五月	50
	傅彦時	二七	渝	卅四年八月	26
	傅彦予	二四	渝	卅三年十一月	20

重庆电力股份有限公司职员人数统计表（一九四九年八月） 0219-2-278

00026

業務科營業股

職別	姓名	年齡	籍貫	到職年月	現支薪金	備考
股長	杜培先	三五	閬中	廿五年六月	110	
科員	廖精輝	五四	華陽	廿五年十月	215	
	張道剛	二九	巴	廿六年十月	120	
	趙秀華	三九	山東益都	廿九年十二月	130	
	唐勤序	三五	湖北	廿四年九月	110	
	蕭藻年	四二	富順	廿三年九月	100	
	薛葉琨	五三	宜賓	廿三年二月	100	
	王大緒	二九	巴	廿七年七月	155	

孜

重庆电力股份有限公司职员人数统计表（一九四九年八月） 0219-2-278

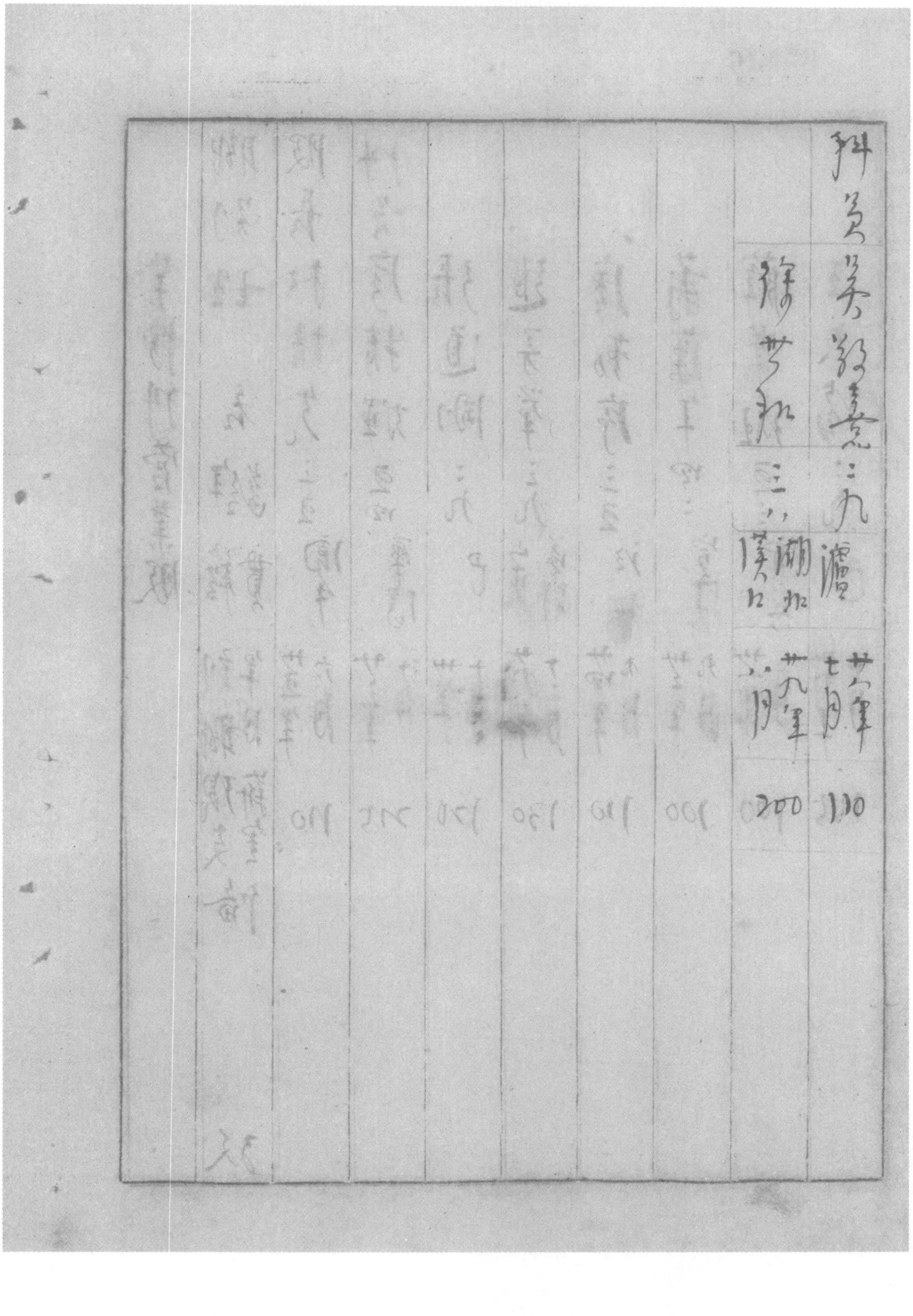

科员	吴毅熹	二九	泸	廿六年七月	110
	徐世杰	三六	湖北汉口	廿九年六月	200

重庆电力股份有限公司职员人数统计表（一九四九年八月） 0219-2-278

00027

用電檢查組

職別	姓名	年齡	籍貫	到職年月	現支薪金	備考
副組長	張雲山	三九	上海	廿七年二月	300	
交涉員	王廉生	五六	湖北沔陽	廿九年八月	215	
工程師	王紹編	五五	自貢	廿三年十二月	360	
取締股長	陳光武	三八	岳池	廿三年七月	245	
工務員	曾淵湘	三六	成都	廿三年十一月	200	
科員	盧惠鏗	三四	廣東中山	廿三年十二月	165	
	傅德新	三四	巴	廿七年十一月	90	
	張白康	三九	成都	廿九年十一月	155	

重庆电力股份有限公司职员人数统计表（一九四九年八月） 0219-2-278

	荣新民	五一	江苏镇江	廿九年五月	90
	杨伯狄	三八	新津	卅三年九月	50
	郭功甫	三六	华阳	卅三年五月	55
	胡仲文	四九	巴	卅年九月	110
见习	谢维熙	四二	巴	卅七年七月	30
	何正清	三九	巫山	卅七年八月	30
	秦希白	二九	巴	卅五年六月	40
	杨云斋	二六	仁寿	卅八年四月	20
雇员	曹泽民	三八	璧山	卅四年八月	260

重庆电力股份有限公司职员人数统计表（一九四九年八月） 0219-2-278

00028

福利社

职别	姓名	年龄	籍贯	到职年月	现支薪金	备考
干事	唐鹤生	三三	上海	廿六年八月	215	康乐组
	朱敦先	五八	阆中	廿三年四月	215	子弟校
科员	毛世伟	三四	彭	卅年十二月	90	
	温伯庠		泸	廿五年十月	155	

改

重庆电力股份有限公司职员人数统计表（一九四九年八月） 0219-2-278

00029

福利社醫務室

職別	姓名	年齡	籍貫	到職年月	現支薪金	備攷
醫師	駱允升			卅六年十一月	260	
	傅文祥	三六	達	廿七年三月	260	上午二廠 下午窩
助理醫師	王咸康	三六	浙江紹興	卅七年七月	200	二廠
	葉文全	三三	達	卅年十一月	170	三廠
見習	杜朝鑫	二八	潼南	廿七年七月	55	三廠
	柏濟民	二九	岳池	廿六年三月	55	
	謝慶餘	三〇	郫縣	卅年三月	40	一廠

00030

總工程師室

職別	姓名	年齡	籍貫	到職年月	現支薪金	備攷
協理兼總工程師	吳錫瀛					兼電務科科長
工程師	鄧民永	三四	成都	廿六年九月	380	二級
	范志高	三九	成都	廿九年八月	320	

重庆电力股份有限公司职员人数统计表（一九四九年八月） 0219-2-278

重庆电力股份有限公司职员人数统计表（一九四九年八月） 0219-2-278

00031

電務科

職別	姓名	年齡	籍貫	到職年月	現支薪額	備攷
副科長	秦亞雄	三九	河北通化	卅五年三月	480	公司
股長	余盛鈿	三九	彭水	卅四年二月	100	
工程師	吳昌懋	三三	青神	卅年九月	245	
	張霈瑞	四九	浙江鄞	卅二年十二月	480	
副	趙連生	三二	巴縣	廿二年五月	320	
	劉盛云	二六	簡陽	卅六年三月	80	
工務員	龔佳亮	三七	璧山	卅四年六月	260	
	張維琴	三六	巴	廿二年十月	245	

重庆电力股份有限公司职员人数统计表（一九四九年八月） 0219-2-278

	張增榮	四五	江陵	廿三年三月	250	
	戴次群	四二	內江	廿四年八月	215	
工務見習	袁維謹	二四	瀘	卅五年十月	40	
科員	鄭崇榮	三五	崇慶	卅年二月	80	
見習	楊徵英	二七	浙江杭	卅三年十一月	45	三廠
	吳攀儀	三二	渝	卅五年三月	20	公司
	譚世秀	二八	廣安	卅六年二月	20	一廠

重庆电力股份有限公司职员人数统计表（一九四九年八月） 0219-2-278

00032

電務科用電股

職別	姓名	年齡	籍貫	到職年月	現支薪額	備攷
股長	李培陽	三六	山西陽高	卅年十月	300	
副工程師	唐知富	二九	巴	卅五年八月	80	一廠
工務員	馮先富	三一	浙江紹興	卅三年十一月	260	
	徐培江	三一	南充	卅年十月	120	
	施慎安	三五	江蘇無錫	廿六年三月	200	
科員	毛白年	三六	浙江金華	廿九年十二月	140	
	楊世銘	三四	巴	廿九年十二月	140	
	陳茂榮	三四	合川	廿五年五月	120	

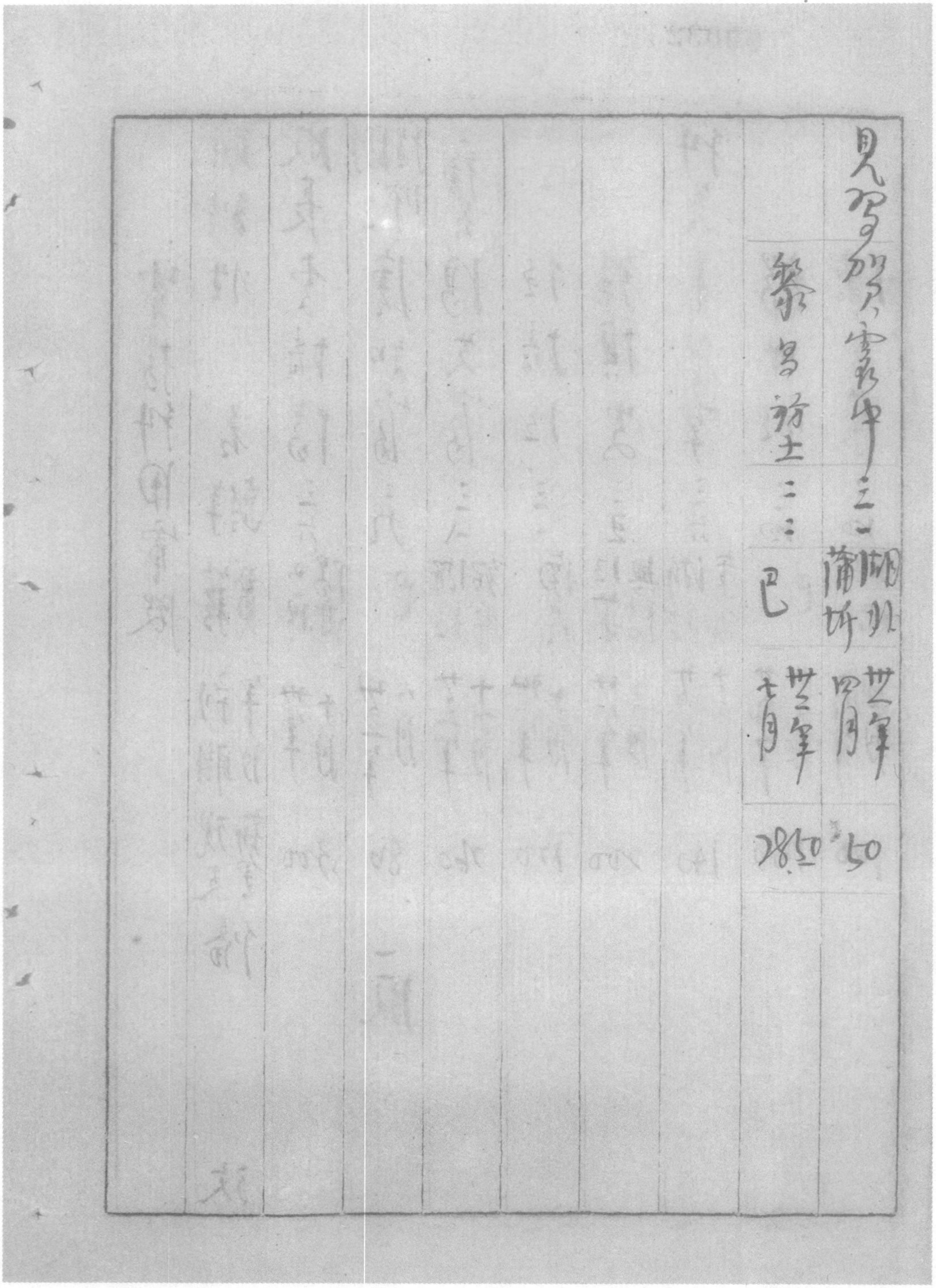

重庆电力股份有限公司职员人数统计表（一九四九年八月） 0219-2-278

重庆电力股份有限公司职员人数统计表（一九四九年八月） 0219-2-278

00033

電務科表務股

職別	姓名	年齡	籍貫	到職年月	現支薪額	備考
股長	汪振祥	四三	浙江杭	卅三年三月	230	一廠
務員	鄧承瑗	二六	成都	卅二年八月	80	一廠
工務見習	張心敏	二八	富順	卅五年七月	50	一廠

重庆电力股份有限公司职员人数统计表（一九四九年八月） 0219-2-278

00034

電務科抄表股

職別	姓名	年齡	籍貫	到職年月	現支薪金	備攷
股長	鄢紹永	三一	成都	廿六年七月	215	
副	鄭權	三二	瀘	廿四年八月	245	
科員	夏仲康	四二	富順	廿三年八月	215	
	陳家禎	三七	成都	廿五年十一月	200	
	賴克輝	三二	渝	廿九年八月	215	
	何開源	四五	內江	廿七年九月	120	
	馮光安	三三	巴	廿七年九月	110	
	盧廷錫	三七	巴	卅年五月	130	

重庆电力股份有限公司职员人数统计表（一九四九年八月） 0219-2-278

贺兴业	三〇	渝	廿七年十月	80
朱立之	四六	泸	廿四年六月	185
尹晖暄	三三	泸	卅三年二月	55
刘应森	三一	南充	卅年五月	110
蒲璲	三十	南充	卅三年四月	40
陈锡鑫	三四	泸	卅四年八月	40
卢国全	三一	巴	卅年八月	60
徐昌翰	三四	巴	廿九年十二月	70
程仲熙	四八	巴	卅年九月	60
王泽荣	三六	巴	廿七年十二月	155

重庆电力股份有限公司职员人数统计表（一九四九年八月） 0219-2-278

00035

	蔣榮森	三五	江北	卅四年八月	35
	王信懋	三一	浙江奉化	廿九年十二月	120
務員	殷　任	三三	江北	卅三年十月	40
見習	賴君富	二四	巴	卅四年八月	35
	唐明光	二二	成都	卅六年三月	20
	譚世謙	二二	資中	卅七年三月	35

00036

厂务科

职别	姓名	年龄	籍贯	到职年月	现支薪金	备考
科长	易宗樸	四二	合川	廿七年十月	620	
工程师	唐汝擢	三八	巴	廿三年十二月	420	
工务见习	何绍明	二六	岳池	卅三年七月	60	

重庆电力股份有限公司职员人数统计表（一九四九年八月） 0219-2-278

00037

廠務科第二廠

職別	姓名	年齡	籍貫	到職年月	現支薪金	備考
副科長	歐陽鏗	三四	巴	卅六年九月	260	
廠長	趙之陳	四二	山西朔	卅六年四月	450	
、	楊以坤	五九	安徽合肥	廿三年四月	480	
工程師	花光榮	三〇	達	廿三年六月	155	
副	黃永寧	二八	重慶	卅五年八月	90	
	王開模	二八	達	卅五年九月	80	
工程師	黃萬生	三二	南溪	卅八年三月	155	
科員	連鍾毓	三九	江蘇吳	卅二年九月	60	

重庆电力股份有限公司职员人数统计表（一九四九年八月）　0219-2-278

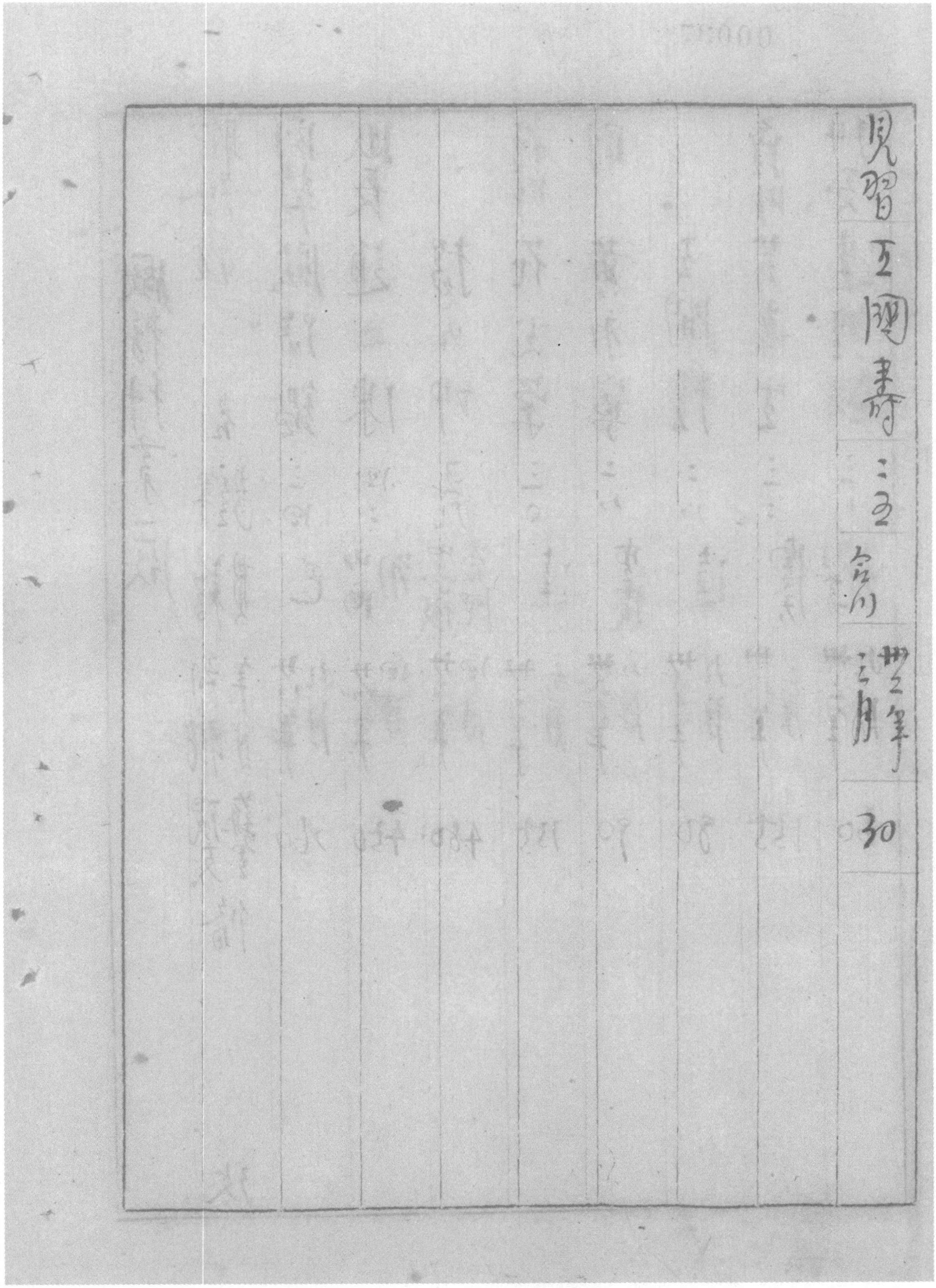

見習　王國壽　二五　合川　卅三年三月　30

重庆电力股份有限公司职员人数统计表（一九四九年八月） 0219-2-278

00038

廠務科第三股

職別	姓名	年齡	籍貫	到職年月	現支薪金	備攷
副科長	劉希孟	四二	巴	廿七年九月	480	
股長	陳永寬	三九	銅梁	卅六年八月	230	
工程師	黃士隆	三四	廣東新會	廿九年九月	300	
副	趙積章			卅三年十一月	140	
	周貴基	二八	江津	卅五年七月	80	
科員	高夔明	四〇	江蘇無錫	廿七年十二月	215	
	彭定智	二九	巴	廿九年一月	140	
見習	張士華	二三	璧山	卅三年二月	76	

00039

廠務科第三股

職別	姓名	年齡	籍貫	到職年月	現支薪額	備攷
代副科長	孫新傳	三四	江蘇如皋	廿九年八月	280	
工程師	王國新	四四	綦江	廿七年五月	245	
	黃孝述	二九	永川	廿六年四月	120	
	邱脈悌	三一	酉陽	廿五年十一月	120	
工務員	魯秉靈	二八	閬中	卅六年三月	100	
科員	王國備	四二	合川	卅年十二月	140	
	劉鎣嶽	三二	隆昌	廿六年五月	155	
見習	蕭明甫	二五	岳池	卅三年三月	75	

重庆电力股份有限公司职员人数统计表（一九四九年八月） 0219-2-278

00040

江北辦事處

職別	姓名	年齡	籍貫	到職年月	現支薪金	備攷
主任	張博文	三八	山西曲沃	廿九年十月	360	
副股長	李仲康	二三	瀘	廿七年六月	100	
	武克勤	二九	萬	卅四年八月	40	
二辦員	冉　樸	三六	萬	廿三年十月	230	
科員	周正倫	三六	涪陵	卅三年六月	65	
	馬雲程	六四	江北	卅五年六月	185	
	胡隆秋	四〇	巴	廿七年十月	155	
	李竹雅	四二	巴	卅五年壹月	325	

重庆电力股份有限公司职员人数统计表（一九四九年八月） 0219-2-278

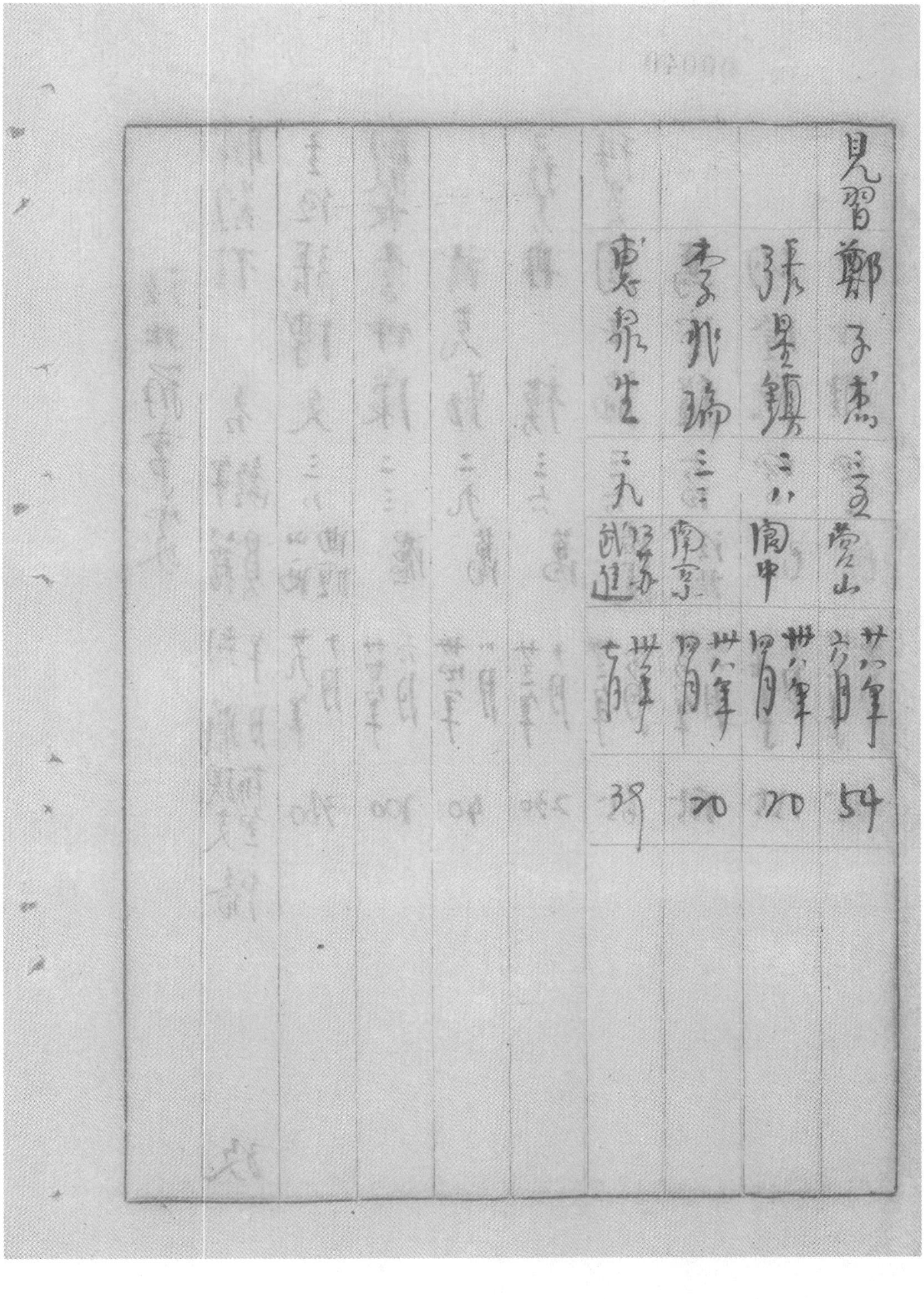

見習				
鄭子燾	三五	營山	廿六年六月	54
張星鎮	二八	閬中	卅六年四月	20
李兆瑞	三三	南京	卅六年四月	20
惠泉生	二九	武勝	卅三年七月	39

重庆电力股份有限公司职员人数统计表（一九四九年八月） 0219-2-278

00041

南岸办事处

职别	姓名	年龄	籍贯	到职年月	现支薪金	备考
主任	何建伯	五〇	巴县	卅八年三月	320	
股长	谢天泽	四一	璧山	卅三年八月	320	
副	陈远清	二四	潼	卅九年一月	140	
	吴季鹤	二四	巴	卅五年九月	155	
二等办事员	程孟晋	二七	巴	卅四年八月	245	
办事员	欧阳民	三六	資中	卅九年二月	120	
	杜幼佩	二九	江苏无锡	卅年四月	80	
	何静波	三一	南充	卅二年二月	60	

重庆电力股份有限公司职员人数统计表（一九四九年八月） 0219-2-278

	蒙昌珂	三〇	長壽	卅二年六月	50
	樂秀寶	二七	浙江寧波	卅三年二月	40
	邱仕寅	四六	江蘇江陰	卅三年七月	80
	何足鵬	四〇	大足	廿九年十月	110
	李子濬	四〇	巴	廿九年十二月	65
見習	何孟軒	二九	南充	卅三年七月	35
	魯用昌	三〇	岳池	卅三年十二月	55
	周俊奇	三三	巴	卅二年七月	22.50
	錢俊明	三五	瀘南	卅年一月	37.50
	楊柯	三四	天津	卅六年四月	20

重庆电力股份有限公司职员人数统计表（一九四九年八月） 0219-2-278

沙坪埧辦事處

職别	姓名	年齡	籍貫	到職年月	現支薪俸	備致
主任	張永書	三八		廿五年九月	360	
股長	陳欽楨	三一	鄞	卅三年三月	170	
	劉祖蔭	三四	巴	廿五年十一月	215	
副	楊慶麐	四六	江蘇常熟	廿九年十一月	260	
辦事員	唐啟海	三〇	巴	廿七年十一月	155	
工務見習	李大寧	二五	湖南安化	卅五年十一月	30	
科員	何中聖	三五	巴	廿六年七月	130	
	徐永亭	四四	江蘇武進	卅五年八月	70	

	文家敏	三〇	河北	廿五年九月	130
見習	滕哲夫	三三	巴	廿三年二月	18
	殷文成	三三	巴	廿三年二月	22.50
	張仲澄	三一	巴	卅六年四月	20
	戴立賢	二九	自貢	卅八年四月	20
	張叔生	二三	巴	廿三年二月	22.50

00043

願警隊

職別	姓名	年齡	籍貫	到職年月	現支薪金	備考
隊附	沈朝雲	四〇	湖北棗陽	卅二年三月	50	
	饒承勳	三七	犍為	卅七年一月	46	

重庆电力股份有限公司职员人数统计表（一九四九年八月）　0219-2-278

重庆电力股份有限公司职工人数、薪酬统计表（一九四九年十月二十四日） 0219-2-191

40

重慶電力公司職工人数薪津統計表

卅八年十月廿四日造

職工人数						職工薪津				
部别	職员	工人	警役	駐警	小計		石斗升合		元	
總公司	225	82	44		351	工人最低日資				60
業務科	56	127	1		184	工津折合谷米	2	801		
第一廠	9	164	8		181	工人最高日資			5	20
第二廠	7	113	5		125	工津折合谷米	7	108		
第三廠	7	207	6		220	工人工資總数			62,986	00
江北辦事處	12	12	3		27	工津折合谷米	4,153	871		
南岸辦事處	15	45	4		71	職员最低月薪			18	00
沙坪壩辦事處	14	42	3		59	薪津折合谷米	3	461		
駐警隊	2			40	42	職员最高月薪			1,500	00
						薪津折合谷米	10	357		
						職员薪金總数			57,[illegible]	00
						薪津折合谷米	1,977	227		
						職工薪工總数			115,704	00
						職工薪工折合谷米總数	6,131	058		
						辦公費	193	800		
						營[illegible]	62	500		
						臨時工	107	500		
共計	[illegible]	796	74	46	1260	每月共發谷米	6,493	858	115,704	00

47

職員考績冊(一)

准分別擬惟擬太寬應特
甲、改作三級
乙、改作二級
丙、改作一級
丁、改為不加

彭 七、二

寶藏 七、八

重庆电力股份有限公司职员考绩册 0219-1-35

重庆电力股份有限公司职员考绩册　0219-1-35

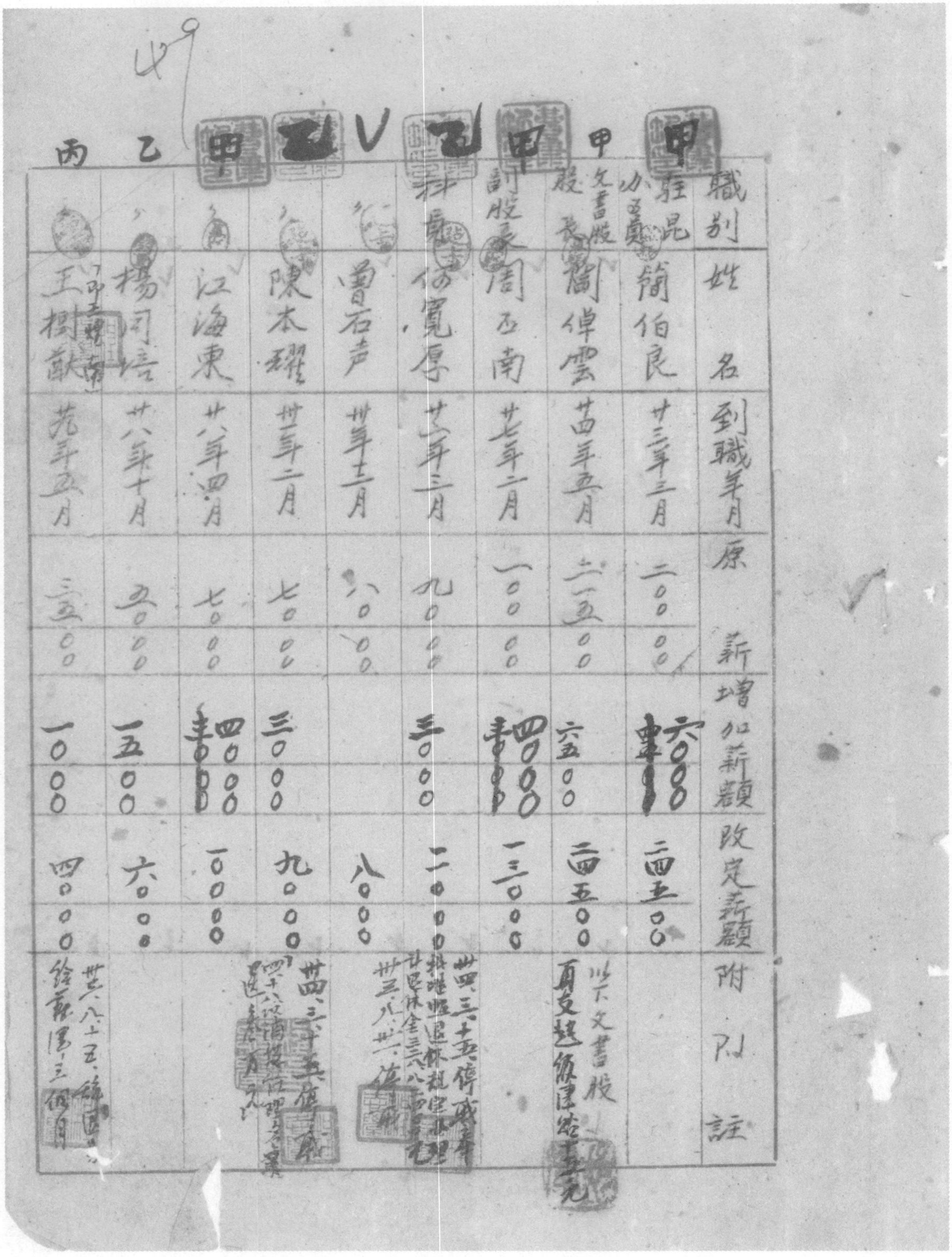

	甲	甲	甲	乙	V	乙	甲	乙	丙
職別	駐昆办事员	文書股股長	副股長	材料[illegible]	〃	〃	〃	〃	〃
姓名	簡伯良	閻倬雲	周丕南	何寬厚	曾石声	陳本環	江海東	楊司培	王樹猷
到職年月	廿三年三月	廿四年五月	廿七年二月	廿六年三月	卅年十二月	卅年二月	廿八年四月	廿八年十月	廿九年五月
原薪	二〇〇〇〇	二一五〇〇	一〇〇〇〇	九〇〇〇	八〇〇〇	七〇〇〇	七〇〇〇	五〇〇〇	三五〇〇
增加薪額	六〇〇〇	六五〇〇	四〇〇〇	三〇〇〇		三〇〇〇	四〇〇〇	一五〇〇	一〇〇〇
改定薪額	二四五〇〇	二四五〇〇	一三〇〇〇	一二〇〇〇	八〇〇〇	九〇〇〇	一〇〇〇〇	六〇〇〇	四〇〇〇
附註		以下文書股 夏支超领津贴十五元		卅四、三、十五、停職 [illegible] 卅三、八、廿六 [illegible]		卅四、三、廿五、停薪 [illegible]			廿六、八、十五 [illegible]

重庆电力股份有限公司职员考绩册　0219-1-35

50

等第	职别	姓名	到职年月				备注
丙	見習	蕭堯先	卅三年四月	二三〇〇	八〇〇	二六〇〇	
丙	〃	孟世德	卅三年十月	二〇〇〇	六〇〇	三〇〇〇	卅六人事股
丙	〃	韋左中	卅三年十二月	二六〇〇	九〇〇	三〇〇〇	
甲	材料股股長	鄔仲康	卅三年十二月	一二〇〇〇	五〇〇〇	一五五〇〇	卅六下材料股
甲	材料員	王永思	廿八年十月	六〇〇〇	三〇〇〇	八〇〇〇	
乙	〃	陳銘謨	廿六年六月	六五〇〇	二五〇〇	八〇〇〇	
丙	〃	錢忠元	卅年八月	三五〇〇	一〇〇〇	四〇〇〇	卅六、八、十三、停薪留職
丙	〃	李重芳	卅年九月	三五〇〇	一〇〇	四〇〇〇	
乙	〃	朱家鈺	廿六年十月	八〇〇〇	三〇〇	一〇〇〇〇	
丙	工務員	張雲山	廿七年六月	一五五〇〇		一七〇〇〇	（兼）坪壩收費處責 卅三、三、卅四調用

重庆电力股份有限公司职员考绩册 0219-1-35

卅五.十.四[illegible]四卅[illegible]出[illegible]五月[illegible]

前派往[illegible]口[illegible]源[illegible]與調[illegible]

考列	職别	姓名	到職年月	原薪	增加薪額	改定薪額	附註
乙	見習	陳文璟	卅年五月	一六〇〇	一〇〇〇	二六〇〇	卅三在[illegible]對博審察不[illegible]情不批記
甲	儲置股股長	張永書	廿五年九月	二一五〇〇	六五〇〇	二八〇〇〇	以下儲置股 按工程師薪給
甲	副股長	唐鶴生	廿六年八月	八〇〇〇	四〇〇〇	一二〇〇〇	（稽核科考，原在催收股）
乙	科員	晏懷懷	廿六年八月	六五〇〇	二五〇〇	八〇〇〇	
甲	燃料股股長	曾貽元	廿三年一月	一七〇〇〇	六〇〇〇	二三〇〇〇	以下燃料股
甲	科員	周立剛	卅年十月	六〇〇〇	三〇〇〇	八〇〇〇	卅三.十二.十七升副股長[illegible]人事通知[illegible]
甲	〃	俞邦仕	廿三年一月	七〇〇〇	四〇〇〇	一〇〇〇〇	調材料股
丙	〃	傅德新	廿七年十月	五五〇〇	一〇〇〇	六〇〇〇	（稽核科考，原在稽查股，統科考列丙）
乙	〃	楊統勳	卅年七月	四五〇〇	一五〇〇	[illegible]〇〇	

51-1

乙	科員	胡六成	廿一年一月	三五〇〇	一五〇〇	四五〇〇	
丙（書談丁）	見習	周顯慶	廿九年十二月	三〇〇〇	書 一〇〇〇	三〇〇〇	（稽核科考乃原在備股 然科考列乙）
乙	，	王荣琛	廿二年四月	六〇〇〇	[書]	六〇〇	試用期滿批准正式任用 年終考績再核加
甲	庶務股長	董毓庚	廿二年四月	一〇〇〇〇	四〇〇〇	[illegible]	以下庶務股 廿五年十二月升副科長 仍支一八五〇元
甲	副股長	劉鳴皋	廿四年五月	九〇〇〇	書 四〇〇〇	三〇〇〇	廿二年三月昇副股長
甲	科員	寗席君	廿二年三月	三五〇〇	[書]	五〇〇〇	試用期滿呈請正式任用 支四十五元批准任用如期 年終考績核加
甲	，	徐世和	廿九年八月	八〇〇〇	書 四〇〇〇	二〇〇〇	
乙	，	譚謀遂	廿二年五月	六〇〇〇	二〇〇〇	七〇〇〇	
乙	，	劉煥成	廿六年九月	四〇〇〇	一五〇〇	五〇〇〇	
甲	見習	盧國全	廿二年八月	二〇〇〇	[書] [illegible]	三〇〇〇	試用期滿時呈請正式任用 月支廿六元批准任用加 義年終考績核加

重庆电力股份有限公司职员考绩册　0219-1-35

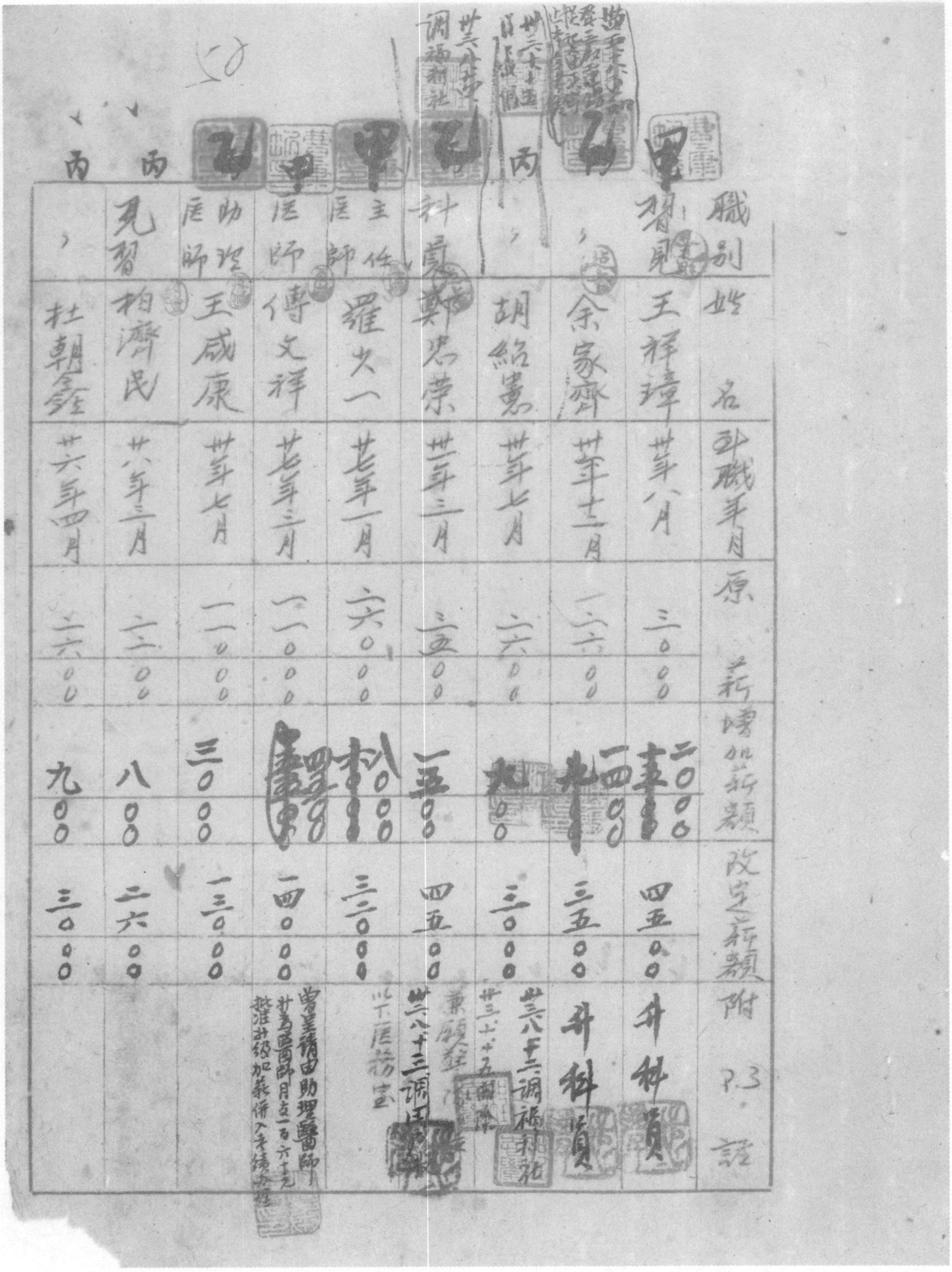

等第	職別	姓名	到職年月	原薪	增加薪額	改定薪額	附註
甲	練習員	王祥璋	廿年八月	三〇〇〇	二〇〇〇	四五〇〇	升科員
乙	〃	余家齊	廿年十二月	一二六〇〇	一四〇〇	三五〇〇	升科員
丙	〃	胡紹憲	廿年七月	六〇〇	九〇〇	三〇〇〇	卅三.八.十二調福利社
乙	科員	鄭忠榮	廿一年三月	二五〇〇	一五〇〇	四五〇〇	卅三.八.十三調[illegible]
甲	主任醫師	羅次一	廿七年一月	六〇〇〇	[illegible]	三二〇〇〇	以下醫務室
甲	醫師	傅文祥	廿七年三月	一一〇〇〇	[illegible]	一四〇〇〇	曾呈請由助理醫師升為醫師月支一百六十元批准升級加薪併入本年績[illegible]
乙	助理醫師	王咸康	廿年七月	一一〇〇〇	三〇〇〇	一三〇〇〇	
丙	見習	柏濟民	廿八年三月	二三〇〇	八〇〇	二六〇〇	
丙	〃	杜朝銓	廿六年四月	二六〇〇	九〇〇	三〇〇〇	

52-1

甲	登記股長	劉德惠	廿六年八月	一二〇	〇〇	五〇	〇〇	一五五	〇〇	卅二年[illegible]記股
甲	副股長	何篤睦	廿二年十二月	九〇	〇〇	四〇	〇〇	三〇	〇〇	卅二年十二月升現職
甲	科員	張治源	廿七年十二月	七五	〇〇	三五	〇〇	九〇	〇〇	卅六、七、調考[illegible]信 分股長
乙	〃	魚静齋	卅年三月	六〇	〇〇	二〇	〇〇	七〇	〇〇	
乙	〃	周光泳	廿七年十月	三五	〇〇	一五	〇〇	四五	〇〇	
甲	〃	劉祖春	廿六年六月	五〇	〇〇	二〇	〇〇	六五	〇〇	（總務科考工原在材料股）
乙	〃	湯大榮	卅年七月	五〇	〇〇	一五	〇〇	六〇	〇〇	
乙	〃	王友藉	卅年七月	三五	〇〇	一五	〇〇	四五	〇〇	（總務科考原在材料股）
乙	見習	崔德沐	卅年十月	三〇	〇〇	一五	〇〇	四〇	〇〇	升科員
乙	〃	鄒臨瑄	卅年一月	三〇	〇〇	一五	〇〇	四〇	〇〇	升科員

重庆电力股份有限公司职员考绩册 0219-1-35

考績	職別	姓名	到職年月	原薪	增加薪額	改定薪額	附註
乙（卅三.十.十五停職）	見習	楊雨金	卅年十一月	三〇〇〇	一五〇〇	四〇〇〇	（係按科考，原在燒升四直服）升科員
乙（卅四.?.九停職）	〃	劉炎	卅年十二月	二六〇〇	一四〇〇	三五〇〇	升科員
甲	〃	徐自律	卅二年五月	三〇〇〇	二〇〇〇	四五〇〇	升科員
乙	〃	章伯俊	卅三年一月	一〇〇〇	一〇〇〇	二六〇〇	卅四.三.二通知：請假逾假二月，核記大過一次
到職未半年不考	〃	冷崇喜	卅二年八月	二〇〇〇	一六〇〇	三〇〇	試用期滿時批准正式任用，並經考績再核加
乙	科員	艾昭村	廿六年十月	五〇〇〇	一五〇〇	六〇〇〇	
甲	出納股股長	劉伊凡	廿四年三月	二四五〇〇	七五〇〇	三〇〇〇〇	按科長薪級
甲（卅五.十二.廿副股長）	科員	馬剣之	廿二年七月	一四〇〇〇	六〇〇〇	一五五〇〇	
甲	〃	魯炳清	廿七年八月	五五〇〇	二五〇〇	七〇〇〇	原支薪級津貼卅元

53-1

卅二、四、[illegible] 長

甲	科員	顧景霖	卅年二月	三五〇〇	二〇〇〇	五〇〇〇	
乙	見習	涂光進	卅年十二月	三〇〇〇	一五〇〇	四〇〇〇	升科員
乙	〃	黃任之	卅年二月	二〇〇〇	准 一〇〇〇	二六〇〇	試用期滿時批准正式任用，年終考績再核加
甲	科員	劉和鈞	廿九年一月	六五〇〇	三五〇〇	九〇〇〇	[illegible]六、廿六函[illegible]久假不歸[illegible]停[illegible]卅四年
丙	〃	毛世偉	卅年十二月	四〇〇〇	一〇〇〇	四五〇〇	
乙	〃	朱效先	廿三年四月	一二〇〇〇	三五〇〇	一四〇〇〇	卅四、六、十九由福利社調查一股[illegible]主任前去[illegible]陳[illegible]選[illegible]
甲	稽查股股長	王松慧	卅年十二月	一〇〇〇〇	四〇〇〇	一三〇〇〇	以下稽查股
甲	副股長	孫光宗	廿九年一月	九〇〇〇	四〇〇〇	一三〇〇〇	
丙	〃	李仙樵	廿七年五月	一〇〇〇〇	二〇〇〇	一二〇〇〇	
丙	科員	金馨远	廿八年六月	七〇〇〇	二〇〇〇	八〇〇〇	

不加

54

等第	職別	姓名	到職年月	原薪	增加薪額	改支薪額	附註
甲	科員	楊震	廿二年五月	四五〇〇	二〇〇〇	六〇〇〇	卅三、四、三裁遣，查四月份在西區薪俸四個月 卅三、六、廿八、吳徵
丙	〃	孫錦雲	廿二年十二月	三五〇〇	一〇〇〇	四〇〇〇	
甲	〃	胡子傑	廿一年一月	三五〇〇	二〇〇〇	五〇〇〇	
甲	〃	傅道乾	廿七年五月	一〇〇〇〇	四五〇〇	一四〇〇〇	
丙	〃	榮新民	卅年一月	三五〇〇	一〇〇〇	四〇〇〇	
	〃	~~劉遠鴻~~	~~卅年三月~~	~~三五〇〇~~			
[illegible]	〃	陶純武	卅年六月	五五〇〇	二五〇〇	五五〇〇	窃電取締組考工(原在窃電取締組)
丙	〃	駱祥麟	廿九年十月	三五〇〇	一〇〇〇	四〇〇〇	
甲	審核股股長	吳德超	廿九年十一月	一一〇〇〇	四五〇〇	一四〇〇〇	以下審核股

重庆电力股份有限公司职员考绩册 0219-1-35

54-1

甲	副股长	程志学	廿三年七月	一〇〇〇〇	四〇〇〇	一三〇〇〇
丙/甲	科员	杨昭振	廿九年十月	八〇〇〇	一〇〇〇	九〇〇〇
丁	〃	王树椿	廿七年七月	五〇〇〇	五〇〇	五〇〇〇
丁	〃	陈见强	廿年七月	四〇〇〇	五〇〇	四〇〇〇
甲	〃	赵丽生	廿九年四月	六〇〇〇	三〇〇〇	八〇〇〇
甲	〃	刘德崇	廿年一月	五〇〇〇	二〇〇〇	六五〇〇
乙	〃	夏瑞寿	廿年二月	三五〇〇	一五〇〇	四五〇〇
丙	见习	伍学诗	廿年四月	二〇〇〇	六〇〇	二三〇〇
丙	〃	陈克仁	廿年一月	二〇〇〇	六〇〇	二三〇〇
甲/丙	统计股股长	浦永爵	卅年二月	二〇〇〇	四五〇〇	一四〇〇〇

以下统计股 嘉堂

（并入事股统计考列乙）

卅四.三.八总经理谕由会一并第人事股存查

卅六.十.十五 股长

重庆电力股份有限公司职员考绩册 0219-1-35

55 不加 、 乙

职别	姓名	到职年月	原薪	增加薪额	改支薪额	附注	考绩
科员	张白虞	艽年十二月	五〇〇〇	一五〇〇	六五〇〇	卅五、一调用电检查组	乙
〃	王如松	卅年十月	六〇〇〇	一〇〇〇	六五〇〇	卅三、五、廿六嘉奖	丙
〃	周子恒	卅年二月	三五〇〇	一五〇〇	四五〇〇	试用期满时批准正式任用，年终考绩再核加	乙
〃	詹瑜	卅年七月	五〇〇〇	一〇〇〇	六〇〇〇	卅三、五、廿三嘉奖	丙
驻綦组督察	周静诚	艽年八月	九〇〇〇	四〇〇〇	九〇〇〇	卅三、四、二武隆连四月份支绥靖区薪津四个月	甲
检察	朱永芳	卅年四月	五〇〇〇	二〇〇〇	五〇〇〇	在稽查股兼办用电工作 卅三、四月份支绥靖区薪津四个月	甲
〃	欧文琉	卅年四月	八〇〇〇	四〇〇〇	八〇〇〇	仝右 仝前	甲
稽察	吴绪珊	艽年八月	七〇〇〇	四〇〇〇	七〇〇〇	仝右 仝前	甲
〃	朱大钧	卅年四月	六〇〇〇	三〇〇〇	六〇〇〇	仝右 仝前	甲

重庆电力股份有限公司职员考绩册　0219-1-35

55-1

不列

到職未滿一年未考

等级	职务	姓名	到职年月				备注
甲	録事	陶其寬	卅年十月	三五〇〇	二〇〇〇	三五〇〇	卅三.四.十六调業務科資
甲	書記	楊靜安	卅二年三月	六〇〇〇	三〇〇〇	六〇〇〇	
	稽查	劉永安					停職
乙	業務科駐廠員	任培江	卅一年十月	五〇〇〇		五〇〇〇	
乙	科員	陳樹風	卅五年九月	九〇〇〇	三〇〇〇	二〇〇〇	
特	〃	吳敬熹	廿八年七月	六〇〇〇	二〇〇〇	七〇〇〇	卅五.廿二调江北支行
甲	用戶股股長	章疇叙	卅年十一月	一八五〇〇	六〇〇〇	二三〇〇〇	
特	副股長	李德全	廿三年一月	一五五〇〇	六〇〇〇	二〇〇〇〇	
甲	工務員	周惠若	廿四年八月	一〇〇〇〇	四〇〇〇	一三〇〇〇	卅三.八.卅 [illegible]
特	科員	劉正昌	廿六年八月	六五〇〇	三五〇〇	九〇〇〇	

重庆电力股份有限公司职员考绩册 0219-1-35

56

	職別	姓名	到職年月	原薪	增加薪額	改支薪額	附註
甲	檔員	周公正	廿九年十二月	五〇〇〇	二〇〇〇	六五〇〇	
乙	〃	孫續享	廿九年十月	四〇〇〇	一五〇〇	五〇〇〇	
甲	〃	蕭二可	廿九年十二月	五〇〇〇	二〇〇〇	六五〇〇	
甲	〃	毛日章	廿九年十二月	五〇〇〇	二〇〇〇	六五〇〇	
乙	〃	王大緒	廿九年六月	六〇〇〇	二〇〇〇	七〇〇〇	
甲	〃	楊世旺	廿九年七月	五〇〇〇	二〇〇〇	六五〇〇	（曾經開除請求復用照准）
丙	〃	曾德風	廿九年十二月	三五〇〇	一〇〇〇	四〇〇〇	調人事股
特	〃	陳尊榮	卅年二月	三五〇〇	五五〇〇	五〇〇〇	
特	〃	趙芳舉	廿九年十二月	三五〇〇	五五〇〇	五〇〇〇	

56-1

乙	科員	劉庚岩	卅年六月	五〇〇〇	一五〇〇	六〇〇〇	
乙	〃	薛慕班	卅年十一月	三五〇〇	一五〇〇	四五〇〇	
丙	〃	劉國章	卅年十一月	三五〇〇	一〇〇〇	四〇〇〇	
乙	〃	傅德晚	廿七年十一月	七〇〇〇	三〇〇〇	九〇〇〇	（稽核科考九，原在催收股，業務科考列甲）
丙	〃	毛信懋	廿九年十二月	五〇〇〇	一〇〇〇	五五〇〇	（稽核科考九，原在催收股，業務科考列甲）
丙	〃	程仲頤	卅年一月	三五〇〇	一〇〇〇	四〇〇〇	
乙	見習	李子璐	廿九年十二月	三〇〇〇	一五〇〇	四〇〇〇	升科員
乙		徐昌裔	廿九年十二月	三〇〇〇	一五〇〇	四〇〇〇	升科員
乙	〃	王德懋	廿九年十二月	三〇〇〇	一五〇〇	四〇〇〇	升科員
甲	股長	王德華	廿七年八月	一七〇〇	[illegible]〇〇	二五〇〇	以下均表股　卅三年十一月廿六日因經管[illegible]案不嚴記過一次

重庆电力股份有限公司职员考绩册 0219-1-35

57

57

	職別	姓名	到職年月	原薪	增加薪額	改支薪額	附註
甲	務員	鄭 權	廿四年八月	九〇 〇〇	四〇 〇〇	一三〇 〇〇	
特	〃	夏仲康	廿五年八月	一三〇 〇〇	二五 〇〇	一五五 〇〇	再支超級津貼
甲	〃	洪家楨	廿八年十二月	七〇 〇〇	四〇 〇〇	一〇〇 〇〇	
甲	〃	胡澄秋	廿七年十月	五五 〇〇	一五 〇〇	七〇 〇〇	
丙	〃	文家敏	廿五年九月	六〇 〇〇	一〇 〇〇	六五 〇〇	卅七·廿九·補慶鍇 誤記過
乙	〃	唐勤序	廿四年九月	六〇 〇〇	二〇 〇〇	七〇 〇〇	
特	〃	賴光輝	廿六年八月	六五 〇〇	二五 〇〇	九〇 〇〇	
乙	〃	何閑源	廿七年九月	五五 〇〇	一五 〇〇	六五 〇〇	
甲	〃	馮堯安	廿七年九月	五〇 〇〇	二〇 〇〇	六五 〇〇	

第⑦辑

57~1

卅六、六、一退休

甲	科員	盧廷錫	卅年五月	四五〇〇	二〇〇〇	六五〇〇	
乙	〃	賞興業	廿七年十月	四〇〇〇	一五〇〇	五五〇〇	
特	〃	朱立之	廿四年五月	九〇〇〇	四〇〇〇	一三〇〇〇	卅六、六、一遵案降兩級 薪俸改支一百之二 起
丁	〃	張崇勳	廿三年十月	一四〇〇〇	一五〇〇	一五五〇〇	卅六、二、一退休
丙	見習	何文星	廿九年十二月	二五〇〇	一〇〇〇	三五〇〇	升科員 卅六、一、卅一長假
甲	〃	張道爾	卅年十月	二五〇〇	二〇〇〇	四五〇〇	升科員
特	業務股股長	耿含英	廿三年八月	一七〇〇〇	七五〇〇	二四五〇〇	再支超級津貼五十五元
特	科員	黃登雲	廿六年八月	八〇〇〇	四〇〇〇	一二〇〇〇	卅六、六、一升股長 卅五、十、卅業務[illegible]
甲	〃	李樹輝	廿六年八月	六〇〇〇	三〇〇〇	八〇〇〇	卅[illegible]升股長
特	〃	李文修	廿七年九月	七〇〇〇	四〇〇〇	一〇〇〇〇	卅六、二、一升副股長

重庆电力股份有限公司职员考绩册 0219-1-35

58

	職别	姓名	到職年月	原薪	增加薪額	改支薪額	附註
甲	科員	王式度	廿五年八月	四五〇〇	二五〇〇	七〇〇〇	
甲	〃	王淨荣	廿八年一月	四五〇〇	二五〇〇	七〇〇〇	
甲	〃	吳伯言	廿九年六月	四五〇〇	二〇〇〇	六五〇〇	卅六七 廠啟
甲	〃	耿應麟	廿八年六月	四五〇〇	二〇〇〇	六五〇〇	
甲	〃	毛君渠	廿八年八月	四〇〇〇	二〇〇〇	五五〇〇	
甲	〃	劉祖芳	廿八年八月	四五〇〇	二〇〇〇	六〇〇〇	即劉敏修
甲	〃	廖成富	卅年六月	三五〇〇	二〇〇〇	五五〇〇	
乙	〃	余造邦	卅年二月	四〇〇〇	一五〇〇	五五〇〇	
甲	〃	周復生	廿八年七月	四〇〇〇	二〇〇〇	五五〇〇	

58-1

甲	科員	周秉智	廿八年六月	四五〇〇	二〇〇〇	六〇〇〇	卅二.五.廿二.嘉奖
甲	〃	劉竹然	廿八年九月	四五〇〇	二〇〇〇	六〇〇〇	
甲	〃	費世昌	卅年二月	三五〇〇	二〇〇〇	五〇〇〇	卅三.五.廿五.嘉奖
丁	〃	劉文驊	卅年十一月	三五〇〇	五〇〇	三五〇〇	調稽查[illegible] 卅一.八.九.[illegible]
乙	〃	吳重賢	廿八年十一月	三五〇〇	五〇〇	四五〇〇	
甲	見習	谷其友	廿九年十一月	二六〇〇	一九〇〇	四〇〇〇	升科員 卅一.五.廿二.嘉奖
甲	〃	趙國棟	卅年四月	二六〇〇	一九〇〇	四〇〇〇	升科員
甲	〃	王邦寧	廿九年十一月	二六〇〇	一九〇〇	四〇〇〇	升科員
劉[illegible]去年卒不考	收費股股長	劉希伯	卅年七月	二三〇〇〇		二三〇〇〇	業務科考列甲
乙	副股長	許鴻[illegible]	廿三年十一月	一三〇〇〇	四〇〇〇	一五五〇〇	卅二年八[illegible]

重庆电力股份有限公司职员考绩册　0219—1—35

59

	職別	姓名	到職年月	原薪	增加薪額	改支薪額	附註
特	科員	郭治宏	廿七年六月	一〇〇〇〇	四〇〇〇	一三〇〇〇	卅三.九.一升副經理 P.10
乙	〃	羅守信	廿九年十二月	六五〇〇	二五〇〇	八〇〇〇	
特	〃	羅崇修	廿八年十月	六〇〇〇	三〇〇〇	八〇〇〇	卅三.九.一升副股長 卅三.十一.卅停職
甲	〃	廖緯輝	廿二年十月	九〇〇〇	四〇〇〇	一三〇〇〇	
甲	〃	蒲家珠	廿九年十月	五〇〇〇	二〇〇〇	六五〇〇	卅三.十二.[illegible]通[illegible]提敘
甲	〃	杭鶴生	卅年四月	五〇〇〇	二〇〇〇	六五〇〇	
甲	〃	李秉義	廿三年十月	一五五〇〇	六〇〇〇	一五五〇〇	再支超級津貼四十五元
甲	〃	楊達云	廿三年三月	一三〇〇〇	二五〇〇	一五五〇〇	再支超級津貼十五元
甲	〃	龐剡輝	廿六年六月	七〇〇〇	四〇〇〇	一〇〇〇〇	

59-1

甲	科员	黄旺财	廿年十月	五〇〇〇	二〇〇〇	六五〇〇	卅三、五、黄[illegible]
丙	〃	李戴福	廿年八月	五〇〇〇	一〇〇〇	五五〇〇	
乙	〃	吴瑞芝	廿年十二月	四五〇〇	一五〇〇	五五〇〇	
甲	〃	郭紹林	廿年十二月	四〇〇〇	六〇〇〇	一五五〇〇	酉支趣级[illegible]元月十元
甲	〃	何允鼎	廿年十月	五〇〇〇	二〇〇〇	六五〇〇	卅三、七、六、调[illegible]表[illegible] 外勤[illegible] 停止[illegible]
乙	〃	彭君儒	廿年十月	四五〇〇	一五〇〇	五五〇〇	
甲	〃	李[illegible]	廿年十月	五〇〇〇	二〇〇〇	六五〇〇	
甲	〃	何澤浦	廿年十月	五〇〇〇	二〇〇〇	六五〇〇	
甲	〃	丁道宏	廿年九月	六〇〇〇	三〇〇〇	八〇〇〇	
甲	〃	朱殿英	廿年六月	一〇〇〇〇	四〇〇〇	一三〇〇〇	

重庆电力股份有限公司职员考绩册　0219-1-35

60

60

	職別	姓名	到職年月	原薪	增加薪額	改支薪額	附註
甲	稽查員	胡仲文	卅年九月	三五〇〇	二〇〇〇	五〇〇〇	
甲	〃	韓永慶	卅年九月	三五〇〇	二〇〇〇	五〇〇〇	
乙	〃	唐亞夫	卅年三月	三五〇〇	一五〇〇	四五〇〇	卅三.九.廿五違誤公事 記過一次罰薪津一百
甲	〃	門慶仁	卅年九月	三五〇〇	二〇〇〇	五〇〇〇	
乙	〃	竇紹邑	卅年九月	三五〇〇	一五〇〇	四五〇〇	
甲	〃	劉心一	卅年四月	三五〇〇	二〇〇〇	五〇〇〇	
甲	〃	馮體政	卅年六月	四五〇〇	二〇〇〇	六〇〇〇	
乙	〃	丁德昌	廿九年十二月	三五〇〇	一五〇〇	四五〇〇	卅三.七.卅三辭職
甲	〃	王世相	卅年九月	三五〇〇	二〇〇〇	五〇〇〇	卅三.十.廿五.擅離職守 罰薪津一百

第⑦辑

60-1

甲	科員	黃熙勳	卅一年二月	三五〇〇	二〇〇〇	五〇〇〇	卅三、十、廿八、[illegible]
乙	〃	劉德銓	卅二年三月	三五〇〇	一五〇〇	四五〇〇	
丙		丁守良	廿七年二月	五五〇〇	一〇〇〇	六〇〇	卅六、廿一、[illegible]
甲	見習	陳銘軒	卅一年四月	二〇〇〇	一五〇〇	三〇〇〇	
甲	工務科 工務科	梁冠宇	廿一年十二月	四〇〇〇		一四〇〇〇	卅二、卅、改聘工程顧問月送夫馬費[illegible]元 以下第二級
甲	工程師	陳昌鳳	卅一年五月	二六〇〇	八〇〇〇	三二〇〇〇	卅、九、十四工科簽[illegible]線路設計股長
甲		蔡爽雄	卅五年三月	二四五〇〇	七五〇〇	三〇〇〇〇	卅、九、十四工科簽[illegible]線路施工股長
甲	卅六、六、廿二 [illegible]	朱泰	廿七年十月	二三〇〇	七〇〇〇	二八〇〇〇	卅、九、十四工科[illegible]線路維持股長
甲		黃樹勳	卅年三月	二〇〇〇	六〇〇〇	二四五〇〇	卅三、六、廿、陳景鳳調江北辦事處主任[illegible]設計股長由黃樹勳[illegible]
甲	副工程師	唐汝權	卅一年一月	一八五〇〇	六〇〇〇	二三〇〇	

卅四、五、廿五 [illegible] 業務[illegible] 工務科長

卅五、十、廿九 調江北辦事處主任

線路股長 黃樹勳

卅三、十六、廿一 調出[illegible]

卅四、三、六 自[illegible] 出國[illegible]

卅五、[illegible] 業務科副科長

重庆电力股份有限公司职员考绩册 0219-1-35

61

卅三.八.廿四 卅副工程師

卅三.十二.十一 卅 工程師

考績	職別	姓名	到職年月	原薪	增加薪額	改支薪額	附註 P.12
甲	工務員	鄧德元	廿四年八月	二〇〇〇	四五〇〇	一四〇〇〇	
甲	〃	張繼琴	廿一年十二月	一〇〇〇〇	四〇〇〇	一三〇〇〇	
甲	〃	吳昌恕	卅年九月	八〇〇〇	四〇〇〇	一二〇〇〇	七.七.六 卅副工程師
甲	〃	張謁瑞	卅年七月	二五〇〇	六五〇〇	二〇〇〇〇	再支超級津貼陸十元
乙	助理工務員	何濬溥	廿四年[illegible]月	八〇〇〇	三〇〇〇	一〇〇〇〇	
乙	〃	曾淵湘	廿五年二月	八〇〇〇	三〇〇〇	一〇〇〇〇	
甲	科員	楊富尊	廿三年六月	四〇〇〇	六〇〇〇	一五五〇〇	再支超級津貼叁十元
甲	工程師	趙之陳	廿七年四月	三五〇〇	六五〇〇	二六〇〇〇	
甲	副工程師	楊賡生	廿二年二月	三〇〇〇〇	八〇〇〇	三二〇〇〇	再支超級津貼肆十元

61-1

卅三、六、自發出 因薪津太[illegible]辭

卅三、八、卅 升副工程師

卅四、四、六自動出 因薪津太[illegible]辭

甲	副工程師	陳[illegible]	廿九年三月	四〇〇〇	六〇〇〇	一八五〇〇	七、十九、升工程師
甲	工務員	鄭德鉅	卅年九月	八〇〇	四〇〇〇	一一〇〇〇	卅一、七、十九、升副工程師 卅二、十二、升工程師
甲		吳韶華	卅年十二月	一〇〇〇	四〇〇〇	一三〇〇〇	
甲	〃	楊如坤	卅一年七月	三五〇	六五〇〇	二〇〇〇〇	技工昇級任領[illegible] 再支超級津貼陸佰元
甲	助理工務員	趙新	廿七年十月	五〇〇	二〇〇〇	六五〇〇	卅三、六、卅、解職 仍責成將工帳 清和[illegible]目不[illegible]給[illegible]不[illegible] 經手[illegible]宜[illegible]註
甲	科員	周伯崇	廿八年九月	五〇〇	二〇〇〇	六五〇〇	[illegible]務[illegible]自行 聯[illegible]同
甲	〃	王國俌	卅年十二月	四五〇	二〇〇〇	六〇〇〇	
甲	副工程師	歐陽鎰	廿八年九月	五五〇	六〇〇〇	二〇〇〇〇	以下第二廠 十一、一改[illegible]配股[illegible]
甲	〃	鄺民永	廿八年九月	五五〇	六〇〇〇	二〇〇〇〇	卅一、十一[illegible]配股 長[illegible]二百
甲	〃	王德峻	廿九年八月	二〇〇	四五〇〇	四〇〇〇	卅三、三、六、升工程師 卅四、六、[illegible]

重庆电力股份有限公司职员考绩册 0219-1-35

62

等级	職別	姓名	到職年月	原薪	增加薪額	改支薪額	附註
甲	工務員	黄士澄	卅年九月	二〇〇〇〇	四五〇〇	一四〇〇〇	卅六、四、二升副工程師；卅六、七、十升工程師
甲	"	張先立	卅年八月	八〇〇〇	四〇〇〇	一二〇〇〇	卅六、八、[illegible]升副工程師
甲	科員	高燮明	廿七年十二月	七〇〇〇	四〇〇〇	一一〇〇〇	
甲	"	彭定智	廿九年一月	五〇〇〇	二〇〇〇	七五〇〇	
甲	副工程師	張萬楷	廿七年四月	二〇〇〇〇	六〇〇〇	二四五〇〇	以下第三廠；[illegible]通知停配[illegible]三廠
甲	"	傅澌孫	廿九年九月	一〇〇〇〇	四〇〇〇	一三〇〇〇	[illegible]
甲	"	孫新傳	廿九年八月	一〇〇〇〇	四五〇〇	一四〇〇〇	卅六、三、二升工程師；卅四、六、五[illegible]
乙	工務員	戴次庠	卅四年八月	九〇〇〇	三〇〇〇	一二〇〇〇	
乙	"	宋啓燦	卅年三月	八〇〇〇	三〇〇〇	一〇〇〇〇	卅三、四、廿八、升[illegible]；卅四、三、[illegible]工程師

62-1

Grade	Post	Name	Date	Amount 1	Amount 2	Amount 3	Remarks
乙	工務員	郭紓詠	卅年六月	八〇〇〇	三〇〇〇	一〇〇〇〇	卅六·七·六升副工程師
乙	〃	王國新	卅年五月	一〇〇〇〇	三〇〇〇	一二〇〇〇	卅六·五·十九升副工程師
甲	科員	劉登嶽	廿九年五月	五五〇〇	二五〇〇	七〇〇〇	
乙	見習	陽光化	卅年一月	六〇〇〇	一〇〇〇	二六〇〇	（結轉科考，管理材料）
丙	用户股工程師	王紹倫	廿三年十二月	二三〇〇〇	三〇〇〇	二四五〇〇	七·十九·升工程師
特	副工程師	張博文	廿九年十月	五五〇〇	六〇〇〇	六〇〇〇	卅六·四·廿八·升工程師
甲	〃	李燡陽	卅年十一月	一二〇〇〇	五〇〇〇	一五五〇〇	
甲	工務員	曾澤民	廿五年九月	一〇〇〇〇	四〇〇〇	一三〇〇〇	
丙	〃	陳光武	廿三年七月	一三〇〇〇	二〇〇〇	一三〇〇〇	四·一·調工务科
甲	〃	馮先富	廿三年十二月	一〇〇〇〇	四〇〇〇	一三〇〇〇	

重庆电力股份有限公司职员考绩册 0219-1-35

63 63

考绩	職別	姓名	到職年月	原薪	增加薪額	改支薪額	附註
甲	江北辦事處工務員	冉模	廿二年十月	九〇〇〇	四〇〇〇	一三〇〇〇	
到職不足年不考	稽核員	李仲康	卅三年一月	四〇〇〇		四〇〇〇	[illegible]列乙
甲	〃	吳季鶴	廿五年九月	四五〇〇	二〇〇〇	六五〇〇	
甲	〃	陳遠清	廿九年一月	四〇〇〇	二〇〇〇	六〇〇〇	
乙	〃	鄧典鄞	卅年七月	四五〇〇	一五〇〇	六〇〇〇	八、十四調[illegible]
甲	〃	馬雲程	廿五年六月	八〇〇〇	四〇〇〇	一二〇〇〇	
丙	見習	杜復生	卅年十二月	二六〇〇	九〇〇	三〇〇〇	卅六、十二、卅錄遵十六、十五通知
甲	南岸辦事處工務員	程孟晉	廿四年八月	九〇〇〇	四〇〇〇	一三〇〇〇	
甲	助理工務員	施慎安	卅年十二月	六五〇〇	三五〇〇	九〇〇〇	

64

乙	科員	曾麗臣	廿三年八月	一三〇〇〇	四〇〇	[illegible]	
甲	科員 營業股股長	謝天澤	廿三年八月	三〇〇〇	五〇〇〇	一五五	
甲	科員	歐陽氏	廿九年四月	四〇〇〇	二〇〇〇	五五〇〇	
甲	見習	杜幼佩	卅年四月	二〇〇〇	一五〇〇	三〇〇	曾呈請晉級批准終考績再核
甲	沙办处工程師	范志高	廿七年八月	八五〇〇	六〇〇〇	二三〇〇〇	兼工程股長
乙	助理工務員	唐政海	廿七年十月	六〇〇〇	二〇〇〇	七〇〇〇	
	[illegible]務員	王德彰	卅年七月	八〇〇〇			
甲	科員	劉祖蔭	廿五年十二月	七〇〇〇	四〇〇〇	一〇〇〇〇	卅六.十二.一五 業股名 升常
甲	〃	楊慶應	卅年一月	二〇〇〇	四五〇〇	一四〇〇〇	
甲	〃	何中堅	廿八年七月	四五〇〇	二〇〇〇	六〇〇〇	

卅六、三、電一燃廠總工程師周啟明兼該廠副經理

015
002

重慶電力股份有限公司竊電取締組

茲將成績應請加級各員姓名列后

督察員 周靜誠	乙級	二九年八月
陳洪奎	乙級	二九年十月
書記 許映槐	乙級	二九年八月
庶務 陶純武	丙級	二八年六月

副組長 王蘊生

四、一六、

重庆电力股份有限公司应请加级各员姓名表 0219-1-14

关于秘书室检送一九四六年度考绩册及考绩办法致稽核室的函（附办法、名册）（一九四七年七月二十五日） 0219-1-34

7

重慶電力股份有限公司

致函分抄

發信登記	第 號共 頁之	收登信記	收信號	到收日期
	年 月 日 郵寄 法		第	卷

閱 覆 辦

事由

覆函號

奉交貴室審核股本月廿四日簽呈為查人事股送核卅五年度考績冊內有南办事處科員鄭亦秀全係卅五年二月一日到職收費股科員李竹雅係卅五年元月十五日到職核與卅五年度考績办法第三條「服務未滿一年之員工不予考績」條例不符是否應予停止考績一案等由奉卅六年

批「照章办理」等因除分知外相应通知即請

查照為荷

此致

稽核室

重慶電力股份有限公司

秘書室

年 月 日

審核股

卅六、七、廿六

已記

請辦覆函

附件

秘 18

关于秘书室检送一九四六年度考绩册及考绩办法致稽核室的函（附办法、名册）（一九四七年七月二十五日） 0219-1-34

8

8

發文電字第0355號

茲製定三十五年度員工考績辦法公佈之

此致

審核股

總經理 [signature]

四月七日

附辦法一份

关于秘书室检送一九四六年度考绩册及考绩办法致稽核室的函（附办法、名册）（一九四七年七月二十五日） 0219-1-34

9

民國三十五年度員工攷績辦法

一、本年度員工攷績依本辦法辦理之

二、除總經理由董事會攷核及總工程師主任秘書主任工程師秘書正副科長組長廠處社正副主任由總經理攷核外其餘員工一律由各主管科廠處組社主管人初核報由總經理覆核

三、凡服務未滿一年之員工不攷績

四、派送及自費出國人員一律停止攷績期滿回公司後亦不補攷

五、攷績等級分甲乙丙丁四種甲等加三級乙等加二級丙等加一級丁等不加

六、各單位攷績甲等者不得超過其全部人員百分之三十

七、攷績表由人事股印製分送各單位

八、各單位攷績表應在三十六年四月二十日以前簽呈總經理覆核

九、調職員工之攷績由現在服務之單位主管人辦理原單位主管人協理之

十、本辦法如有未盡事宜得由總經理逕行規定報董事會備查

十一、本辦法由董事會議決公佈實行

关于秘书室检送一九四六年度考绩册及考绩办法致稽核室的函（附办法、名册）（一九四七年七月二十五日） 0219-1-34

重庆电力公司卅五年度高级职员考绩加薪册

职别	姓名	原支薪金	增加薪金	合计薪金	备考
总经理	刘航琛	一〇〇〇〇〇〇	一〇〇〇〇〇	一一〇〇〇〇〇	[illegible]
协理	程本臧	一〇〇〇〇〇〇	一〇〇〇〇〇	一一〇〇〇〇〇	[illegible]
总工程师	吴锡[illegible]	一〇〇〇〇〇〇	一〇〇〇〇〇	一一〇〇〇〇〇	[illegible]
秘书	傅君鼎	三六〇〇〇〇	四〇〇〇〇	四〇〇〇〇〇	[illegible]
〃	董毓康	二六〇〇〇〇	不加	二六〇〇〇〇	[illegible]
〃	阎律云	三八〇〇〇〇	四〇〇〇〇	四二〇〇〇〇	[illegible]
总稽核科长	傅儒修	三六〇〇〇〇	四〇〇〇〇	四〇〇〇〇〇	[illegible]
科长	杨新民	三〇〇〇〇〇	四〇〇〇〇	三四〇〇〇〇	[illegible]

关于秘书室检送一九四六年度考绩册及考绩办法致稽核室的函（附办法、名册）（一九四七年七月二十五日） 0219-1-34

10-1

事務科副科長	易常樸	五四〇〇〇	八〇〇〇〇	六二〇〇〇
業務科長	時琦	六三〇〇〇	八〇〇〇〇	七〇〇〇〇
副科長	陳景嵐	四四〇〇〇	六〇〇〇〇	五一〇〇〇
工程師	時永書	三二〇〇〇	四〇〇〇〇	三六〇〇〇
助理秘書	何遠飛	二四〇〇〇	三〇〇〇〇	一七〇〇〇
會計科長	黃大鏞	四四〇〇〇	五〇〇〇〇	四五〇〇〇
	劉伊凡	四二〇〇〇	六〇〇〇〇	四八〇〇〇
稽核科長	劉靜廷	一五〇〇〇	不加	五二〇〇〇
二廠主任	劉希孟	四二〇〇〇	六〇〇〇〇	四八〇〇〇
代三廠主任	孫新傑	二四五	三五〇〇〇	二八〇〇〇

关于秘书室检送一九四六年度考绩册及考绩办法致稽核室的函（附办法、名册）（一九四七年七月二十五日） 0219-1-34

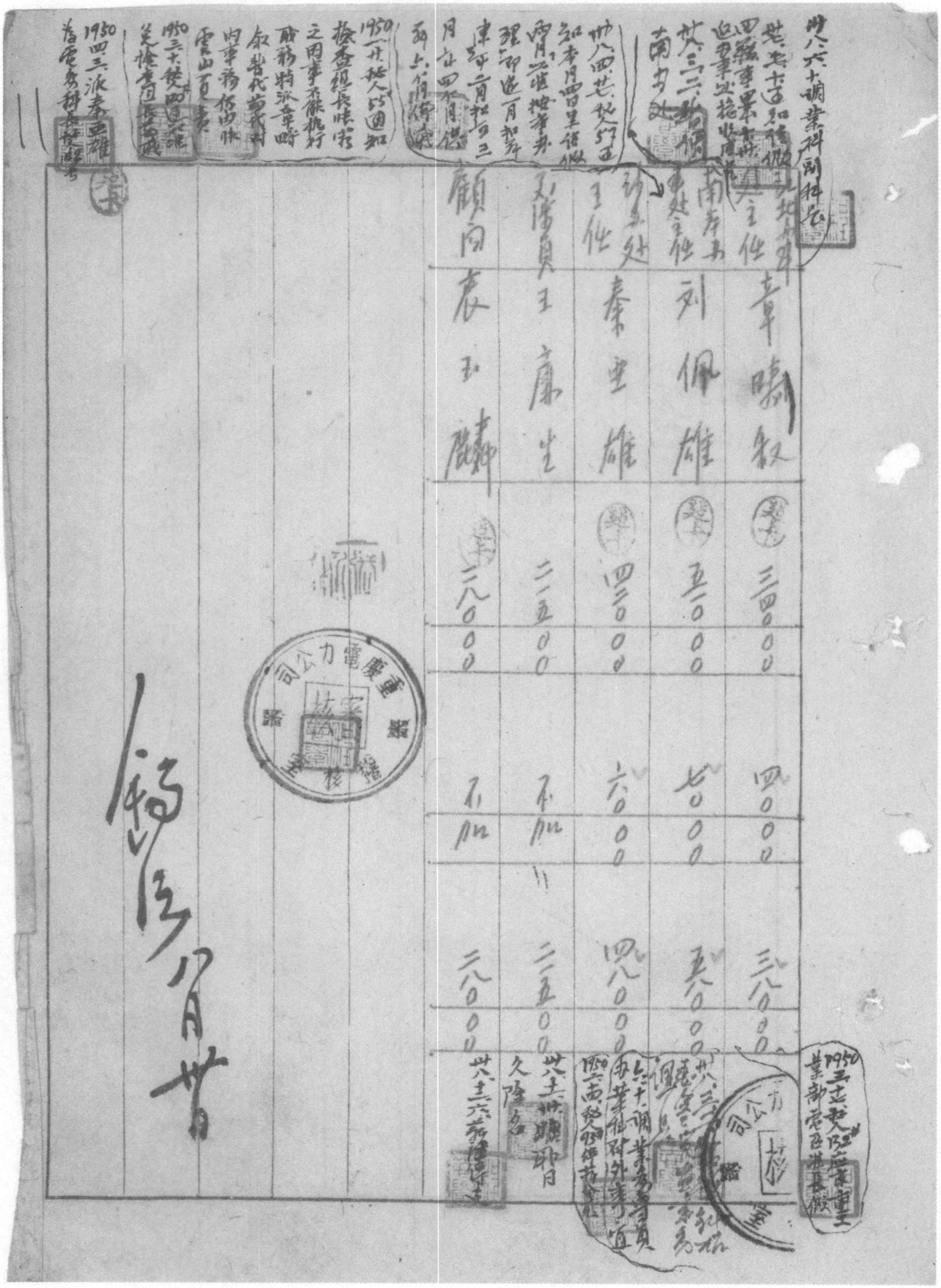

江北办事处主任	章晓叙	三四〇〇〇	四〇〇〇〇	三八〇〇〇
南岸办事处主任	刘佩雄	五〇〇〇〇	七〇〇〇〇	五八〇〇〇
沙坪坝办事处主任	秦重雄	四〇〇〇〇	六〇〇〇〇	四八〇〇〇
文牍员	王康生	二五〇〇〇	不加	二五〇〇〇
顾问	袁玉麟	二八〇〇〇	不加	二八〇〇〇

关于秘书室检送一九四六年度考绩册及考绩办法致稽核室的函（附办法、名册）（一九四七年七月二十五日） 0219-1-34

12

總務科卅五年度職員考績清冊

職別	姓名	考核等級	原支薪	增加薪	改支薪	備考
科員	劉大有	甲	一〇〇〇〇	三〇〇〇	一三〇〇〇	1950.七.十一 轉入4109 派爲三廠總務組長 工會工作仍應暫時兼顧
見習	湯徵英	乙	三五〇〇	一〇〇〇	四五〇〇	1950.九.一 升話務員 1949 振秋證此科員待遇

关于秘书室检送一九四六年度考绩册及考绩办法致稽核室的函（附办法、名册）（一九四七年七月二十五日） 0219-1-34

13

總務科文書股卅五年度職員攷績清册

職別	姓名	攷績等第	原支薪	增加薪	改支薪	備攷
股長	周亞南	乙	二五〇〇	三〇〇	二八〇〇	
科員	江海東	甲	一八〇〇	四五〇	二二五〇〇	外支超級十五元
	龔伯皋	乙	八〇〇	二〇〇	一〇〇〇	
	謝景安	丙	八〇〇	一〇〇	九〇〇〇	卅七.七.廿 長假 [illegible]
見習	蕭堯先	乙	五五〇〇	一〇〇	六五〇〇	外支超級十元
	張樾玉	甲	五五〇〇	一五〇〇	七〇〇〇	外支超級十二元

1950 [illegible] 給退職金 經公司常駐董監會第三次会決議 [illegible] 援例

1950 [illegible]

1950 四.六.八 [illegible] 遣散費三個月 [illegible]

1950 [illegible]

卅八.十.十三 升科員 改支 [illegible] 元

卅八.十.十三 升科員 改支九元

关于秘书室检送一九四六年度考绩册及考绩办法致稽核室的函（附办法、名册）（一九四七年七月二十五日） 0219-1-34

14

總務科人事股卅五年度職員考績清冊

職別	姓名	考績	原支薪	增加薪	改支薪	備考
股長	甯席君	甲	一0000	三000	一三000	
副股長	楊高尊	乙	一二五00	三五00	一六000	
科員	劉煥成	乙	九000	二000	一一000	卅八.六.十五升庶務股副股長
	王祥璋	乙	八000	二000	一0000	
	盧國全	丙	五五00	五00	六000	卅八.三.一調[illegible]
	曾德鳳	丙	六五00	五00	七000	1950.元.七.秘人[illegible]通知為[illegible] 臺北警察所傳職聽候政府[illegible]
見習	朱興中	甲	三000	一五00	四五00	卅八.八.十六升科員

15

卅六、五、三

總務科材料股卅五年度職員攷績冊

職別	姓名	攷績等第	原支薪	增加薪	改支薪	備攷
股長	鄢仲康	甲	二六〇〇	六〇〇	三二〇〇	1950、七、七、秘人405通知派為一廠物料組組長
副股長	陳西黎	甲	二五〇〇	五〇〇	三〇〇〇	
科員	朱家鈺	甲	一七〇〇	四五〇	二一五〇	卅八、五、吉、秘人67通知奉派業務科協助抄表未去記過一次
	王永思	乙	一四〇〇	三〇〇	一七〇〇	
	陳銘謨	乙	一二〇〇	二〇〇	一四〇〇	
	喻邦仕	甲	一八五〇	四五〇	二三〇〇	外支超級十五元
	李重芳	丙	五五〇	五〇	六〇〇	卅六、十二、五與王炳舍鬥毆記過一次罰扣月薪四分之一
	胡甫文	丁	九〇〇		九〇〇	不加；1950、六、七調回材料股

关于秘书室检送一九四六年度考绩册及考绩办法致稽核室的函（附办法、名册）（一九四七年七月二十五日） 0219-1-34

关于秘书室检送一九四六年度考绩册及考绩办法致稽核室的函（附办法、名册）（一九四七年七月二十五日） 0219-1-34

15-1

陽克化	丁	五〇〇		五〇〇	不加 卅六、七、卅、長假給遣散費三月
鄭忠榮	乙	六〇〇	一五〇	八〇〇	卅八、七、五、調燃料股
見習 陳文璟	乙	四〇〇	一〇〇	五〇〇	卅八、九、卅、升科員

重慶電力公司稽核室

关于秘书室检送一九四六年度考绩册及考绩办法致稽核室的函（附办法、名册）（一九四七年七月二十五日） 0219-1-34

16

1949.十二.廿六.秘人字208通知[illegible]殉職以資撫卹

總務科燃料股卅五年度職員考績清冊

職別	姓名	考績	原支薪	增加薪	改支薪	備考
股長	曾貽元	甲	三〇〇〇	六〇〇	三二〇〇	外支超級六十元
副股長	周立剛	甲	一五〇〇	四五〇	二〇〇〇	1950.六.廿五.秘人字421派三廠物料組副股長着八.一.到職
科員	晏恆憶	丙	一四〇〇	一五〇	一五五〇	
	楊紹燻	甲	一〇〇〇	三〇〇	一三〇〇	卅八.七.一.長假
	楊同培	乙	一〇〇〇	二〇〇	一三〇〇	1950.四.六.秘人字145通知調一廠燃料[illegible]調[illegible]
	周顯燾	甲	六〇〇	二〇〇	八〇〇	卅八.十.十三.長假給遣散費叁個月
	龔伯階	甲	三五〇	一五〇	五〇〇	
	胡智成	乙	六五〇	一五〇	八〇〇	卅七.三.卅.由一廠燃料調回科

16-1

見習	林鯤化	丙	三〇〇	四〇〇	二六〇〇	卅八、七、一、為照廠字...
	楊子玉	丁	二六〇〇		二六〇〇	卅八、十、十五、升科員
	楊世榮	乙	二六	九〇〇	三五〇〇	卅七、七、六、通知自七月份升科員

卅八、七、六、六月曾請假一月今七月又請假一月，奉批扣薪津四分之二

1950、六、二、秘人，調廠化學室

卅八、五、十五、由秘人，通知奉派協助杨森案，自本月份...

1950、十二、一、秘人，調...

重慶電力公司稽核室

关于秘书室检送一九四六年度考绩册及考绩办法致稽核室的函（附办法、名册）（一九四七年七月二十五日） 0219-1-34

總務科購置股卅五年度職員考績清册 改

職別	姓名	考績等第	原支薪	增加薪	改支新薪	備考
股長（工程師兼）	王德華	甲	三四〇〇	六〇〇	四〇〇〇	
工程師	汪振祥	乙	二〇〇〇	三〇〇	二三〇〇	卅六.一.暫代副股長名義兼支半公費
科員	章慕京	甲	五〇〇〇	一五〇〇	六五〇〇	
見習	周自舉	丙	二二〇〇	四〇〇	二六〇〇	卅六.八.卅.長假給資遣費一個月

关于秘书室检送一九四六年度考绩册及考绩办法致稽核室的函（附办法、名册）（一九四七年七月二十五日） 0219-1-34

18

總務科庶務股卅五年度職員考績清冊

職別	姓名	考績等第	原支薪	增加薪	改支薪	備考
股長	劉鳴皋	甲	二〇〇〇	四五〇	二四五〇	
科員	李叔耕	乙	二五〇〇	三〇〇	二八〇〇	計支超級 1950 七六秘人393派二廠工作
	劉子傑	甲	六〇〇〇	二〇〇〇	八〇〇〇	卅八、三、卅調業務室 1950 七六秘人393派一廠工作
	譚謀遂	乙	一三〇〇	二五〇	一五五〇	
	孟世德	丙	四五〇	五〇	五〇〇	

重慶電力公司 稽核室

19

医務室卅五年度職員考績表

職別	姓名	考績	原支薪	增加薪	改支薪	備考
医师	傅文祥	甲	三五00	四五00	八000	外支超級四十元；改服長待遇不超級
助理医师	王咸康	乙	二七00	三000	叁000	
	葉文全	乙	四000	三000	一七000	
見習	杜朝鑫	乙	五000	一000	六000	外支超級……元；卅八十五升医务員改支80元
	柏濟民	甲	四000	二五00	六五00	卅八十六十三医务員秘員待遇
	謝賡餘	丙	三五00	五00	四000	仝

关于秘书室检送一九四六年度考绩册及考绩办法致稽核室的函（附办法、名册）（一九四七年七月二十五日） 0219-1-34

关于秘书室检送一九四六年度考绩册及考绩办法致稽核室的函（附办法、名册）（一九四七年七月二十五日）　0219-1-34

20

總工程師室卅五年度職員攷績清冊

職別	姓名	攷績等第	原支薪	增加薪	改支薪	備攷
工程師	唐政權	甲	三六〇〇〇	六〇〇〇	四二〇〇〇	

21

卅八.七.九.停發二個月薪[illegible]
十.廿六.俯加派廠務科[illegible]
十六.七.調[illegible]
卅七.八.六.通知[illegible]
再發一個月薪[illegible]

工務科卅五年度職員考績清冊

職別	姓名	考績	原支薪	增加薪	改支薪	備考
組長	吳昌恕	甲	二〇〇〇〇	四五〇〇	二四五〇〇	卅五.九.十六代江北辦事處主任；卅八.六.廿三奠健特派
設計股長	朱福細	甲	二八〇〇〇	六〇〇〇	三四〇〇〇	卅七.七.一通知奉批准[illegible]；五撥調二月份[illegible]；而再發[illegible]一個月
副工程師二	張謳瑞	甲	四〇〇〇〇	八〇〇〇	四八〇〇〇	
工務員	鄧生元	乙	三三〇〇〇	三〇〇〇	三六〇〇〇	卅八.十六.升助理工程師
	張繼琴	乙	二五〇〇〇	三〇〇〇	二八〇〇〇	卅八.十一.升助理工程師
	曾淵湘	乙	一七〇〇〇	三〇〇〇	二〇〇〇〇	卅六.四.廿八.撥派業務科；卅八.十一.升助理工程師
工務見習	何佰明	乙	五〇〇〇	一〇〇〇	六〇〇〇	
副工程師二	余盛細	甲	七〇〇〇	三〇〇〇	一〇〇〇〇	卅八.六.廿五升工程師益健特；股長

关于秘书室检送一九四六年度考绩册及考绩办法致稽核室的函（附办法、名册）（一九四七年七月二十五日） 0219-1-34

21

稽核科卅五年度職員考績清册

職別	姓名	考績	原支薪	增加薪	改支薪	備攷
科員	駱祥遴	乙	七〇〇	二〇〇	九〇〇	卅六.五.三.督[illegible]

关于秘书室检送一九四六年度考绩册及考绩办法致稽核室的函（附办法、名册）（一九四七年七月二十五日） 0219-1-34

关于秘书室检送一九四六年度考绩册及考绩办法致稽核室的函（附办法、名册）（一九四七年七月二十五日） 0219-1-34

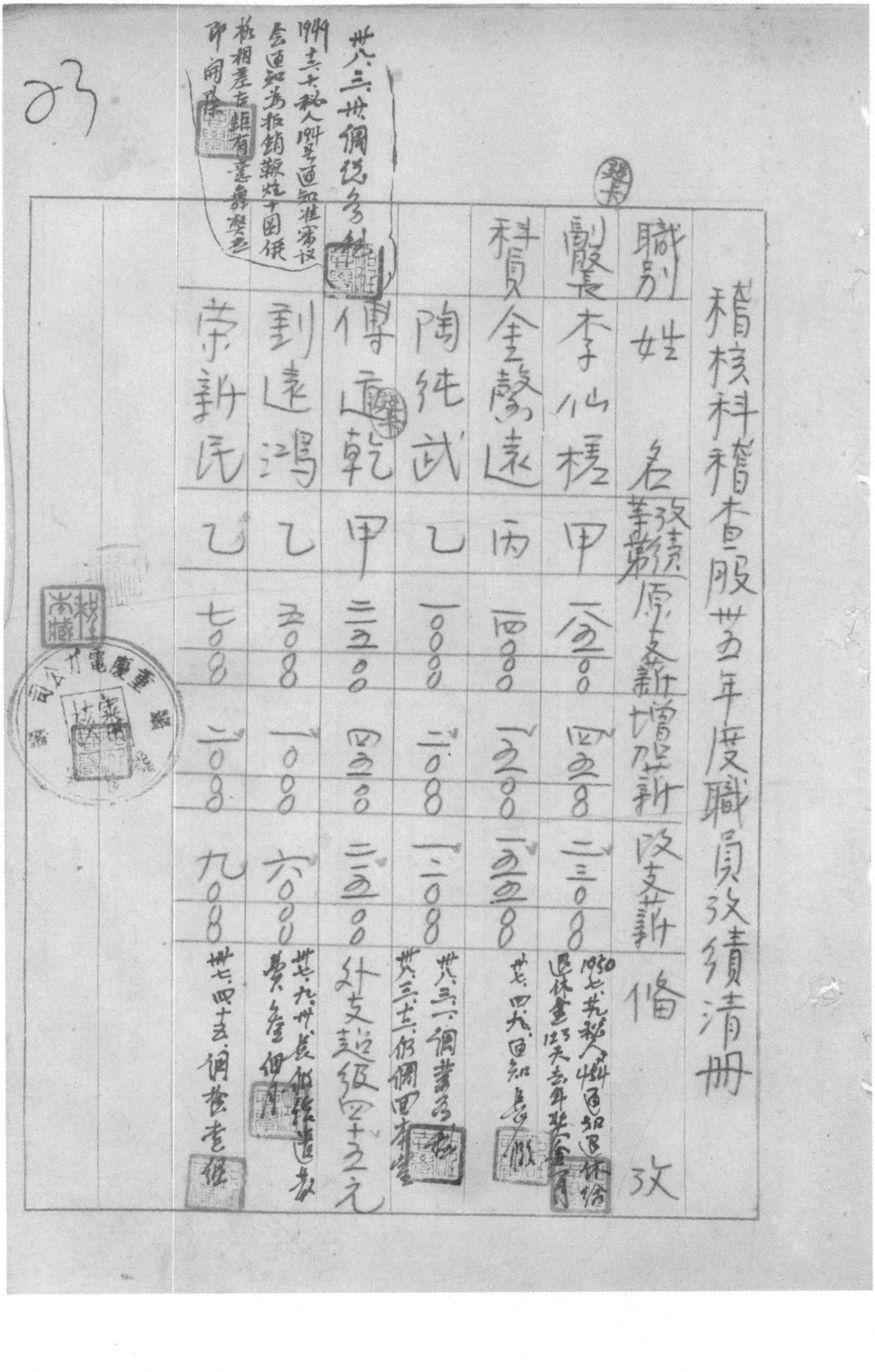

稽核科稽查股卅五年度職員考績清冊

職別	姓名	考績等第	原支薪	增加薪	改支薪	備考
股長	李仙樵	甲	一八五〇〇	四五〇〇	二三〇〇〇	1950.七.廿一.秘人(1950)字通知退休 給退休金1275元 [illegible]
科員	金慕遠	丙	四〇〇〇	一五〇〇	五五〇〇	卅七.四.九.通知長[illegible]
	陶純武	乙	一〇〇〇〇	二〇〇〇	一二〇〇〇	卅八.三.一.調業務處 卅六.三.十五.仍調回本室
	傅遠乾	甲	二〇五〇〇	四五〇〇	二五〇〇〇	計支超級四十五元
	劉遠鴻	乙	五〇〇〇	一〇〇〇	六〇〇〇	卅七.九.卅.長假遣散費已領
	榮新民	乙	七〇〇〇	二〇〇〇	九〇〇〇	卅七.四.十五.調檢查組

卅八.三.卅.調總務科 1949.三.十六.秘人1949字通知准予[illegible]

关于秘书室检送一九四六年度考绩册及考绩办法致稽核室的函（附办法、名册）（一九四七年七月二十五日） 0219-1-34

24

稽核科審核股卅五年度職員考績清册

職別	姓名	考績等第	原支薪	增加薪	改支薪	備攷
股長	程孝學	甲	二三〇.〇〇	五〇.〇〇	二八〇.〇〇	
科員	陳克仁	乙	五五〇.〇〇	一〇〇.〇〇	六五〇.〇〇	
科員	陶基寬	乙	六〇〇.〇〇	一〇〇.〇〇	七〇〇.〇〇	

卅六、五、三 哲綱書

重慶電力公司 稽核室

关于秘书室检送一九四六年度考绩册及考绩办法致稽核室的函（附办法、名册）（一九四七年七月二十五日） 0219-1-34

25

稽核科統計股卅五年度職員攷績清冊

職別	姓名	攷績等第	原支薪	增加薪	改支薪	備攷
股長	吳德超	丙	二三〇〇〇	一五〇〇	二四五〇〇	
科員	屠瑜	甲	一二〇〇〇	三五〇〇	一五五〇〇	

卅六、五、五 張炯錦 攷

重慶電力公司

关于秘书室检送一九四六年度考绩册及考绩办法致稽核室的函（附办法、名册）（一九四七年七月二十五日） 0219-1-34

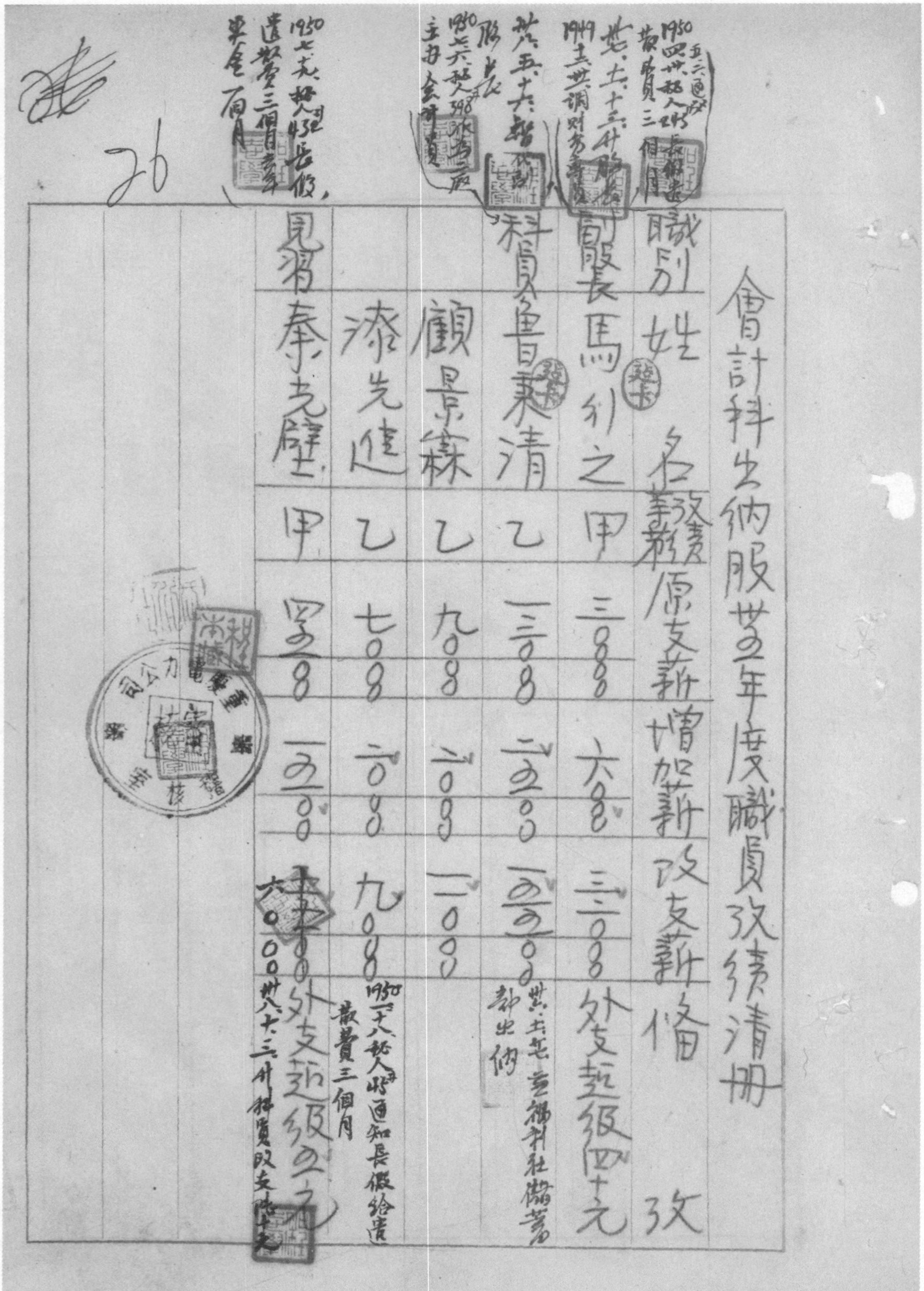

會計科出納股卅五年度職員攷績清冊

職別	姓名	攷績等級	原支薪	增加薪	改支薪	備攷
股長	馬引之	甲	三〇〇〇	六〇〇	三六〇〇	外支超級四十元
科員	魯秉清	乙	一三〇〇	二五〇	一五五〇	
	顧景森	乙	九〇〇	二〇〇	一一〇〇	
	漆先進	乙	七〇〇	二〇〇	九〇〇	
見習	秦克壁	甲	四五〇	一五〇	六〇〇	外支超級五元

关于秘书室检送一九四六年度考绩册及考绩办法致稽核室的函（附办法、名册）（一九四七年七月二十五日） 0219-1-34

271　271

1949 十二.十六 報人 208 通知 [illegible]

會計科簿記股卅五年度職員考績清册

職別	姓名	考績等第	原支薪	增加薪	改支薪	備攷
股長	劉德惠	甲	二六〇〇	六〇〇	三二〇〇	卅六.三.[illegible] 到會計科 [illegible] 三個月
副股長	何篤睦	甲	二〇〇〇	四五〇	二四五〇	
科員	熊静澤	乙	一三〇〇	二五〇	一五五〇	1949 十二.卅 代理出纳股長；1950 七.六 報人 398 派為一廠主辦會計員
	周光泳	乙	六五〇	一五〇	八〇〇	卅八.三.一 調[illegible]；卅六.三.[illegible] 調[illegible]
	崔述沐	乙	七〇〇	二〇〇	九〇〇	
	鄒昭瓊	乙	八〇〇	二〇〇	一〇〇〇	1950 一.十六 報人 21 調三廠塔
	徐自律	乙	九〇〇	二〇〇	一一〇〇	
	湯大榮	乙	一〇〇〇	二〇〇	一二〇〇	卅八.六.十四 調煉製股

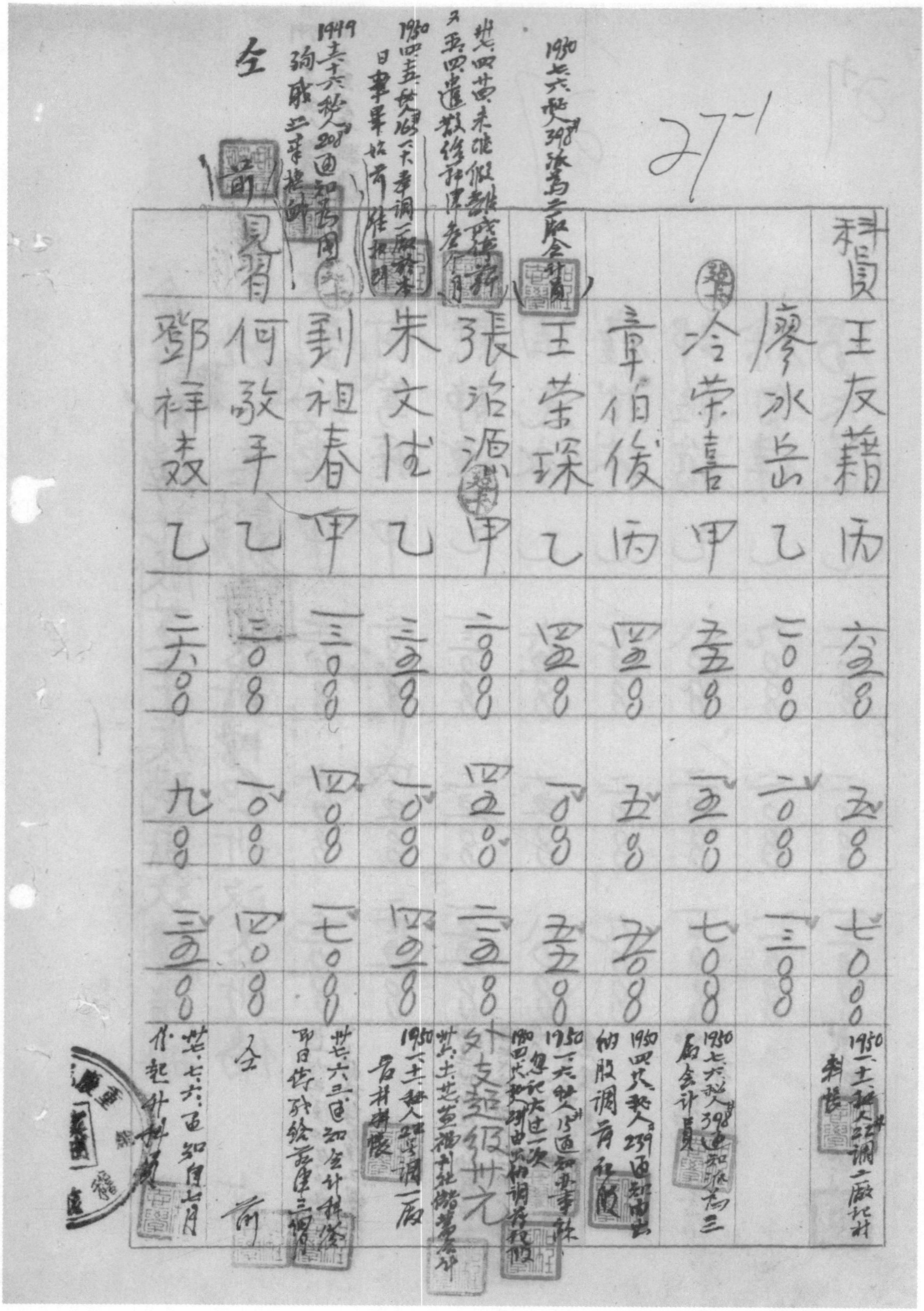

科員	王友藉	丙	六五〇〇	五〇〇	七〇〇〇
	廖冰岳	乙	二〇〇〇	二〇〇〇	三〇〇
	冷荣喜	甲	二五〇〇	一五〇〇	七〇〇
	章伯俊	丙	四五〇〇	五〇〇	二五〇〇
	王荣琛	乙	四五〇〇	一〇〇〇	二五〇〇
	張治源	甲	二〇〇〇	四五〇〇	一五〇〇
	朱文械	乙	一五〇〇	一〇〇〇	四五〇〇
	劉祖春	甲	三〇〇〇	四〇〇〇	一七〇〇
見習	何敬手	乙	三〇〇〇	一〇〇〇	四〇〇
	鄧祥森	乙	二六〇〇	九〇〇	三五〇〇

关于秘书室检送一九四六年度考绩册及考绩办法致稽核室的函（附办法、名册）（一九四七年七月二十五日） 0219-1-34

关于秘书室检送一九四六年度考绩册及考绩办法致稽核室的函（附办法、名册）（一九四七年七月二十五日） 0219-1-34

28

卅八、二、一按调出人员
又五四、锦行试……
各处密业务股长

武克勤	甲	一六〇〇	一四〇〇	四四〇〇	全	

关于秘书室检送一九四六年度考绩册及考绩办法致稽核室的函（附办法、名册）（一九四七年七月二十五日） 0219-1-34

29

業務科卅五年度職員攷績清冊

職別	姓名	考績	原支薪	增加薪	改支薪	備攷
科員	陳樹風	甲	二〇〇	四〇〇	二五〇	外支超級廿元

关于秘书室检送一九四六年度考绩册及考绩办法致稽核室的函（附办法、名册）（一九四七年七月二十五日） 0219-1-34

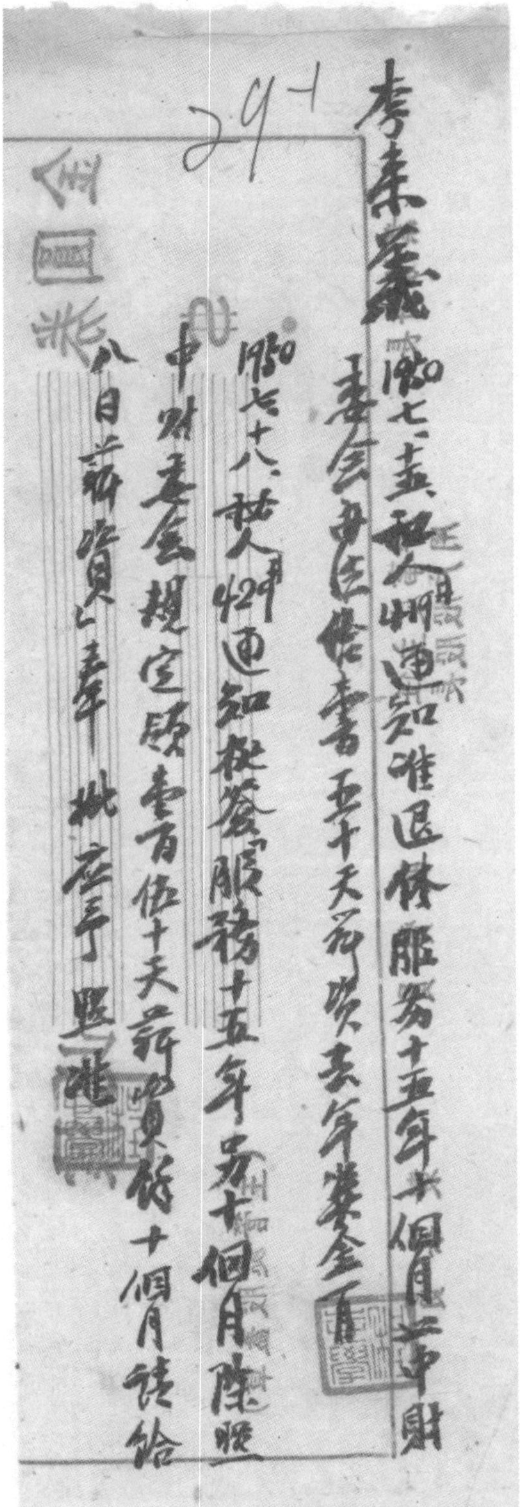
李秉鑫
1950.七.廿五 秘人卅一通知准退休服務十五年十個月 中財
委會由法條書五十天薪資去年獎金一月
1950.七.十八 秘人429通知依簽服務十五年另十個月除照
中財委會規定發壹百伍十天薪資餘十個月請給
八月薪資亦批應予照准

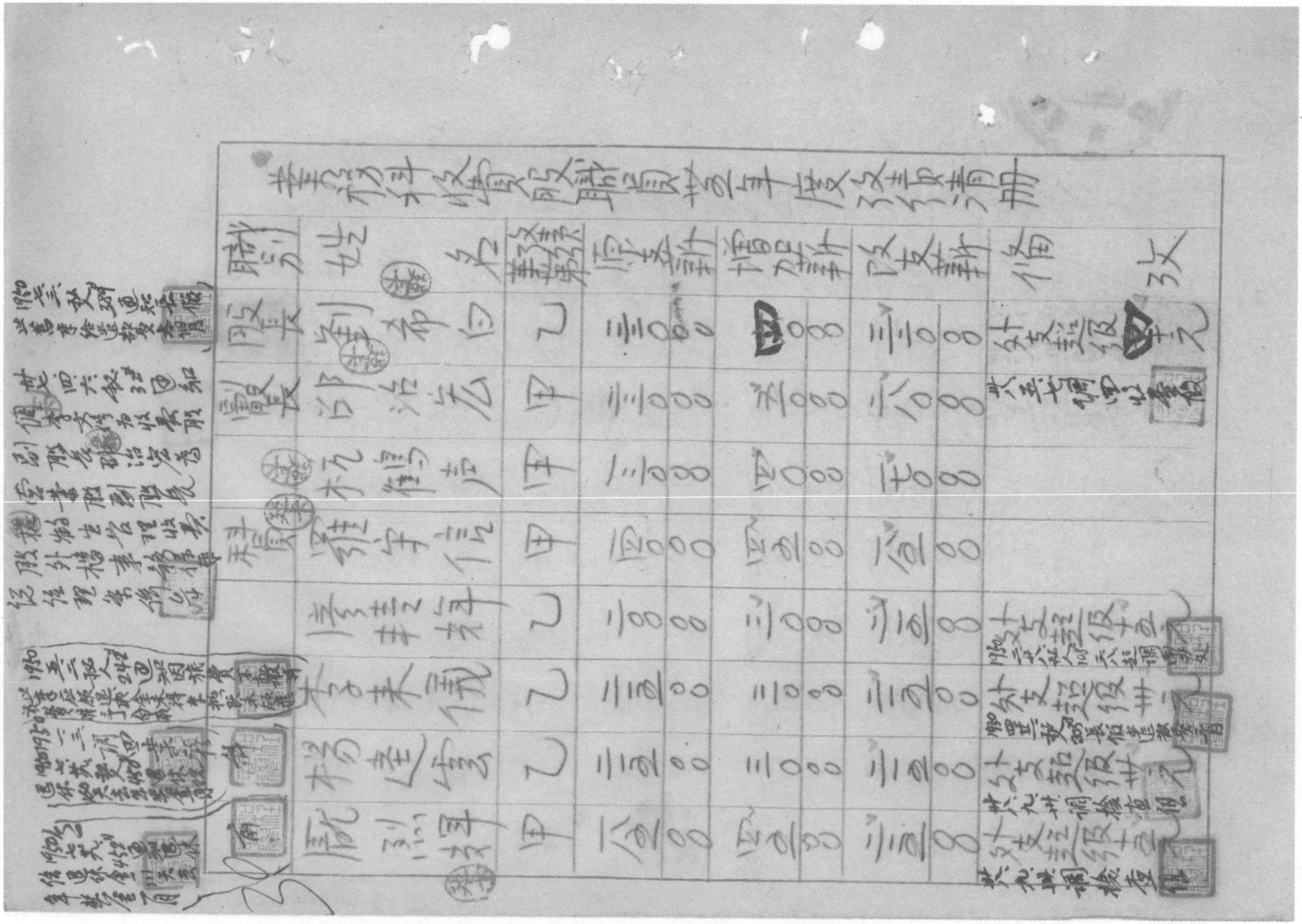

業務科收費股職員卅五年度考績清冊

職別	姓名	考績	原支薪	增加薪	改支薪	備攷
股長	劉希白	乙	三〇〇	四〇〇	三三〇〇	外支超級四十元 卅八五七調四股長
副股長	邵治宏	甲	三〇〇	五〇〇	三八〇〇	
	杭鶴声	甲	三〇〇	四〇〇	三七〇〇	
科員	羅宇信	甲	四〇〇	四五〇〇	四八〇〇	
	詹耕莘	乙	二〇〇	三〇〇	二三〇〇	外支超級十五元
	李来儀	乙	二五〇〇	三〇〇	二八〇〇	外支超級卅元
	楊達雲	乙	二五〇〇	三〇〇	二八〇〇	外支超級卅元 卅八九卅調檢查組
	顧烈輝	甲	一八〇〇	四五〇〇	二三〇〇	外支超級十五元 卅八九卅調檢查組

关于秘书室检送一九四六年度考绩册及考绩办法致稽核室的函（附办法、名册）（一九四七年七月二十五日） 0219-1-34

30-1

科員	黄昭材	甲	三〇〇〇	四〇〇〇	七〇〇〇	
	鄧紹林	乙	二五〇〇	三〇〇〇	五五〇〇	外支超俸卅元
	李石茹	甲	三〇〇〇	二五〇〇	五五〇〇	
	何肇浦	甲	三〇〇〇	四〇〇〇	七〇〇〇	
	耿志鑄	甲	三〇〇〇	四〇〇〇	七〇〇〇	卅八、二、死亡
	丁道宏	乙	四〇〇〇	三〇〇〇	七〇〇〇	
	朱殿英	乙	二五〇〇	三〇〇〇	五五〇〇	外支超俸卅元
	胡仲文	乙	九〇〇〇	二〇〇〇	一一〇〇〇	卅八、八、五、調檢查組；1950一、三調回 [illegible]；1950 [illegible] 通知長假，給遣散費三個月 [illegible]
	韓永慶	甲	七〇〇〇	三〇〇〇	一〇〇〇〇	
	唐亞夫	乙	六五〇〇	一五〇〇	八〇〇〇	

31

1950 七.六 秘人398 派為二廠会計員

姓名	等级				备注
門慶仁	乙	七〇〇〇	二〇〇〇	九〇〇〇	
劉公一	乙	九〇〇〇	二〇〇〇	二〇〇〇	
馮粹政	甲	一二〇〇〇	二五〇〇	一五〇〇〇	1950 一.十九. 秘人47 调会计科股；1950 四.廿八. 秘人239 由出纳调营[illegible]股
劉世全	丙	六〇〇〇	五〇〇	六五〇〇	1950 七.廿八. 秘人445 通知長假[illegible] 岩員[illegible]并六年奖金
程仲頤	丙	五五〇〇	五〇〇	六〇〇〇	卅八.三.二 调南岸处
金世昌	甲	二〇〇〇	三〇〇〇	四〇〇〇	
文伯威	乙	一〇〇〇	二〇〇〇	三〇〇〇	
劉國章	乙	六〇〇〇	一〇〇〇	七〇〇〇	
何致儀	乙	五〇〇〇	一〇〇〇	六〇〇〇	1950 二.四 调[illegible]股
何叔康	甲	八〇〇〇	三〇〇〇	二〇〇〇	

关于秘书室检送一九四六年度考绩册及考绩办法致稽核室的函（附办法、名册）（一九四七年七月二十五日） 0219-1-34

关于秘书室检送一九四六年度考绩册及考绩办法致稽核室的函（附办法、名册）（一九四七年七月二十五日）　0219-1-34

3/-1

卅八.三.二调江

科員	李竹雅	乙	三五〇〇	一〇〇〇	四五〇〇	未满一年奉批不考绩
	許國銓	乙	四〇〇〇	一〇〇〇	五〇〇〇	
	方至誠	乙	四〇〇〇	一〇〇〇	五〇〇〇	1950.六.九.奉人事通知调粟批股
	鮮久焕	乙	四〇〇〇	一〇〇〇	五〇〇〇	
	程宇頤	乙	五〇〇〇	一〇〇〇	六〇〇〇	
署	陳紹軒	乙	五五〇〇	一〇〇〇	六五〇〇	外支超級十元 卅八.十.三升科員 段支65元
	魯厚陽	乙	三五〇〇	一〇〇〇	四五〇〇	外支超級七元 卅八.十.十三升科員 段支62元
	康紹良	乙	二〇〇〇	六〇〇	二六〇〇	卅八.十.十五.升科員

关于秘书室检送一九四六年度考绩册及考绩办法致稽核室的函（附办法、名册）（一九四七年七月二十五日） 0219-1-34

32

卅五秘書科文書股卅五年度職員考績清冊

職別	姓名	考績等第	原支薪	增加薪	改支薪俸	備攷
股長	黃登榮	甲	二〇〇〇〇	四五〇〇	二四五〇〇	
副股長	李文脩	甲	一六五〇〇	四五〇〇	二一〇〇〇	
科員	李樹輝	乙	一四〇〇〇	三〇〇〇	一七〇〇〇	卅六、七、卅升副股長
	王洋榮	乙	一三〇〇〇	二五〇〇	一五五〇〇	
	毛君集	甲	一一〇〇〇	三〇〇〇	一四〇〇〇	
	劉祖芳	甲	一一〇〇〇	三〇〇〇	一四〇〇〇	
	唐成富	甲	一〇〇〇〇	三〇〇〇	一三〇〇〇	
	余造邦	乙	八〇〇〇	二〇〇〇	一〇〇〇〇	1947 卅六撥長假給薪津三個月

关于秘书室检送一九四六年度考绩册及考绩办法致稽核室的函（附办法、名册）（一九四七年七月二十五日） 0219-1-34

32-1

稽[illegible]					
周復生	乙	九〇〇〇	二〇〇〇	二〇〇〇	
王世懋	乙	六〇〇〇	一〇〇〇	七〇〇〇	
周邦智	甲	二〇〇〇	三〇〇〇	四〇〇〇	卅八、九、六、死亡
劉竹然	乙	二〇〇〇	二〇〇〇	三〇〇〇	
貴世昌	乙	九〇〇〇	二〇〇〇	二〇〇〇	
吳重賢	乙	五〇〇〇	五〇〇〇	八〇〇〇	
尚其友	乙	七〇〇〇	二〇〇〇	九〇〇〇	
趙國棟	乙	七〇〇〇	二〇〇〇	九〇〇〇	
王邦亭	乙	五〇〇〇	一〇〇〇	五〇〇〇	1950七、七、秘人404號長低給遣散費叁月[illegible]奬金一月
鄭三農	乙	九〇〇〇	二〇〇〇	二〇〇〇	卅八、十、七、曠職開除 又十九日[illegible]十日作[illegible] 内共[illegible]

关于秘书室检送一九四六年度考绩册及考绩办法致稽核室的函（附办法、名册）（一九四七年七月二十五日）　0219-1-34

33

	王式度	乙	四〇〇〇	三〇〇〇	一七〇〇	
	張永達	甲	六〇〇〇	二〇〇〇	八〇〇〇	
1950 四、廿四、秘人214#、長假照准，費二佰月 [illegible]	吴敬熹	丙	一〇〇〇〇	一〇〇〇	二〇〇〇	卅五、十、秘人65號，遲到[illegible]五月份[illegible]并記過一次
	趙硒生	甲	一五〇〇〇	四五〇〇	二〇〇〇	
	楊昭振	乙	一五〇〇	三〇〇〇	一六五〇〇	卅六、八、三、[illegible]停職
卅八、六、卅、長假[illegible]	王樹椿	乙	九〇〇〇	二〇〇〇	二〇〇〇	卅八、五、十、秘人65號，遲到四時五月份[illegible]并記大過一次
	劉德榮	乙	三〇〇〇	二〇〇〇	四〇〇〇	
	何子詩	乙	四五〇〇	一〇〇〇	三五〇〇	
	彭君儒	乙	一〇〇〇	二〇〇〇	一五〇〇	
見習	謝洪鈞	乙	四〇〇〇	一〇〇〇	三五〇〇	卅八、十、十三、[illegible] 1950 七、[illegible]秘人465號 [illegible]退休 [illegible]

关于秘书室检送一九四六年度考绩册及考绩办法致稽核室的函（附办法、名册）（一九四七年七月二十五日） 0219-1-34

33-1

署曾

傅浩然	甲	三〇〇	一五〇	四五〇	廿七、七、廿 升科员
刘良善	甲	二六〇	一四〇	四〇〇	廿七、六、廿 升科员
吴静生	乙	二六〇	九〇	三五〇	廿七、廿 升科员
林荣森	乙	二六〇	九〇	三五〇	廿七、廿 升科员
傅彦时	丙	三二〇	四〇	三六〇	卅八、十、十三 升科员

关于秘书室检送一九四六年度考绩册及考绩办法致稽核室的函（附办法、名册）（一九四七年七月二十五日） 0219-1-34

34

卅六、五、廿八奉係抄表股印[illegible]屬手科[illegible]

卅六、一、黄通知升副股长[illegible]月起改为二四五〇元又卅六、卅二、[illegible]業[illegible]陈金祥言[illegible]街[illegible]五[illegible]

業務科抄表股卅五年度職員考績清册

職別	姓名	考績等第	原支薪	增加薪	改支薪	備考
股長	張博文	甲	三〇〇〇	六〇〇	三六〇〇	卅六、三、[illegible]江[illegible]处
科員	鄭權	甲	二〇〇〇	四五〇	二四五〇	另支超级廿元
	夏仲康	乙	二二五〇	三〇〇	二五五〇	另支超级廿元
	洪家楨	乙	一七〇〇	三〇〇	二〇〇〇	
	胡澄秋	乙	一二五〇	二五〇	一五〇〇	卅八、三、三调江北处
	文家敏	甲	一〇〇〇	三〇〇	一三〇〇	卅八、三、二调南岸处
	賴先輝	甲	一七〇〇	四五〇	二一五〇	
	何甬源	乙	一〇〇〇	二〇〇	一二〇〇	

关于秘书室检送一九四六年度考绩册及考绩办法致稽核室的函（附办法、名册）（一九四七年七月二十五日） 0219-1-34

34-1

職別	姓名	等第			
科員	馮竞安	乙	九〇〇〇	二〇〇〇	一〇〇〇
	盧廷錫	乙	二〇〇〇	二〇〇〇	一三〇〇〇
	費興業	丙	七〇〇〇	一〇〇〇	八〇〇〇
	朱立之	甲	一四〇〇〇	四五〇〇〇	一八五〇〇〇
	尹暉暄	乙	四五〇〇	一〇〇〇	五五〇〇
	劉廣岩	乙	九〇〇〇	二〇〇〇	一〇〇〇
	何定暘	乙	九〇〇〇	三〇〇〇	一〇〇〇
	李子濤	乙	五五〇〇	一〇〇〇	六五〇〇
助員	賴君宙	乙	三六〇〇	九〇〇	三五〇〇
	單錫鎧	甲	三六〇〇	四〇〇〇	四〇〇〇

卅八三二調南北

卅八三卅調四…

关于秘书室检送一九四六年度考绩册及考绩办法致稽核室的函（附办法、名册）（一九四七年七月二十五日） 0219-1-34

35

業務科用戶股卅五年度職員考績清冊

職別	姓名	考績	原支薪	增加薪	改支薪	備攷
股長	李培陽	乙	二六〇〇〇	四〇〇〇	三〇〇〇〇	
副股長	李伏全	乙	二八〇〇〇	四〇〇〇	三二〇〇〇	外支超級津元
工程師	王紹綸	乙	三二〇〇〇	四〇〇〇	三六〇〇〇	1950 七 廿七 [illegible] 給退休金 [illegible]
業務員	曾偉民	甲	二五〇〇〇	四五〇〇	二九五〇〇	卅八 九 五 調檢查組
	馮先富	甲	二五〇〇〇	四五〇〇	二九五〇〇	卅八 十一 升助理工程師
	任培經	甲	九〇〇〇	三〇〇〇	一二〇〇〇	
科員	劉正昌	乙	七〇〇〇	三〇〇〇	一〇〇〇〇	
	孫續亨	乙	九〇〇〇	二〇〇〇	一一〇〇〇	卅七 六 八 長假 批給薪津一月

卅八 七 十六 調業務科助理秘書

1950 三 十六 [illegible] 調 [illegible]

卅八 十一 升助理工程師

关于秘书室检送一九四六年度考绩册及考绩办法致稽核室的函（附办法、名册）（一九四七年七月二十五日）　0219-1-34

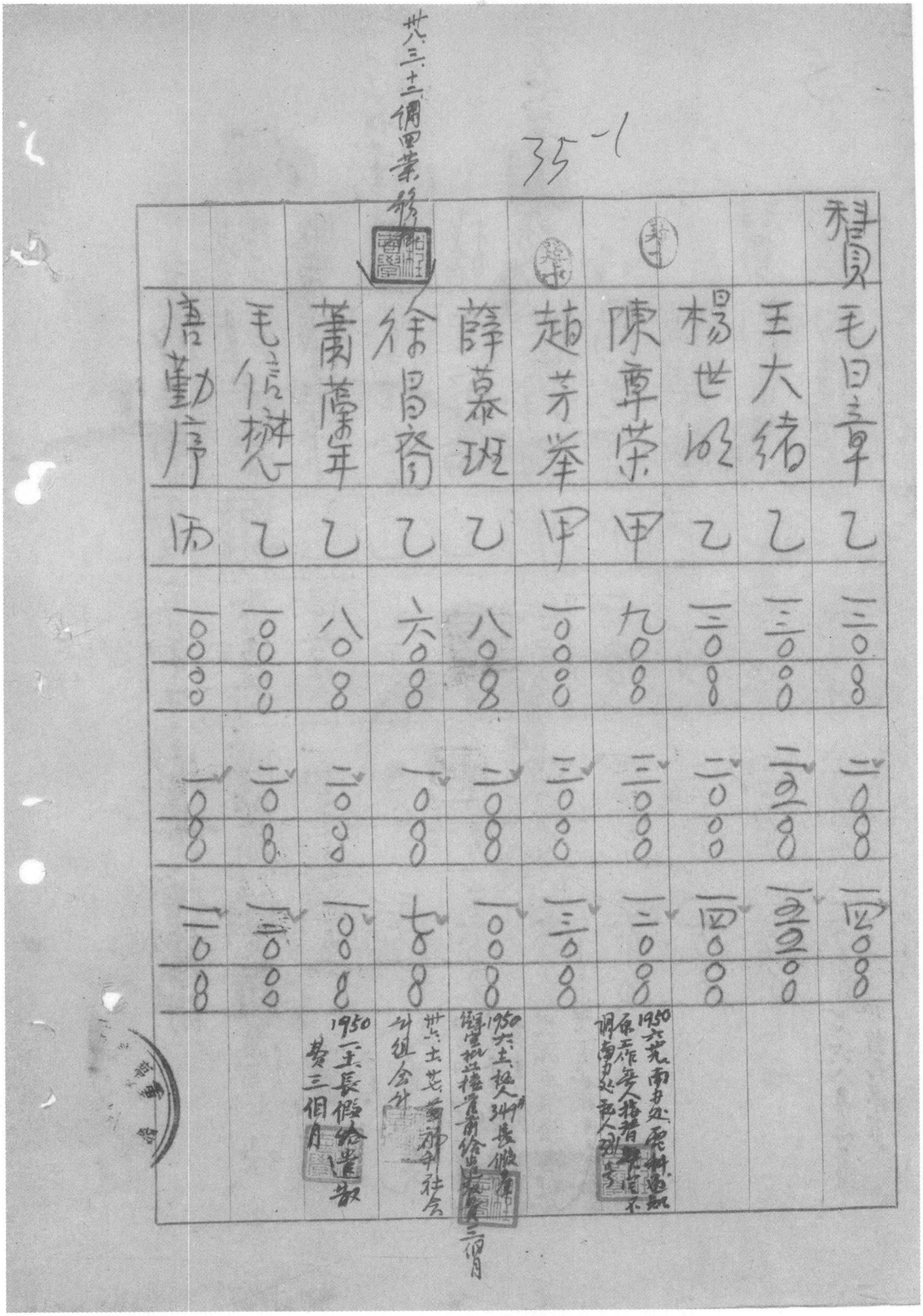

35-1

卅六.三.十二 调田粮处

稽員				
毛日章	乙	一二〇〇〇	二〇〇〇	一四〇〇〇
王大緒	乙	一二〇〇〇	二五〇〇	一四五〇〇
楊世昭	乙	一二〇〇〇	二〇〇〇	一四〇〇〇
陳卓榮	甲	九〇〇〇	三〇〇〇	一二〇〇〇
趙芳舉	甲	一〇〇〇〇	三〇〇〇	一三〇〇〇
薛慕班	乙	八〇〇〇	二〇〇〇	一〇〇〇〇
徐昌裔	乙	六〇〇〇	一〇〇〇	七〇〇〇
蕭藻年	乙	八〇〇〇	二〇〇〇	一〇〇〇〇
毛信樾	乙	一〇〇〇〇	二〇〇〇	一二〇〇〇
唐勤序	丙	一〇〇〇〇	一〇〇〇	一一〇〇〇

1950.六.廿九 南方处 原稿通知 原工作無人接替 調南方处

1950.六.十 換人 卅四年長假

卅六.十.廿 社会部 組会計

1950.一.十 長假 給半薪 三個月

关于秘书室检送一九四六年度考绩册及考绩办法致稽核室的函（附办法、名册）（一九四七年七月二十五日） 0219-1-34

36

	張通剛	甲	九〇〇	三〇〇	一二〇〇
工務見習	鄒承璇	甲	六〇〇	二〇〇	八〇〇
見習	頡宗中	乙	四〇〇	一〇〇	五〇〇

关于秘书室检送一九四六年度考绩册及考绩办法致稽核室的函（附办法、名册）（一九四七年七月二十五日） 0219-1-34

用電檢查組卅五年度職員考績清冊

職別	姓名	考績等第	原支薪	增加薪	改支薪	備考
副組長	張雲山	乙	二六〇〇	四〇〇	三〇〇〇	1950年…假遣散費三個月及…年終獎金二個月；卅八、八、[illegible]…代組長 [illegible]
務員	陳克武	甲	二〇〇〇	四五〇	二四五〇	卅八、八、十五、[illegible]…股長；1950…代[illegible]組長 [illegible]
稽員	盧惠鏗	丙	一六〇〇	五〇	一六五〇	
	傅世新	乙	七〇〇	二〇〇	九〇〇	卅八、十、[illegible]…副股長；同年十二、廿六、[illegible]…股 [illegible]
	鄒功甫	丙	五〇〇	五〇	五五〇	卅八、五、五、[illegible]；卅七、八、[illegible]…長假 [illegible]
	張白康	甲	三〇〇	三五〇	五五〇	

38

福利社卅五年度職員考績清册

職別	姓名	考績等第	原支薪	增加薪	改支薪	備考
幹事	唐鶴生	乙	一八五〇〇	三〇〇〇	二一五〇〇	
	徐世和	丙	一八五〇〇	一五〇〇	二〇〇〇〇	卅六.十二.一.調業务組 1950.五.廿五.秘人[illegible]
	朱敘先	乙	二三五〇〇	三〇〇〇	二六五〇〇	外支超級廿元
科員	毛世偉	甲	六五〇〇	二五〇〇	九〇〇〇	1950.一.廿.調文書股秘人[illegible]通知

關於秘书室检送一九四六年度考绩册及考绩办法致稽核室的函（附办法、名册）（一九四七年七月二十五日）　0219-1-34

关于秘书室检送一九四六年度考绩册及考绩办法致稽核室的函（附办法、名册）（一九四七年七月二十五日） 0219-1-34

39

1950七七秘人405通知遠燃料股組暫由值班工程師管理

第一廠卅五年度職員考績清册

職別	姓名	考績等第	原支薪	增加薪	改支薪	備考
工程師	趙之陳	甲	三八〇〇〇	七〇〇〇	四五〇〇〇	卅五、八、廿 升管理股長；1950七七秘人405通知暂值班工程組長
	楊賢生	甲	五〇〇〇〇	一〇〇〇〇	六〇〇〇〇	卅七、一、卅一 退休
副工程師	楊如坤	甲	四〇〇〇〇	八〇〇〇	四八〇〇〇	卅七、五、八 解除修配股長；1950七七秘人405派為遠東電灯組工程師兼組長
	花克棠	乙	一三〇〇〇	二五〇〇	一五五〇〇	卅六、八、十八 升工程師；1950七七秘人405通知派在值班工務組
科員	連鍾毓	乙	五〇〇〇〇	一〇〇〇〇	六〇〇〇〇	1950七七秘人405派代總務組長
見習	王國泰	乙	二二〇〇〇	八〇〇〇	三〇〇〇〇	卅八、十、十三 升科員
	魏清源	乙	二〇〇〇〇	六〇〇〇	二六〇〇〇	卅七、一、調南一廠轉機

关于秘书室检送一九四六年度考绩册及考绩办法致稽核室的函（附办法、名册）（一九四七年七月二十五日） 0219-1-34

40

[illegible]

第二廠卅五年度職員考績清册

職別	姓名	考績等級	原支薪	增加薪	改支薪	備考
經理室股長	郭民永	甲	三二〇	六〇	三八〇	[illegible]
工程師	黄士澄	甲	二四五	五五	三〇〇	
副工程師	張道甯	乙	一〇〇	二〇	一二〇	[illegible]
科員	高燮明	甲	一七〇	四五	二一五	
	彭定紹	乙	二二〇	二〇	二四〇	[illegible]
見習	張世華	乙	二〇〇	六〇	二六〇	[illegible]

关于秘书室检送一九四六年度考绩册及考绩办法致稽核室的函（附办法、名册）（一九四七年七月二十五日）　0219-1-34

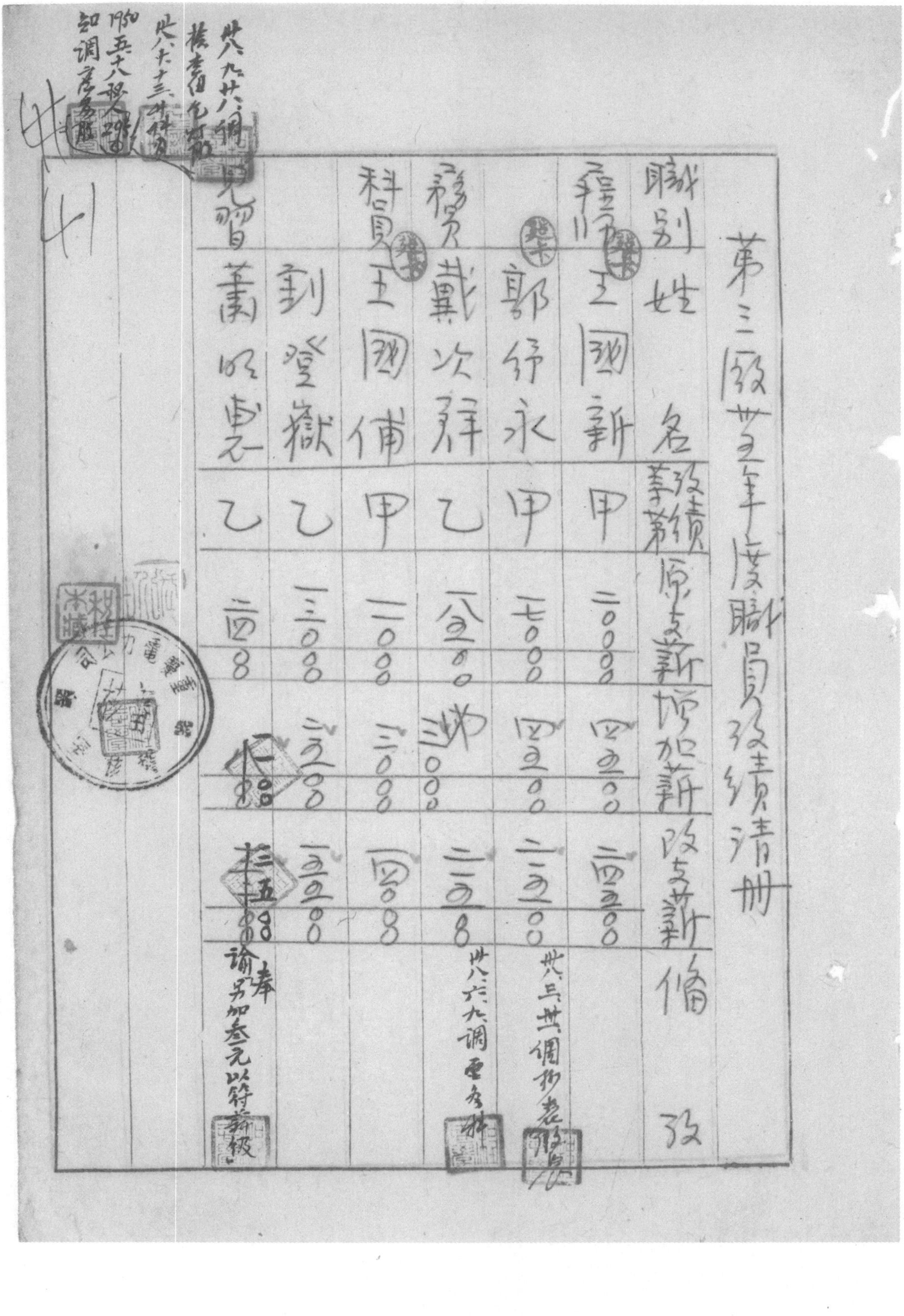

第三級卅五年度職員考績清冊

職別	姓名	考績等第	原支薪	增加薪	改支新薪	備考
[illegible]	王國新	甲	二〇〇〇〇	四五〇〇	二四五〇〇	
	郭修永	甲	一七〇〇〇	四五〇〇	二一五〇〇	[illegible]
[illegible]	戴次祥	乙	一八五〇〇	三〇〇〇	二一五〇〇	卅八.六.九調[illegible]
科員	王國備	甲	二〇〇〇〇	三〇〇〇	二三〇〇〇	
	劉登嶽	乙	一三〇〇〇	二五〇〇	一五五〇〇	
見習	蕭明忠	乙	一四〇〇〇	一〇〇〇	一五〇〇〇	奉諭另加叁元以符薪級

关于秘书室检送一九四六年度考绩册及考绩办法致稽核室的函（附办法、名册）（一九四七年七月二十五日） 0219-1-34

42

卅六.六.十五.函 稽調四江辦處

江北辦事處卅五年度職員攷績清冊

職別	姓名	攷績等級	原支薪	增加薪	改支薪	備攷
股長	吳季鶴	乙	一三〇〇〇	二五〇〇	一五五〇〇	卅六.五.四.調南岸辦事處股長待遇
務員	冉模	乙	二〇〇〇〇	三〇〇〇	二三〇〇〇	卅六.七.一.升助理工程師
科員	周正倫	甲	五〇〇〇	一五〇〇	六五〇〇	
	李仲康	甲	七〇〇〇	三〇〇〇	一〇〇〇〇	卅六.四.八.升營業副股長
	陳遠清	乙	三〇〇〇	二〇〇〇	四〇〇〇	卅六.三.卅.調南林辦事處代副主任
	馬云程	乙	五五〇〇	三〇〇〇	八五〇〇	卅七.十.[illegible].調[illegible]

重慶電力公司稽核室

关于秘书室检送一九四六年度考绩册及考绩办法致稽核室的函（附办法、名册）（一九四七年七月二十五日） 0219-1-34

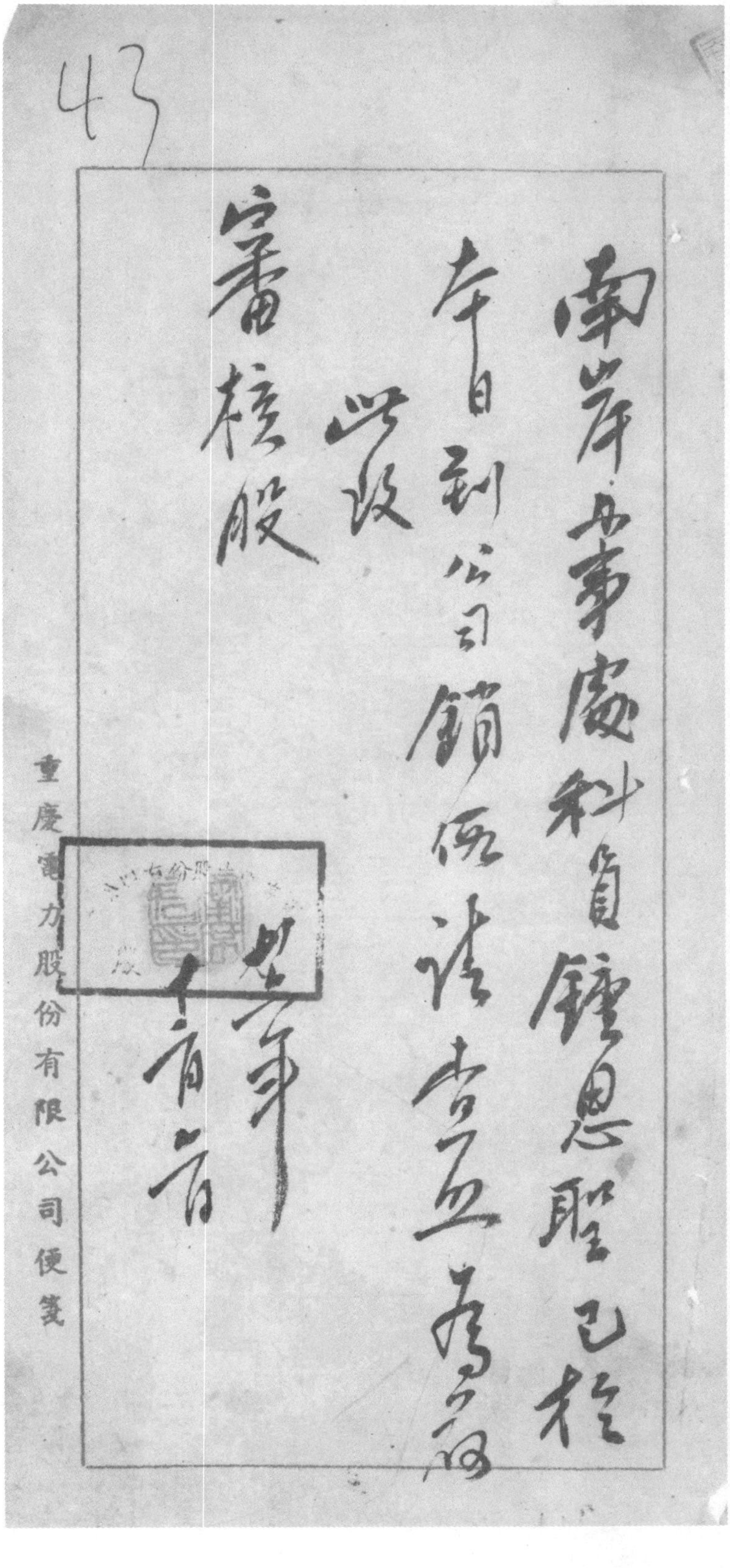
南岸事處科員鍾息聖已於本月到公司銷假請查照為荷

此致

審核股

人事

七月二日

重慶電力股份有限公司便箋

关于秘书室检送一九四六年度考绩册及考绩办法致稽核室的函（附办法、名册）（一九四七年七月二十五日） 0219-1-34

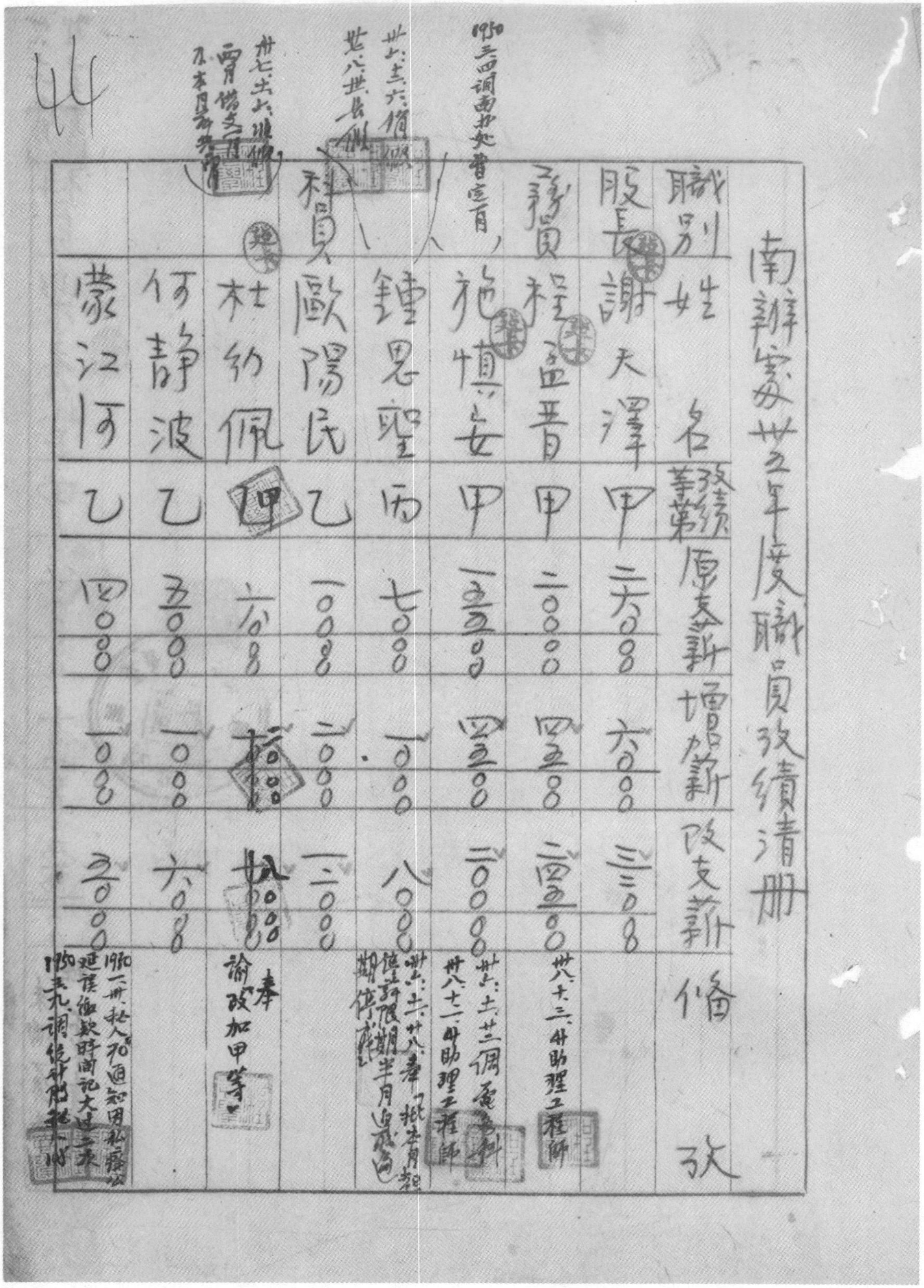

南辦處卅五年度職員考績清冊

職別	姓名	考績等第	原支薪	增加薪	改支薪	備考
股長	謝天澤	甲	二六○○○	六○○○	三二○○○	卅八.十.三.升助理工程師
稽務員	程孟晋	甲	二○○○○	四五○○	二四五○○	卅六.十二.廿三.調[illegible] 卅八.十一.一.升助理工程師
	施慎安	甲	一五五○○	四五○○	二○○○○	卅六.十二.廿八.奉[illegible]
	鍾思聖	丙	七○○○	一○○○	八○○○	[illegible]
稽員	歐陽民	乙	一○○○○	二○○○	一二○○○	
	杜紉佩	甲	六○○○	二○○○	八○○○	奉諭改加甲等
	何靜波	乙	五○○○	一○○○	六○○○	
	蒙江河	乙	四○○○	一○○○	五○○○	[illegible]

关于秘书室检送一九四六年度考绩册及考绩办法致稽核室的函（附办法、名册）（一九四七年七月二十五日） 0219-1-34

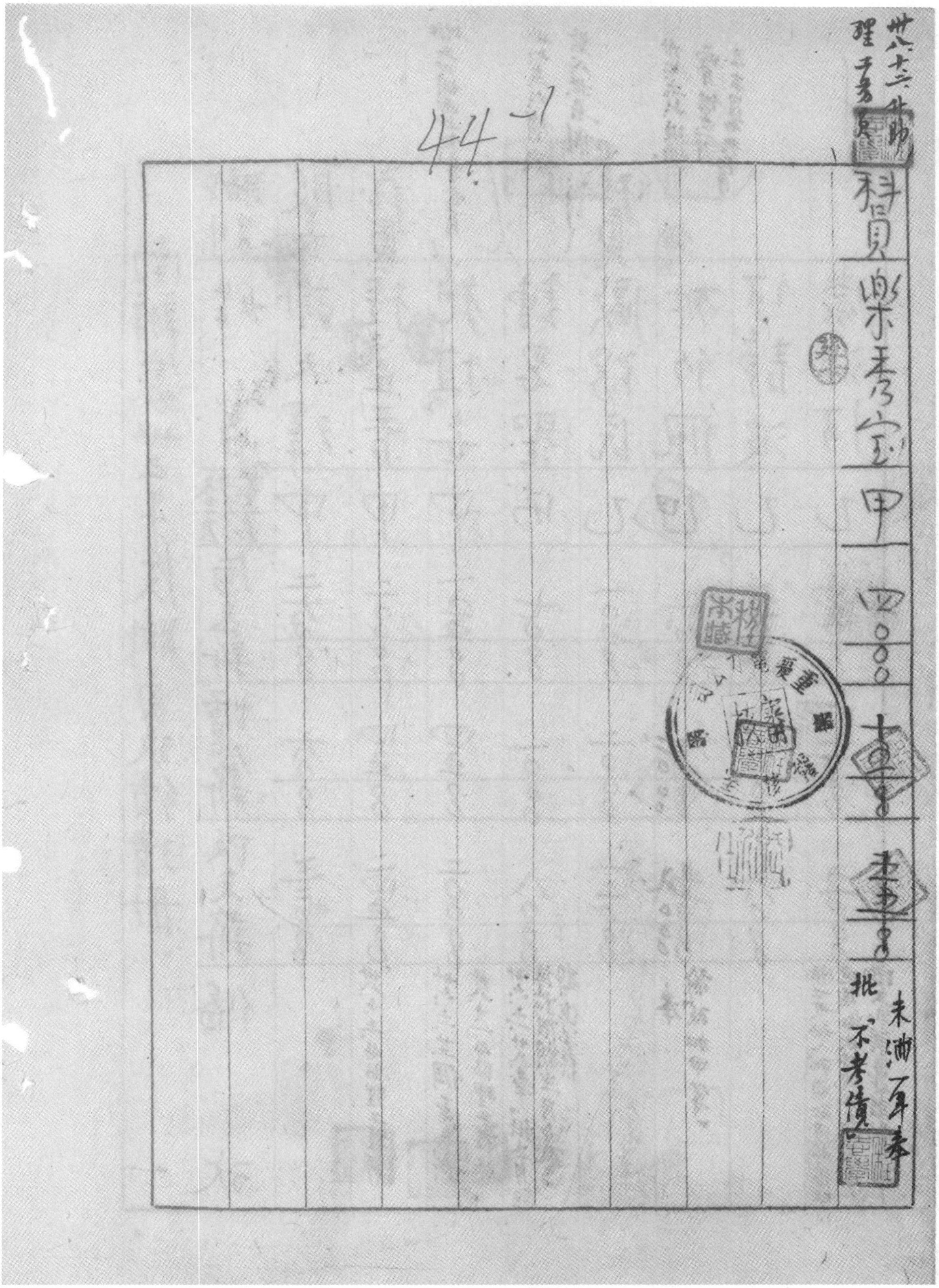

卅六.十二.升助理干事

科员

甲

四〇〇

批 未满一年奉 不考绩

关于秘书室检送一九四六年度考绩册及考绩办法致稽核室的函（附办法、名册）（一九四七年七月二十五日） 0219-1-34

45

卅八·七·廿·秘人字[illegible]通知 既升副股長准將超級[illegible]俸計[illegible] 陳振元

沙坪垻辦事處卅五年度職員考績清冊

職別	姓名	考績等第	原支薪	增加薪	改支薪	備考
股長	范志高	丁	三〇〇〇		三〇〇〇	不加；1950 三·六 秘人[illegible]暫調南岸[illegible]協助[illegible]
	劉祖蔭	乙	一六五〇〇	三〇〇〇	一九五〇〇	
副工程師	陳欽桂	甲	一三〇〇〇	四〇〇〇	一七〇〇〇	卅四·[illegible]·升工程股長；卅八·九·卅·升工程師
助理工務員	唐政海	乙	一三〇〇〇	二五〇〇	一五五〇〇	卅八·九·卅·升工務員
科員	楊慶應	甲	二五〇〇〇	四五〇〇	二九五〇〇	付支超級四十元；卅四·[illegible]·升營業副股長
	何中聖	乙	二〇〇〇〇	二〇〇〇	二二〇〇〇	

关于秘书室检送一九四六年度考绩册及考绩办法致稽核室的函（附办法、名册）（一九四七年七月二十五日） 0219-1-34

顧警隊卅五年度職員攷績清册

職別	姓名	攷績等級	原支薪	增加薪	攷支薪	備攷
隊附	沈朝雲	甲	三五〇〇	一五〇〇	五〇〇〇	
	稅承勳	丙	四〇〇〇	五〇〇	四五〇〇	

重庆电力股份有限公司稽核室及所属各股职员姓名、薪金清册　0219-1-14

No. 008

重慶電力公司稽核室及所屬各股職員姓名薪金清冊

009

△ 合

職別	姓名	職務	到職年月	月薪	考績	備考
主任稽核	劉靜之	主辦全室一切事務	廿三年七月	二四五00		
副主任稽核	吳克斌	協辦全室一切事務	廿三年	二六000		主任係工程師兼
科員	李仙槎	辦理文牘	廿七年五月	七000	乙	原在稽查股
見習	駱祥麟	管理檔卷繕寫公文	廿九年十月	二000	丙上	
工務員	戴次群	調查材料	廿四年八月	六五00	乙	原係工程科供電組
審核股代主任	程志學	一切審核事務	廿三年七月	七000	乙上	
科員	楊明振	審核票據及雜項審核	廿九年十月	六000	乙	
	汪徵祥	審核各種收費日報月報及支票收據之核對	廿七年十一月	五五00	乙	原在收費股任 外勤
	趙麗生	審核票據	廿九年三月	四000	乙	

重庆电力股份有限公司稽核室及所属各股职员姓名、薪金清册 0219-1-14

标记	职别	姓名	职务	到职年月	薪金	等级
△	科員	王樹椿	審核票據	廿七年七月	四〇〇	乙
△	統計股科員	吴維超	統計事項	廿九年十一月	八〇〇	乙
△	〃	浦永爵	〃	卅年二月	八〇〇	乙
△	〃	朱洪鏞	〃	廿九年十二月	五〇〇	乙
△	〃	張白康	〃	廿九年十二月	四〇〇	乙
	稽查股科員	金馨遠	稽查事務	廿八年六月	五五〇	乙
△	〃	孫光宗	〃	廿九年八月	六〇〇	乙
X	〃	易抗強	〃	廿四年十一月（八）	四五〇	（ ）
X	〃	曾碧青	〃	廿八年十一月	四五〇	（ ）
X	〃	葉白藝	〃	廿八[illegible]	[illegible]〇〇	（ ）

〃 〃 據謂係軍政部派來從事特務工作

重庆电力股份有限公司稽核室及所属各股职员姓名、薪金清册　0219-1-14

010

○ △ △ ○　　合

科員	傅德新	監視磅煤	[illegible]	三五00	乙	
〃	盧聚星	稽查事務	廿四年十二月	五000	乙	現原調總廠監視磅煤
〃	陳季張	稽查事項	廿九年十月	三五00	丙上	
〃	侯表村	監視磅煤	廿八年十二月	六000	丙上	原調由稽查股
催收股主任	杜培先	統亦全股事務	卅三年十二月	八000	乙上	
科員	唐鶴生	外勤	廿六年	四五00	乙上	
〃	鄧宗禹	〃	廿六年	四000	丙	原在收費股外勤
〃	陳紹華	〃	廿九年十月	三五00	乙	〃
〃	洪子樵	〃	廿九年十月	三五00	乙	〃
〃	游動新	〃	廿六年二月	五000	丙上	原在稽查股兼取締組督查員

重庆电力股份有限公司稽核室及所属各股职员姓名、薪金清册 0219-1-14

科員	徐安和	外勤	廿九年八月	六〇〇	乙	原在稽查一股兼取締組督查員
〃	喻藹民	〃	廿九年十月	壹〇〇	丙上	
〃	毛信懋	〃	廿九年十二月	壹〇〇	乙上	
見習	周顯燾	內勤	廿九年十二月	二二〇〇	丙上	

本冊考績因職室成立不久各股職員或由舊職調來或新錄用均在職室服務不久實難作精確之考核茲特就職室考察所及參合舊職等原服務情況酌量評定謹此簽註

三月廿五日

重庆电力股份有限公司一九四五年到职职员名册　0219-1-35

1

卅四年到職人員冊

重庆电力股份有限公司一九四五年到职职员名册　0219-1-35

11

卅七、七、六通知自七月份起升科员

职别	姓名	到职年月	薪金	附记
票据股见习	刘良善	卅四年八月卅一	二〇〇元	十六通知试用三月期满调整月薪 卅七、六、廿升科员
仝右	吴静生	卅四年九月一	二〇〇元	卅七、七、廿升科员
又	傅彦畴	卅四年八月廿七	二〇〇元	
仝右	赖君富	卅四年八月廿八	二〇〇元	
仝右	车鹏鑑	仝右	二〇〇元	
仝右	傅洪廷	仝右	二〇〇元	卅七、七、廿升科员
仝右	林荣森	仝右	二〇〇元	卅七、七、廿升科员
仝右	周文	仝右	二〇〇元	卅六、四、六经科卅四通知免
会计见习	邬锦森	仝右八、廿四	二〇〇元	

仝前

又	楊世榮	卅四年八、卅の	二〇〇〇	仝 卅五、十、十五調業務科 [illegible]
又	武建勤	仝前	二〇〇〇	仝
又	周自華	仝前	二〇〇〇	仝 卅六、七、四調總務科 [illegible]
又	何淑平	卅四年八、廿六	二〇〇〇	仝
南岸業務處 [illegible]	徐煥新	卅四年八、 [illegible]	八〇〇〇	九、十九 [illegible] 通知 [illegible]
[illegible]	康紹良	九、廿六	二〇〇〇	[illegible]
稽核	伍錦德	卅四年九月		十、三通知自九月 [illegible]
檢查組 [illegible]	林炳之	十、十六	五〇〇〇	卅五 [illegible] 人事 [illegible] 通知
法律顧問	杜岷英	十一	二五〇〇〇	十一、十四 [illegible] 通知 [illegible]
助理秘書	何逸飛	卅五年一 [illegible]	一四〇〇〇	[illegible]

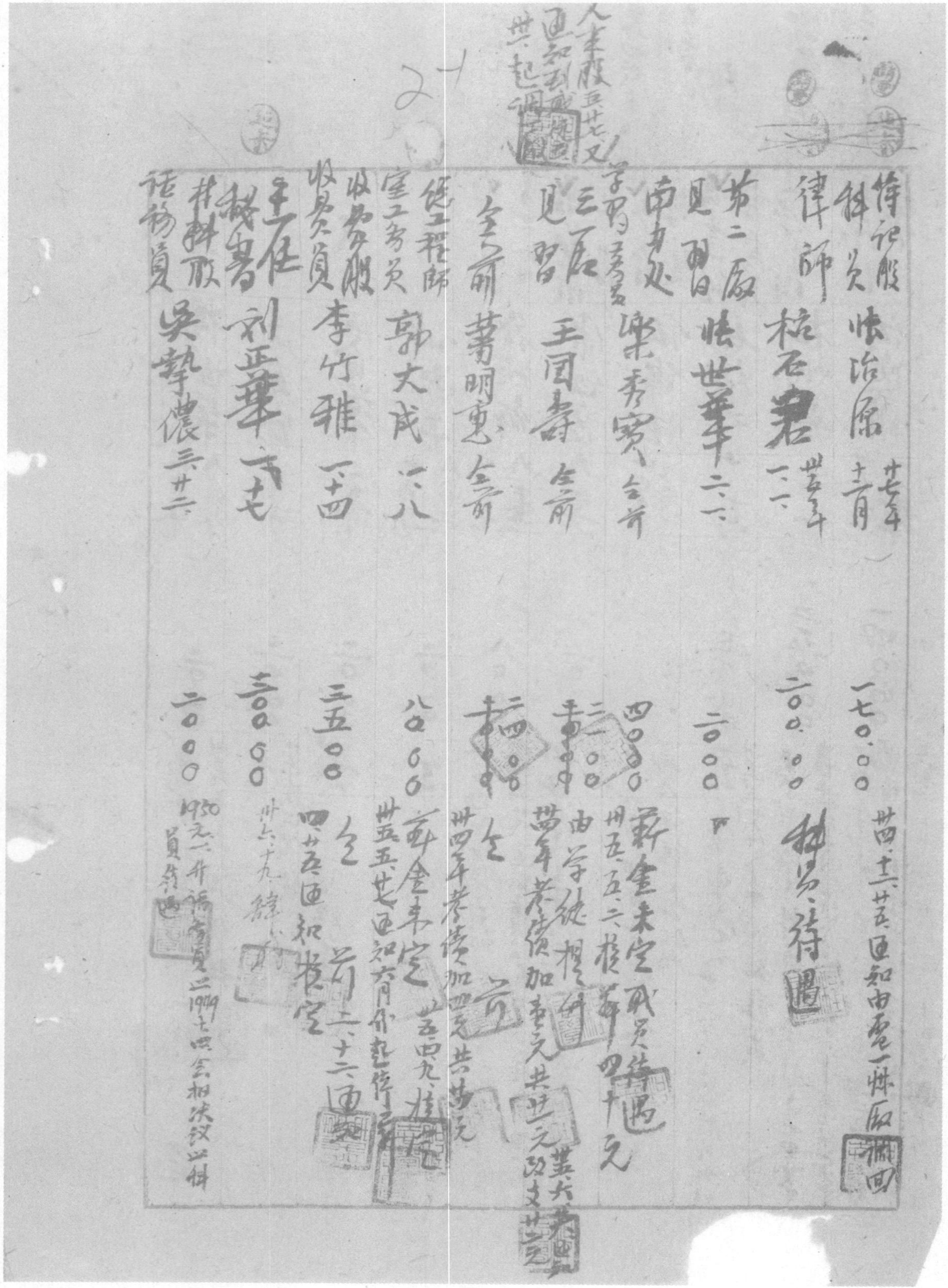

人事股 卅五.廿七 通知到職 卅起調

條記股材料員	張治原	廿七年十一月	一七〇.〇〇	卅四.十二.廿五通知由電一併函
律師	梧石君	廿八年	二〇〇.〇〇	材料員待遇
第二廠見習	張世華	二十	二〇〇	
南岸處學習員	梁秀實	全前	四〇〇	薪金未定 職員待遇 卅五.五.六核薪四十元
三廠見習	王同壽	全前	二〇〇	由學徒提升 卅四年考績加壹元共廿元
全前	蕭明惠	全前	二四〇	全前 卅四年考績加四元共廿四元
總工程師室工務員	郭大成	一.八	八〇〇	薪金未定 卅五.五.廿七通知六月份起停薪
收發股收發員	李竹雅	一.十四	三五〇〇	全 前 卅五.一.十六通知
主任秘書	劉正華	一.十七	壹〇〇〇	四.廿五通知核定 卅六.十九錄
材料股話務員	吳摯儂	三.廿二	二〇〇〇	員待遇 1950元 [illegible]

重庆电力股份有限公司一九四五年到职职员名册　0219-1-35

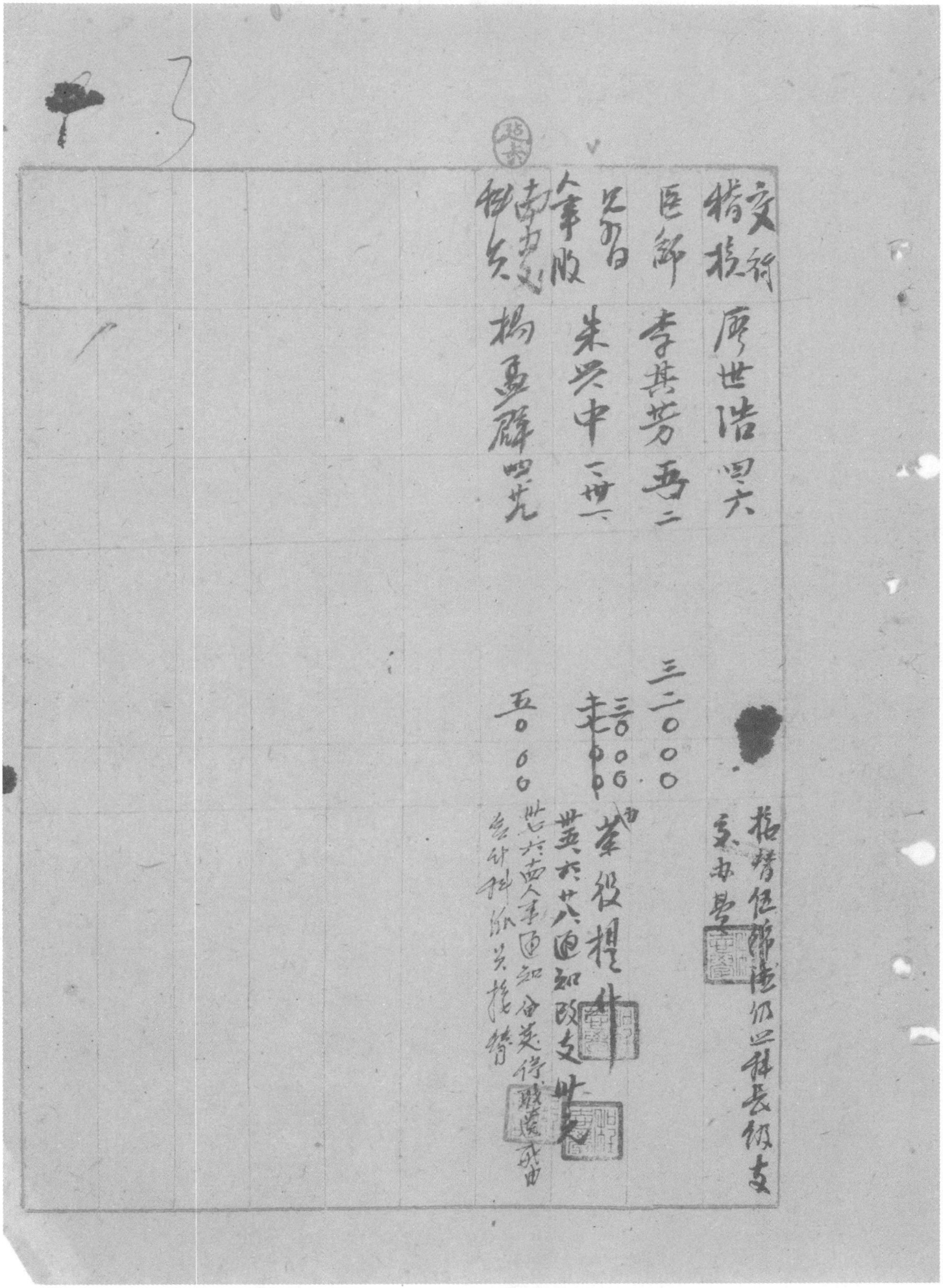

文书稽核 廖世浩 四六 三二〇〇〇 稽核任务仍以科长级支

医师 李其芳 五二

总务股 朱兴中 二十一 三〇〇〇〇 七〇〇〇 升级提升 卅六廿八通知改支卅

人事股 南岸办事处 杨孟群 四九 五〇〇 卅六西人事通知自英停职 由会计科派员接替

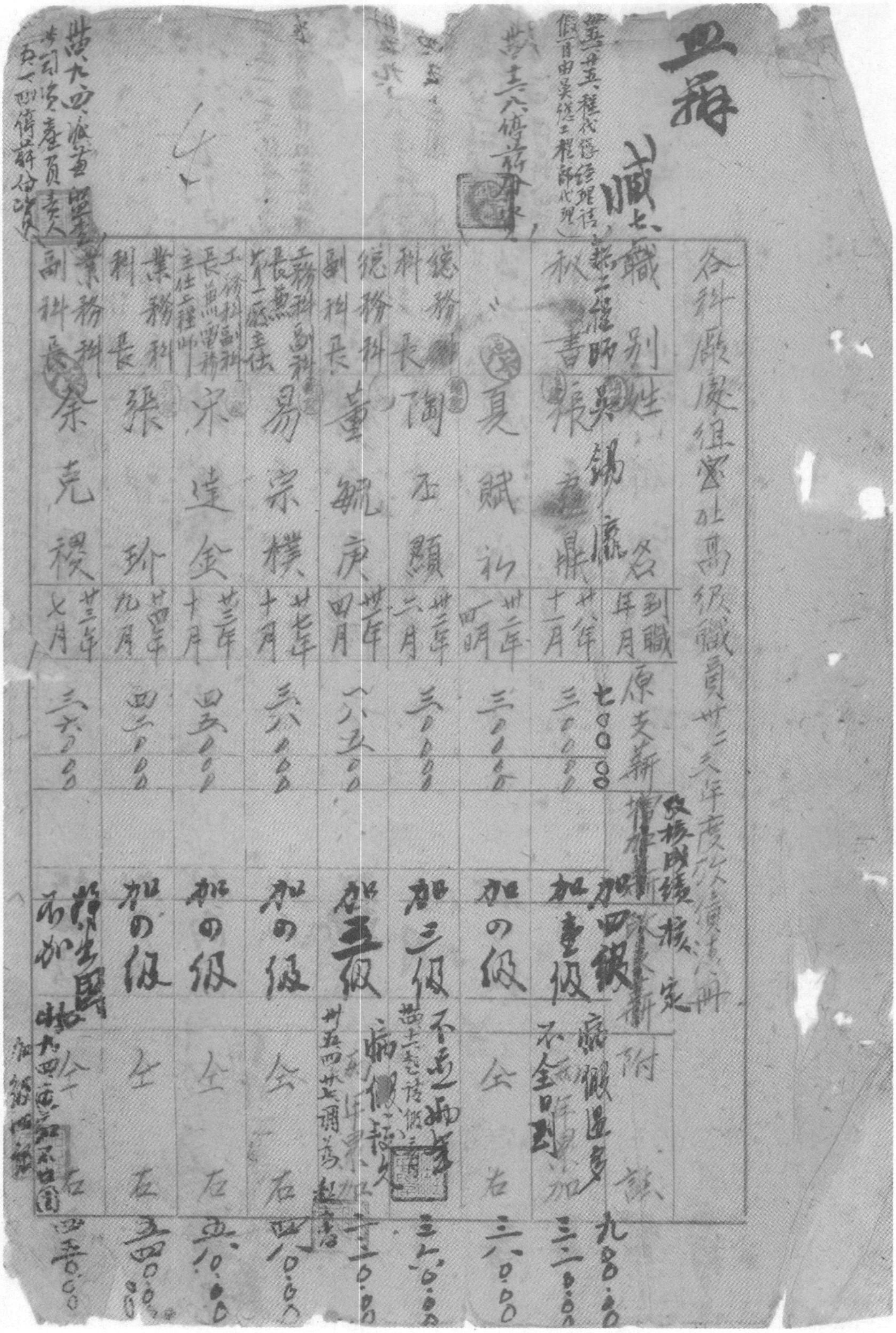

各科廠處組室社高級職員卅二三年度考績清冊

職別	姓名	到職年月	原支薪	擬核增新	核定	附註	
總工程師	吳錫瀛		七〇〇〇〇		加四級	病假過多本年未加	九〇〇.〇〇
秘書	張彥鼎	卅年十一月	三〇〇〇〇		加壹級	不全到	三三〇.〇〇
〃	夏賦初	卅一年四月	三〇〇〇〇		加四級	仝右	三八〇.〇〇
總務科長	陶丕顯	卅二年六月	三〇〇〇〇		加三級	不足…	三六〇.〇〇
總務科副科長	董毓庚	卅年四月	一八五〇〇		加三級	病假…卅五四廿七調為…	二三〇.〇〇
工務科副科長兼第一廠主任	易宗樸	廿七年十月	三六〇〇〇		加四級	仝右	四四〇.〇〇
工務科副科長兼電務主任工程師	宋達銓	廿三年十月	四五〇〇〇		加四級	仝右	五三〇.〇〇
業務科科長	張琰	廿四年九月	四二〇〇〇		加四級	仝右	五〇〇.〇〇
業務科副科長	余克稷	廿三年七月	三六〇〇〇		不加	仝右	四五〇.〇〇

重庆电力股份有限公司各科、厂、处、组、社高级职员一九四三年、一九四四年考绩清册 0219-1-35

重庆电力股份有限公司各科、厂、处、组、社高级职员一九四三年、一九四四年考绩清册 0219-1-35

卅五、二、廿三、经科□□为胃病请假三月照准

卅五、九、十八、停薪留职 四五出国

卅四、九、廿六、请假三月因患胃病万[illegible]

卅五、二、四、停薪留职

4-1

会计科科长	黄大庸	十九年十月	三二〇〇〇	加两级	本会同例两年累加	三六〇.〇〇
会计科副科长	刘伊凡	廿四年三月	三〇〇〇〇	加一级	仝右	三六〇.〇〇
稽核科科长	刘静之	廿三年七月	四〇〇〇〇	加两级	本会同例 仝右	四五〇.〇〇
稽核科副科长	吴克斌	廿二年七月	五四〇〇〇	加两级	有材不升 仝右	五八〇.〇〇 新级四十元
第二厂主任	刘希孟	廿七年九月	三八〇〇〇	加一级	仝右	三八〇.〇〇
第三厂主任	盛泽闿	廿五年六月	三〇〇〇〇	出国不加	仝右	[illegible]
第三厂副主任	刘泽民	廿八年三月	三四〇〇〇	加一级	卅四、八、廿五升主任 仝右	[illegible]
江北办事处主任	陈景岚	廿四年五月	三二〇〇〇	加一级	卅四、六、一、改业务科副科长 卅四、十九、升副科长 仝右	[illegible]
南岸办事处主任	刘佩雄	廿二年七月	三八〇〇〇	加三级	仝右	四五〇.〇〇
沙坪坝办事处主任	秦亚雄	廿五年三月	三二〇〇〇	加一级	仝右	三[illegible]〇.〇〇

民国时期重庆民族工业发展档案汇编·重庆电力股份有限公司

第⑦辑

重庆电力股份有限公司各科、厂、处、组、社高级职员一九四三年、一九四四年考绩清册 0219-1-35

全

5

卅五.六.八兼代组长

卅五.三.廿六派为……

卅四.十二.八停薪留职

用电稽查组副组长	張儒修	卅年四月	三〇〇		加壹级	此两年力到，请饬加大若干	三一〇.〇〇
福利社主任	楊新民	卅四年六月	二〇〇		加四级	卅五.四.廿二调为秘……仝右	二……〇.〇〇
稽核	[illegible]一道平	卅二年一月	二六〇		加三级	不足一两年	三〇〇.〇〇
前秘书	戴使夫	卅二年五月	二〇〇.〇〇	加两级 二三〇.		总经批 特加两级	二三〇.〇〇

三四二六

6　6

總務科職員卅二、三年度成績清冊

職別	姓名	到職年月	原支薪	擬獎懲	標準薪	附註
科員	徐圖強	卅二年二月	七〇〇	89 一年晉一級	90	卅三年一月四日停薪離職 [illegible]

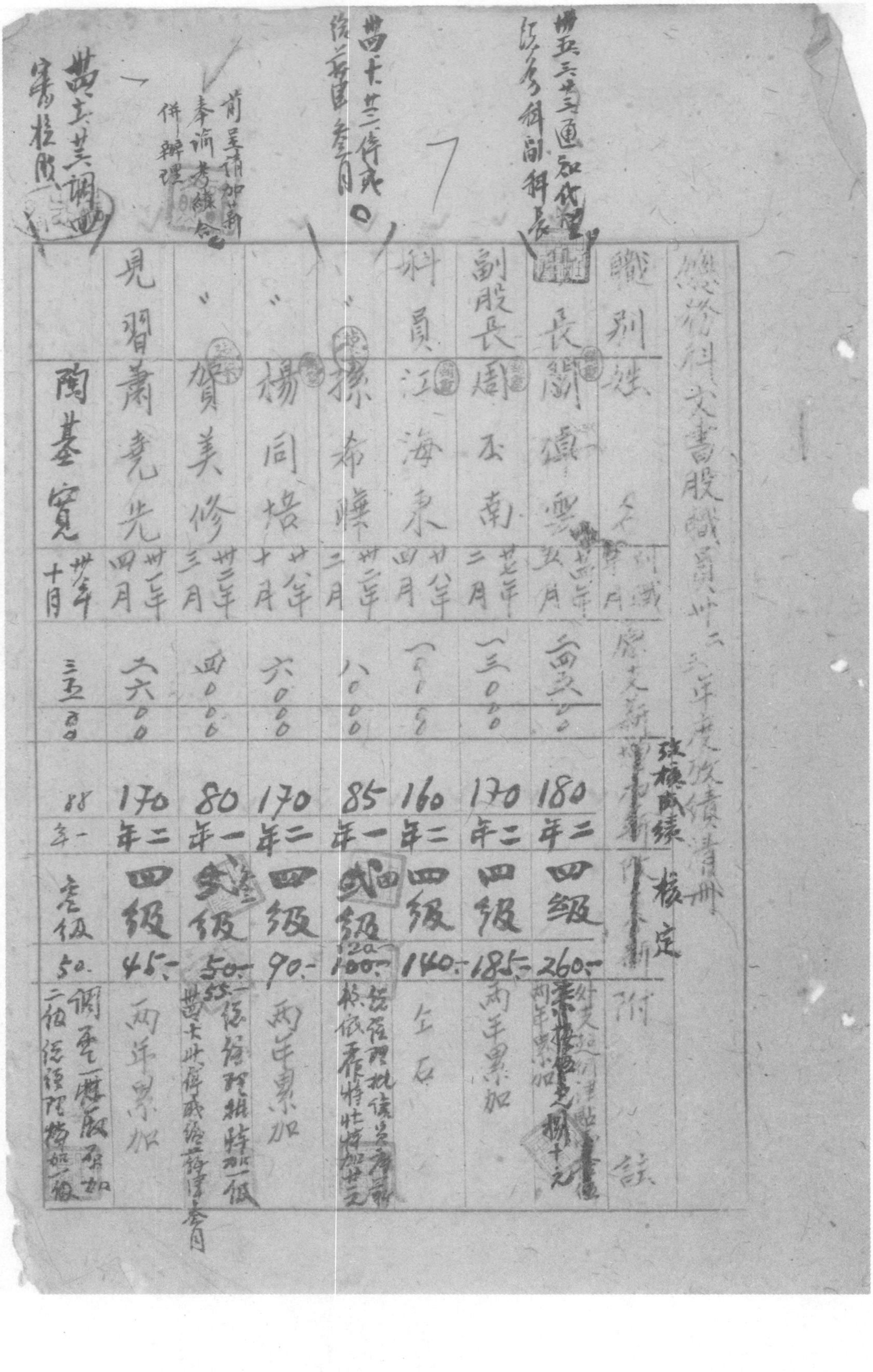

總務科文書股職員卅二、三年度考績清冊

職別	姓名	到職年月	原支薪	考績成績	核定	附註
長	關纘熙	廿四年五月	四五〇〇	180 年二	四級 260-	[illegible]
副股長	劉玉南	廿七年二月	一三〇〇	170 年二	四級 185-	兩年累加
科員	江海泉	廿八年四月	一一〇〇	160 年二	四級 140-	仝右
〃	孫希暐	卅年二月	八〇〇	85 年一	貳級 120- 100-	經理批准 [illegible]
〃	楊同培	廿八年十月	六〇〇	170 年二	四級 90-	兩年累加
〃	賀美修	卅二年三月	四〇〇	80 年一	叁級 50- 55-	卅三 [illegible]
見習	蕭堯先	卅一年四月	二六〇〇	170 年二	四級 45-	兩年累加
	陶基寬	卅二年十月	三五〇	88 年一	壹級 50-	[illegible]

重庆电力股份有限公司各科、厂、处、组、社高级职员一九四三年、一九四四年考绩清册　0219-1-35

辦理級役事 奉諭考績 合併處理

卅五 五 四 十五 辭退

8

總務科人事股職員卅二三年度考績清冊

職別	姓名	到職年月	原支薪	考核成績	核定新薪	附註
副股長	許文熙	卅一年五月	九〇〇〇	84 一年	弍級 110.-	到職乙年半
科員	張伯康	廿九年十二月	六五〇〇	188 二年	四級 100.-	[illegible]
〃	祝振廷	廿九年十二月	六〇〇〇	169 二年	四級 90.-	四級 左
〃	曹德風	廿九年十月	四〇〇〇	162 二年	四級 60.-	四級 右
見習	韋在中	卅年十二月	三〇〇〇	165 二年	四級 50.-	四級 卅四年十一月辭職
〃	孟安德	卅年十月	二二〇〇	169 二年	四級 40.-	四級 卅四年十一月辭職
辦員	謝景安	卅三年八六				80. 考績試薪未定 九四五

總務科材料股職員卅二三年度考績清冊

職別	姓名	到職年月	原支薪	改核成績		核定	新薪	附註
股長	鄢仲熹	廿三年十一月	一五五〇〇	170	年二	四級	215.-	兩年累加
副股長	陳西黎	廿七年七月	一五〇〇〇	160	年二	四級	215.-	仝右 原薪級不符奉批照薪級表修正
工程師	王殿鰲	卅二年五月	二〇〇〇〇	70	年一	壹級	215.-	
副工程師	汪振祥	卅二年五月	一四〇〇〇	95	年一	貳級	170.-	總經理批「升工程師」
科員	朱家鉞	廿七年六月	一〇〇〇〇	183	年二	四級	140.-	兩年累加
〃	王永恩	廿八年十月	八〇〇〇	170	年二	四級	120.-	仝右
〃	陳鎰謨	廿六年六月	八〇〇〇	145	年二	貳級	80.- 100.-	仝右
〃	喻邦仕	廿三年一月	一〇〇〇〇	177	年二	四級	140.-	仝右

重庆电力股份有限公司各科、厂、处、组、社高级职员一九四三年、一九四四年考绩清册 0219-1-35

重庆电力股份有限公司各科、厂、处、组、社高级职员一九四三年、一九四四年考绩清册　0219-1-35

9-1

庫房聯諸
習察嚴
記過一次

科員	李重芳	廿九年九月	四〇〇	140	年二	貳級	50.-	兩年累加
〃	鄭傑雲	卅二年九月	六〇〇	72	年一	壹級	65.-	卅四.九.卅長假
〃	胡黼文	卅二年十二月	七〇〇	68	年一	壹級	80.-	
見習	陳大璟	卅一年五月	二六〇	140	年二	貳級	35.-	兩年累加
〃	陽光化	卅一年一月	二六〇	169	年二	四級	45.-	仝右　卅四.二.廿八辭職
〃	湯徵英	卅二年十一月	二〇〇	80	年一	貳級	26.-	
〃	陳麗之	卅二年十一月	二〇〇	80	年一	貳級	26.-	卅五.六.廿八准假　劉[illegible]

重庆电力股份有限公司各科、厂、处、组、社高级职员一九四三年、一九四四年考绩清册　0219-1-35

10　10　记功

總務科燃料股職員卅三年度考績清冊

職別	姓名	到職年月	原支薪	考核成績			核定	附
股長	蕭聰元	卅二年一月	二二五 00	180	二年	四級	260.-	兩年累加 再支照顧津貼貳千元
副股長	周文剛	廿四年一月	八〇 00	168	二年	四級	120.-	仝右
科員	楊紹燻	卅年七月	五五 00	172	二年	四級	80.-	仝右
〃	傅德新	廿七年十月	六〇 00	144	二年	貳級	30.-	仝右 卅五、一、廿五、調稽核室
〃	胡智成	卅二年二月	四五 00	164	二年	四級	65.-	仝右
〃	馮崇衍	卅三年一月	四〇 00	95	一年	貳級	50.- 80	仝右 總經理批特加兩級 卅五、四、廿、辭退
〃	連鍾毓	卅二年九月	三五 00	79	一年	壹級	40.-	
〃	嚴正	卅二年十二月	七 00	82	一年	貳級	90.-	

10-1

電一廠送

明三十三年十一月到職

見習	周顯燾	十九年十二月	讀	172	二年	四級	50.-	卅二、十一 [illegible] 兩年 [illegible]
料員	劉大有	卅二年四月	五0	162 (計)	二年	四級	70.-	該員曾請長假

三十三年十一月

後職

卅三、十一、卅三、五 [illegible]

調總務科

11

總務科購置股職員卅二、三年度考績清册

職別	姓名	到職年月	原支薪	考核成績核定	附註
股長	張永壽	廿五年九月	200	170 年二 出國	兩年未加
副股長	唐鶴生	廿六年八月	100	160 年二 四級 155	仝右
科員	晏懷憶	廿六年八月	80	170 年二 四級 120	仝右
〃	陳義權	卅二年一月四日	50	174 年二 四級 70	卅五、四、四 仝右

12

停止考績

總務科庶務股職員卅二三年度考績清冊

職別	姓名	到職年月	原支薪	增加新薪	考核成績核定		新薪	附註
副股長	劉鳴皋	廿四年四月	一二0.00	170	年二	四級	170	兩年累加 卅五、七升股長
科員	徐安和	廿九年八月	一00.00	200	年二	四級	155	仝右
〃	譚謀遂	卅一年五月	七0.00	200	年二	四級	110	仝右
〃	甯庚君	卅一年三月	五0.00	200	年二	四級	70	仝右 卅五、七、升副股長
〃	劉煥成	廿六年九月	五0.00	200	年二	四級	70	仝右
〃	王祥璋	卅一年八月	四五.00	200	年二	四級	65	仝右
〃	余家齊	卅一年十一月	三五.00	200	年二	四級	35	仝右 卅五、一、十六停薪給遣散費
〃	劉子傑	卅二年六月	三五.00	200	年一	四級 貳級	45	

重庆电力股份有限公司各科、厂、处、组、社高级职员一九四三年、一九四四年考绩清册　0219-1-35

12-1

見習　盧國全　卅一年八月　三〇〇〇　200　升二　四級　50.-

稽核　李叔耕　卅年十月

13

[redacted]

總務科醫務室職員卅二三年度考績清冊

職別	姓名	到職年月	原支薪	考核成績		核定新薪		附註
主任医师	羅少一	廿七年一月	三〇〇〇	160	年二	四級	400.-	兩年累加
医师	傅文祥	廿七年三月	四〇〇〇	140	年二	式級	170.-	仝右
助理医师	吳咸襄	卅年七月	三〇〇〇	140	年二	式級	155.-	仝右
〃	葉文全	卅年十二月	一〇〇〇	140	年二	式級	120.-	仝右
見習	杜朝鑫	卅二年四月	三〇〇〇	120	年二	式級	40.- 35.-	仝右 另超級津貼伍元
〃	柏清民	廿八年三月	二六〇〇	140	年二	式級	35.-	仝右
〃	謝慶餘	卅二年三月	二〇〇〇	140	年二	式級	26.-	由工友卅任座擔 二年計
	刘继成	卅三年二月	三〇〇〇				400.-	總經理批高等医生同樣待遇

16

運煤又依手續辦減

未考 又

工務科職員卅二三年度考績清冊

職別	姓名	到職年月	原支薪	考核成績核定	附註
線路設股長	[illegible]樹膜	卅年三月	四000	自貸出圖	未予考績 兩年累加
工程師	朱福驯	卅二年六月	二000	87 年一 式級 230-	卅七、十一線路設計股長
副工程師	吳昌恕	卅一年九月	一000	135 年二 四級 155-	兩年累加 卅七、十一線路維護股長
〃	廖政權	廿二年一月	三000	176 年二 四級 300-	仝右 卅七、廿六、廿工程師
工務員	鄧德元	卅四年八月	四000	174 年二 四級 200-	仝右
〃	張継琴	廿二年十二月	三000	178 年二 四級 185-	仝右
〃	何濬溥	卅四年七月	八000	172 年二 四級 140-	仝右 卅四、卅、卅六
〃	曾渊湘	卅五年二月	八000	170 年二 四級 140-	仝、右

重庆电力股份有限公司各科、厂、处、组、社高级职员一九四三年、一九四四年考绩清册　0219-1-35

重庆电力股份有限公司各科、厂、处、组、社高级职员一九四三年、一九四四年考绩清册 0219-1-35

14-1

副工程师	张锡瑞	廿一年七月	三六〇〇	173 二年	四级	[illegible] 年 [illegible] 加
工务员见习	何绍明	卅一年十月	三〇〇	84 一年	贰级	
线路维修股股长	[illegible]发	廿七年十月	二八〇〇	180 二年	[illegible]	卅七[illegible]两年[illegible]加
[illegible]	[illegible]	[illegible]	[illegible]	[illegible]	[illegible]	[illegible]

业务科职员卅二、三年度攷绩清册

職別	姓名	到職年月	原支薪	[redacted] 攷核成績 核定	附註
科員	陳樹風	廿二年九月	一一〇〇	170 二年 四級 155	兩年累加
"	李子溶	廿九年十二月	四〇〇	120 二年 貳級 50	仝右

重庆电力股份有限公司各科、厂、处、组、社高级职员一九四三年、一九四四年考绩清册 0219-1-35

重庆电力股份有限公司各科、厂、处、组、社高级职员一九四三年、一九四四年考绩清册　0219-1-35

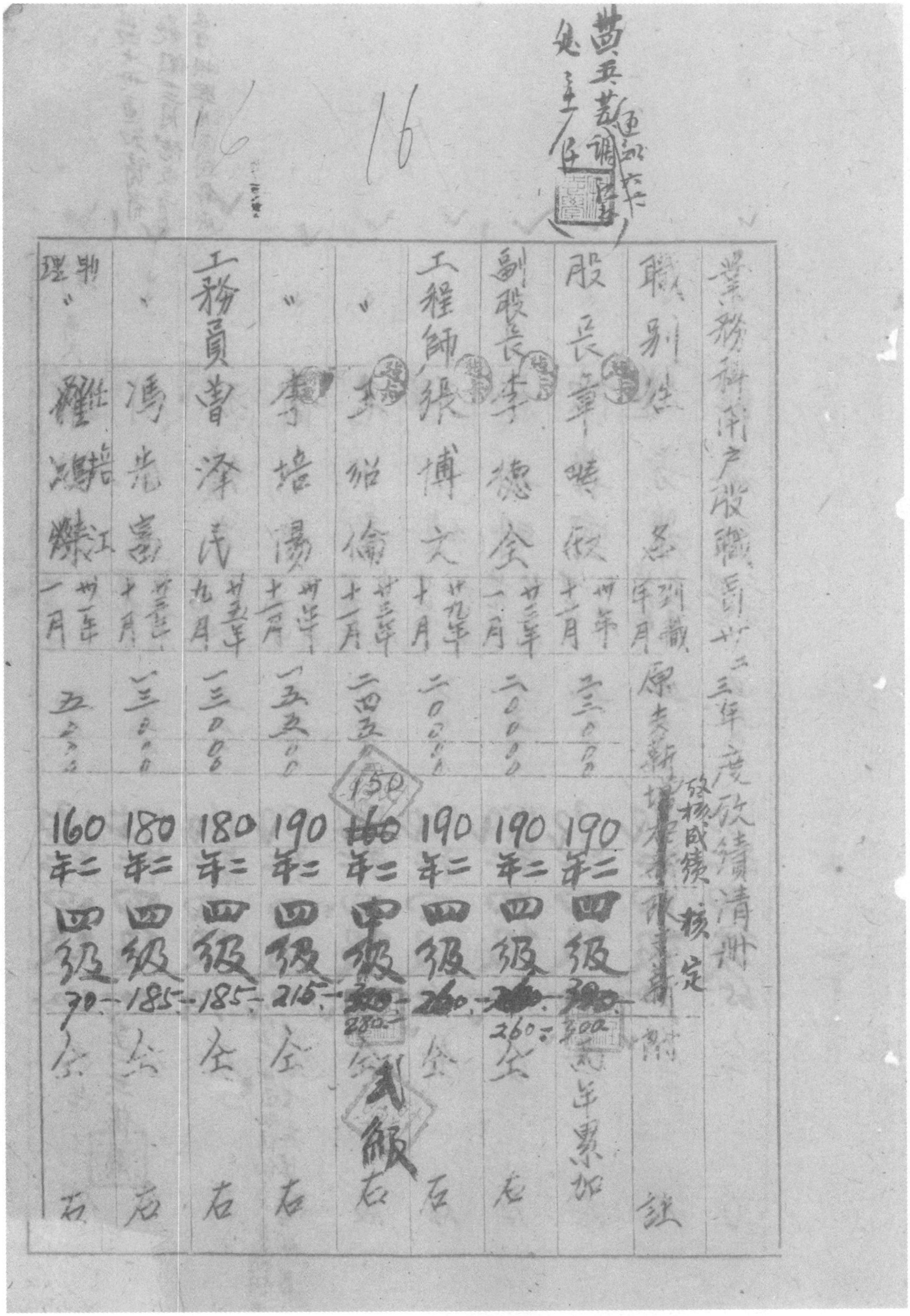

16

業務科用戶股職員卅二三年度考績清冊

職別	姓名	到職年月	原支薪額	考核成績核定	附註
股長	章疇敘	卅年十一月	三〇〇	190 年二 四級 ~~290~~ 300	卅三年累加
副股長	李德全	廿三年一月	二〇〇	190 年二 四級 ~~240~~ 260	仝右
工程師	張博文	廿九年十月	二〇〇	190 年二 四級 ~~240~~	仝右
〃	王紹倫	廿三年十一月	二四五	150 ~~160~~ 年二 ~~四級~~ 貳級 ~~300~~ 280	仝右
〃	李培湯	卅年十一月	一五五	190 年二 四級 215	仝右
工務員	曹澤民	廿五年九月	一三〇	180 年二 四級 185	仝右
〃	馮先嵩	廿五年十月	一三〇	180 年二 四級 185	仝右
助理	羅鴻縢	卅年一月	五六	160 年二 四級 70	仝右

科員 劉正昌	廿六年八月	九〇〇	190	年二 四級	130	兩年并加	
周公正	廿九年十二月	六五〇	175	年二 四級	100	全	右
孫續亨	廿九年十月	五〇〇	160	年二 四級	70	全	右
蕭一可	廿九年十二月	六五〇	180	年二 四級	100		
毛日章	廿九年十二月	六五〇	180	年二 四級	100	全	右
王大鈞	廿七年六月	七〇〇	160	年二 四級	110	全	右
楊世明	廿九年七月	六五〇	180	年二 四級	100	全	右
陳尊雲	卅年二月	五〇〇	190	年二 四級	70	全	右
趙芳華	廿九年十二月	五〇〇	190	年二 四級	70	全	右
薛慕班	卅年二月	四五〇	160	年二 四級	65	全	右

重庆电力股份有限公司各科、厂、处、组、社高级职员一九四三年、一九四四年考绩清册　0219-1-35

17

〃	毛信懋	廿八年十二月	叁五〇	160 年二	四级 80-	仝	右
〃	徐昌裔	廿九年三月	四〇〇	158 年二	贰级 50-	仝	右
〃	王德懋	卅一年十月	四〇〇	120 年二	贰级 50-	仝	右
〃	郑兴节	卅年七月	六〇〇	130 年二	贰级 70-	仝	右
〃	萧荣年	卅二年九月	五五〇	90 年一	贰级 65-		

重庆电力股份有限公司各科、厂、处、组、社高级职员一九四三年、一九四四年考绩清册 0219-1-35

業務科抄表股職員卅二三年度考績清冊

職別	姓名	到職年月	原支薪	考核成績	核定	附註
股長	王德華	廿七年八月	二五〇〇	190 二年	四級 280	兩年累加 卅二上半年調抄表股股長
工務見習	鄒承瑄	卅二年八月	三五〇〇	96 一年	弍級 145	
科員	鄭□權	卅四年八月	三〇〇〇	182 二年	四級 170	兩年累加
〃	夏仲康	卅四年八月	三五〇〇	179 二年	四級 200	兩年累加 另支超級津貼
〃	洪家楨	卅二年十一月	一〇〇〇	178 二年	四級 140	兩年累加
〃	胡燮秋	廿七年十月	七〇〇	160 二年	四級 110	仝右
〃	文家敏	卅三年九月	六五〇	143 二年	弍級 80	仝右
〃	唐勤序	卅四年九月	七〇〇	128 二年	弍級 90	仝右

18-1

〃	赖光輝	廿六年八月	九〇〇	190	二年	四级	130.-	两年累加
〃	何闻源	廿七年九月	六五〇〇	146	二年	贰级	80.-	仝右
〃	冯尧安	廿七年九月	六五〇〇	140	二年	贰级	80.-	仝右
〃	慶廷锡	卅年五月	六五〇〇	162	二年	四级	100.-	仝右
〃	黄兴業	廿七年十月	五五〇〇	152	二年	贰级	65.-	仝右
〃	朱立文	廿四年六月	一〇〇〇	150	二年	贰级	120.-	仝右
〃	張道剛	卅年十一月	四五〇〇	174	二年	四级	65.-	仝右
〃	劉懋岩	卅年六月	六〇〇〇	147	二年	贰级	70.-	仝右
〃	何[illegible]鼎	廿九年十月	六五〇〇	159	二年	贰级	80.-	仝右

重庆电力股份有限公司各科、厂、处、组、社高级职员一九四三年、一九四四年考绩清册 0219-1-35

17

業務科票據股職員卅二三年度攷績清冊

職別	姓名	到職年月	原支薪	攷核調績 核定新薪	附註
股長	黃登雲	廿二年八月	一二〇〇	190 年二 四級 155.-	兩年累加
副股長	李文修	廿七年九月	一〇〇〇	190 年二 四級 140.-	仝右
科員	李樹輝	廿六年八月	八〇〇	175 年二 四級 120.-	仝右
〃	王澤榮	廿八年一月	七〇〇	173 年二 四級 110.-	仝右
〃	毛若渠	廿七年八月	五五〇	181 年二 四級 80.-	仝右
〃	劉祖芳	廿八年八月	六〇〇	170 年二 四級 90.-	仝右
〃	廖成富	卅年二月	五〇〇	184 年二 四級 70.-	仝右
〃	余造邦	卅年二月	五〇〇	164 年二 四級 70.-	仝右

19-1

科员	周後生	廿六年七月	五五〇	160	年三	四级	80—	两年累加
〃	周邦瑨	廿八年六月	六〇〇	188	年二	四级	90—	仝 單右
〃	劉竹然	廿八年九月	六〇〇	160	年二	四级	90—	仝 右
〃	費世昌	卅年二月	五〇〇	176	年二	四级	70—	仝 右
〃	吳重賢	廿八年七月	四五〇	156	年二	贰级	55—	仝 右
〃	谷其友	廿九年十二月	四〇〇	164	年二	四级	60—	仝 右
〃	趙國棟	卅年四月	四〇〇	175	年二	四级	60—	右
〃	王邦寧	廿九年十二月	四〇〇	155	年二	贰级	50—	右
〃	鄭立農	卅一年十月	六〇〇	91	年一	贰级	70—	
〃	王式度	廿六年八月	七〇〇	181	年二	四级	110—	两年累加

重庆电力股份有限公司各科、厂、处、组、社高级职员一九四三年、一九四四年考绩清册 0219-1-35

20

〃	吴敬熹	廿八年七月	四〇〇	140	年二	弍级 90	仝右
見習	張永遠	廿七年八月	三五〇	85	年一	弍级 45	卅三、十一月科員
〃	賀震中	卅一年四月	三〇〇	73	年一	叁级 35	壹级
〃	謝洪猷	卅二年四月	二〇〇	162	年	四级 26	由茶役升任应按二年级

重庆电力股份有限公司各科、厂、处、组、社高级职员一九四三年、一九四四年考绩清册 0219-1-35

業務科收費股職員卅二三年度攷績清册

職別	姓名	到職年月	原支薪	攷核成績 核定	改支薪	附註
股長	劉希伯	卅一年七月	三〇〇	190 二年四級	[illegible] 260	兩年累加 外支超級津貼四十元
副股長	鄧詔宏	廿七年六月	三〇〇	190 二年四級	185	仝右
科員	羅守信	廿九年六月	八〇〇	160 二年四級	120	仝右
〃	廖精輝	廿二年十月	三〇〇	174 二年四級	170	仝右
〃	杭鶴声	卅年四月	六〇〇	190 二年四級	100	仝 卅二十六三卅副股
〃	李来義	廿三年十月	五〇〇	190 二年四級	200	兩年累加 外支超級津貼六十元
〃	楊逵雲	廿二年八月	五〇〇	167 二年四級	200	兩年累加 外支超級津貼
〃	龐烈輝	廿三年八月	一〇〇〇	190 二年四級	140	

重庆电力股份有限公司各科、厂、处、组、社高级职员一九四三年、一九四四年考绩清册 0219-1-35

21-1

〃	黄明材	廿九年十月	六五00	180	年二	四级 100.-	两年累加
〃	吴瑞生	廿九年十二月	五五00	151	年二	弍级 65.-	仝右
〃	郭绍林	廿四年二月	五五00	176	年二	四级 200.-	两年累加 升支超级津贴四十五元
〃	彭启儒	廿九年十月	五五00	165	年二	四级 80.-	两年累加
〃	李石蘇	廿五年十月	六五00	172	年二	四级 100.-	仝右
〃	何泽浦	廿五年十月	六五00	171	年二	四级 100.-	仝右
〃	耿应林	廿八年六月	六五00	173	年二	四级 100.-	仝右
〃	丁道宏	廿三年九月	八000	160	年二	四级 120.-	仝右
〃	朱殿英	廿六年八月	三000	182	年二	四级 185.-	仝右
〃	胡仲文	卅年九月	五000	160	年二	四级 70.-	仝右

重庆电力股份有限公司各科、厂、处、组、社高级职员一九四三年、一九四四年考绩清册　0219-1-35

24

卅十、廿九、辭退奉批[illegible]

姓名	到職年月	薪額	分數	年度	等級			
韓永慶	卅年九月	五〇〇	149	二年	弍級	60	仝	右
唐垂夫	卅年九月	四五〇	147	二年	弍級	55	仝	右
門慶仁	卅年九月	五〇〇	154	二年	弍級	60	仝	右
竇紹臣	卅年九月	四五〇	147	二年	弍級	55	仝	右
劉心一	卅年四月	五〇〇	170	二年	四級	70	仝	右
馮仲玫	卅年六月	六〇〇	190	二年	四級	90	仝	右
王世相	卅年九月	五〇〇	166	二年	四級	70	仝	右
劉德銓	卅一年三月	四五〇	154	二年	弍級	55	仝	右
丁守良	廿七年二月	六〇〇	138	二年	弍級		仝	右
程仲顔	卅一年一月	四〇〇	145	二年	弍級	50	仝	右

22-1

考績後

卅四、七、廿七調營業處

卅四、八、六辭職

科員	余世昌	廿六年八月	六五〇	85 年一	弍級	80	
〃	文伯威	廿六年八月	六五〇	85 年一	弍級	80	
〃	劉國章	卅一年二月	四〇〇	150 年二	弍級	50	兩年累加
見習	~~何維~~ 陳紹許	卅二年三月	三〇〇	167 年二	四級	50 35	仝 外支超額津貼五元
科員	解文森	卅二年七、十二				40	薪俸未定
又	章慕京	卅二年七、十九				50	八、十七、通知核定 又 又
試用科員	馮學道	仝					卅四、八、六 辭職 又 又
科員	許国彬	仝				40	八、十七、通知核定 又 又
又	方至誠	卅二年七、七				40	八、十七、通知核定 又 又

重庆电力股份有限公司各科、厂、处、组、社高级职员一九四三年、一九四四年考绩清册　0219-1-35

重庆电力股份有限公司各科、厂、处、组、社高级职员一九四三年、一九四四年考绩清册 0219-1-35

23

会計科職員卅二三年度考績清冊

職别	姓名	到職年月	原支薪	核定加薪（改核職級）	核定薪	附註
科員	艾明郁	卅一年六月	六〇〇	170 年二	四級 900	兩年累加

會計科股職員卅三年度考績清冊

職員	姓名	到職年月	原支薪額	考核成績	核定	附註
副股長	禹行之	卅二年七月	一六五〇〇	190	年二 四級 245	兩年累加
科員	曾秉清	卅一年八月	七〇〇〇	180	年二 四級 110	仝右
〃	顧景霈	卅二年二月	五〇〇〇	170	年二 四級 70	仝右
〃	潘先進	卅一年十二月	四〇〇〇	160	年二 四級 60	仝右
見習	秦光垕		二〇〇	(85)	年二 四級 35	該員係卅三年廿月見習應不敘績 經總理批特加十五元

會計副科長 擬請以任職計算加薪（查秦君卅四年到本公司任茶役 似可酌予進級）

24

重庆电力股份有限公司各科、厂、处、组、社高级职员一九四三年、一九四四年考绩清册 0219-1-35

重庆电力股份有限公司各科、厂、处、组、社高级职员一九四三年、一九四四年考绩清册 0219-1-35

25

會計科簿記股職員卅二三年度考績清冊

職別	姓名	到職年月	原支薪	~~增加薪~~ 考核成績			核定	附註
股長	鄧德惠	廿六年八月	一五〇〇	180	年二	四級	215.-	兩年累加
副股長	何篤睦	廿七年十二月	一二〇〇	180	年二	四級	170.-	仝
科員	熊靜澤	卅年三月	七〇〇	170	年二	四級	110.-	仝
〃	周光詠	廿九年十月	四五〇	148	年二	弍級	55.-	仝
〃	崔德沐	卅年十一月	四〇〇	172	年二	四級	60.-	仝
副員	鄒貽墀	卅年十月	四〇〇	168	年二	四級	60.-	仝
〃	徐有律	卅年五月	四五〇	180	年二	四級	65.-	仝
	劉啓	卅年十二月	三五〇	166	年二	四級		仝

重庆电力股份有限公司各科、厂、处、组、社高级职员一九四三年、一九四四年考绩清册 0219-1-35

25-1

科員	湯大榮	卅年七月	六〇〇	172	年二 四級 90.- 西[illegible]加
	王友籍	廿七年七月	四五〇	156	年二 弍級 51.- [illegible]停職 仝右
	劉和鈞	廿九年十月	九〇〇	170	年二 四級 仝右
	廖冰岳	卅年六月	六〇〇	166	年二 四級 90.- 仝右
見習	章伯俊	卅年一月	二六〇	152	年二 弍級 35.- 卅四十二廾科員 仝右
	冷萘喜	卅年九月	二二〇	180	年二 四級 40.- 卅四十一廾科員 仝右
	朱文德	卅年六月	二〇〇	78	年一 壹級 22.-
	王萊琛	卅年四月	二六〇	154	年二 弍級 35.- 卅四十一廾科員 西[illegible]加

重庆电力股份有限公司各科、厂、处、组、社高级职员一九四三年、一九四四年考绩清册　0219-1-35

26

26

稽核科職員三十三年度考績清冊

職別	姓名	到職年月	原支薪	考核成績	核定	附註
科員	駱祥麟	廿七年十月	四百	200 二年	四級 60	兩年累加

管一般職員卅二三年度考績清冊

職別	姓名	到職年月	原支薪	改核成績	核定	附註
修配股長	歐陽鑑	廿八年九月	二〇〇〇〇	175 二年	四級	兩年累加
工程師	趙之陳	廿八年四月	二六〇〇〇	175 二年	四級 340	仝右
〃	陳琦	廿七年三月	一八〇〇〇	175 二年	四級 245	仝右 卅四二傳戒
〃	楊賢生	廿七年四月	二六〇〇〇	175 二年	四級 450	仝右
〃	鄭德鉅	卅年九月	一一〇〇〇	174 二年	四級	仝右
副工程師	楊如坤	卅一年七月	二六〇〇〇	175 二年	四級 320	仝右 [illegible]二十二元
工務員	花光榮	卅一年六月	八〇〇〇	87 一年	貳級 100	卅四、七、廿六升副工程師
科員	楊高尊	廿二年六月	一五〇〇〇	173 二年	四級 200	兩年累加 [illegible]四十五元

重庆电力股份有限公司各科、厂、处、组、社高级职员一九四三年、一九四四年考绩清册　0219-1-35

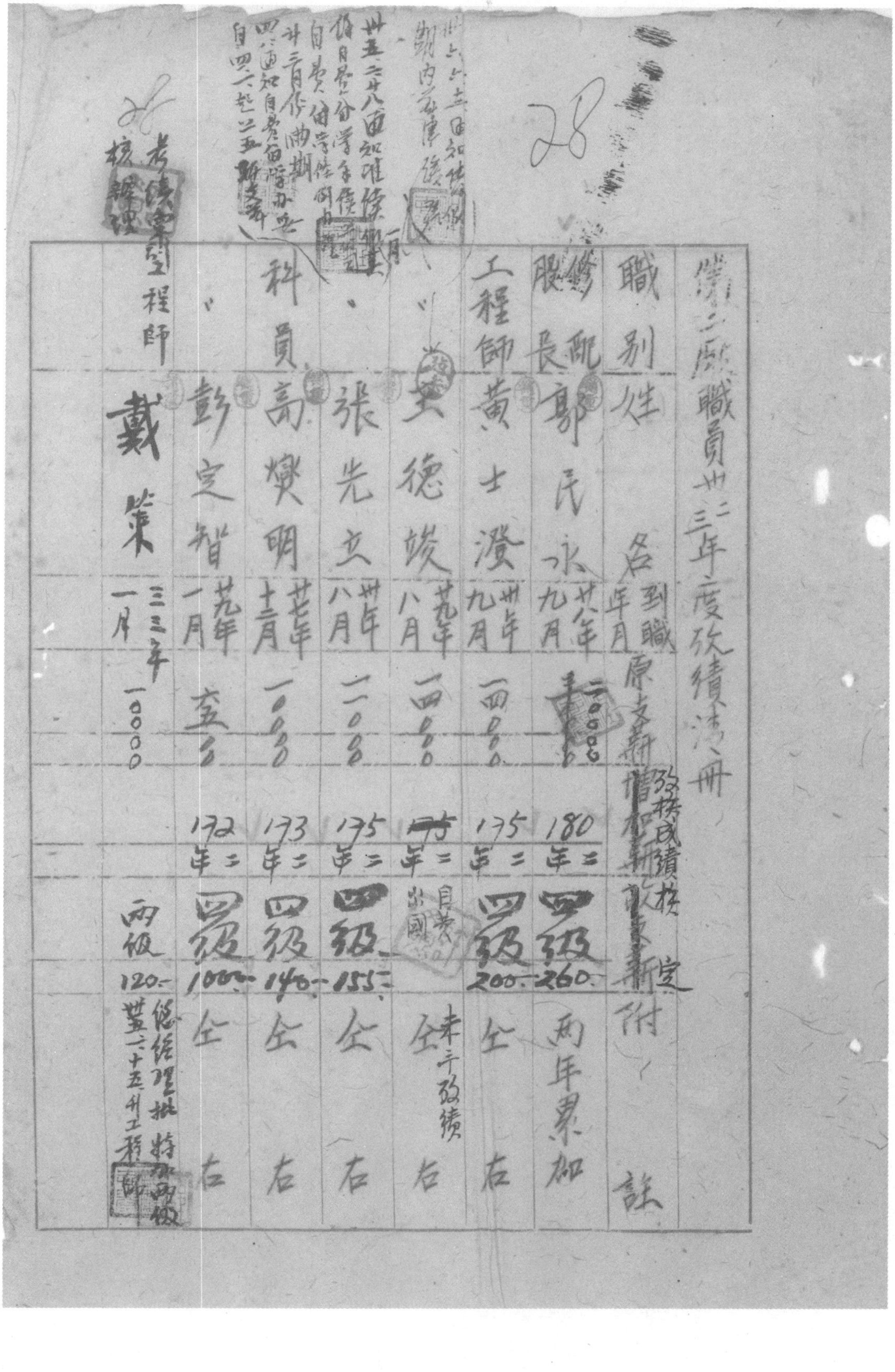

第二廠職員卅三年度考績清冊

職別	姓名	到職年月	原支薪	考核成績	核定增加薪	改支新薪	附註
修配股長	鄧民永	廿八年九月	二〇〇〇〇	180	二年	四級 260.	兩年累加
工程師	黄士澄	卅年九月	一四〇〇〇	175	二年	四級 200.	仝右
〃	王德竣	廿九年八月	一四〇〇〇	175	二年	自費出國	仝右 本年考績
〃	張先立	卅年八月	一二〇〇〇	175	二年	四級 155.-	仝右
科員	高燮明	廿七年十二月	一〇〇〇〇	173	二年	四級 140.-	仝右
〃	彭定智	廿九年一月	[illegible]	172	二年	四級 100.-	仝右
考試工程師	戴策	三二年一月	一〇〇〇〇			兩級 120.-	總經理批特加兩級 卅三.六.十五 升工程師

重庆电力股份有限公司各科、厂、处、组、社高级职员一九四三年、一九四四年考绩清册　0219-1-35

29

第三廠職員卅二三年度攷績清册

職別	姓名	到職年月	原支薪		增加薪 攷績成績核定				附註
修配股長	張萬楷	廿八年九月	二四五	00	180	二年	四級	320	兩年照加 卅三、八、廿五、升調主任
管理股長	孫新傳	廿九年八月	一四0	00	180	二年	四級	200	仝右
副工程師	王國新	卅年五月	一三0	00	178	二年	四級	170	仝右 卅三、七、十三、升工程師
工程師	朱啓橦	卅一年三月	一00	00	178	二年	四級		仝右
副工程師	郭行永	卅一年七月	一00	00	178	二年	四級	140	仝右 卅三、七、十三、升工程師
〃	王德彰	卅一年七月	八0	00	178	二年	四級	120	仝右 卅三、七、十三、升工程師
工務員	戴次群	廿四年八月	二0	00	174	二年	四級	155	仝右
科員	王國輔	卅年十二月	六0	00	174	二年	四級	90	仝右

重庆电力股份有限公司各科、厂、处、组、社高级职员一九四三年、一九四四年考绩清册　0219-1-35

29-1

科員	劉登嶽	廿年六月	七〇〇	1744年二	四級	110.	兩年累加

重庆电力股份有限公司各科、厂、处、组、社高级职员一九四三年、一九四四年考绩清册 0219-1-35

30

江北办事处职员卅二年度考绩清册

职别	姓名	到职年月	原支薪	考核成绩	核定	附注
工务员	冉模	廿六年十月	三〇〇	172 二年	四级 170	两年累加
科员	李仲康	廿六年七月	四〇〇	170 二年	四级 60	两年累加
〃	吴季鹤	廿五年九月	五〇〇	170 二年	四级 100	仝右 卅八[illegible]
〃	陈远清	廿九年一月	六〇〇	170 二年	四级 90	仝右
〃	马云程	廿五年六月	二〇〇	152 二年	贰级 130	仝右
工务见习	周正伦	卅二年六月	三〇〇	80 一年	贰级 40	卅八[illegible]自[illegible]起 [illegible]

重庆电力股份有限公司各科、厂、处、组、社高级职员一九四三年、一九四四年考绩清册　0219-1-35

31

31

考績時領據

南岸辦事處職員卅二、三年度考績清冊

職別	姓名	到職年月	原支薪	考核成績			核定新薪	附註
營業股長	謝天澤	廿六年八月	一五〇〇	196	二年	四級	215	兩年累加
代理工務股長	程孟晋	卅一年八月	一二〇〇	160	二年	四級	170	仝右
〃	施慎安	廿七年七月	九〇〇	178	二年	四級	130	仝右
試用工務員	鍾思聖	卅一年五月	五〇〇	80	一年	弍級	60	卅四、八、八、改工務員
見習工務員	羅經南	卅二年四月	五〇〇	98	一年	弍級	60	卅四、八、八、改工務員；卅五、一、五調第二處
科員	歐陽民	廿九年四月	五〇〇	168	二年	四級	80	兩年累加
見習	杜幼佩	卅一年四月	三〇〇	176	二年	四級	50	仝右；卅四、一、廿轉科員
〃	蒙[illegible][illegible]	卅二年六月	二〇〇	95	一年	弍級	20	

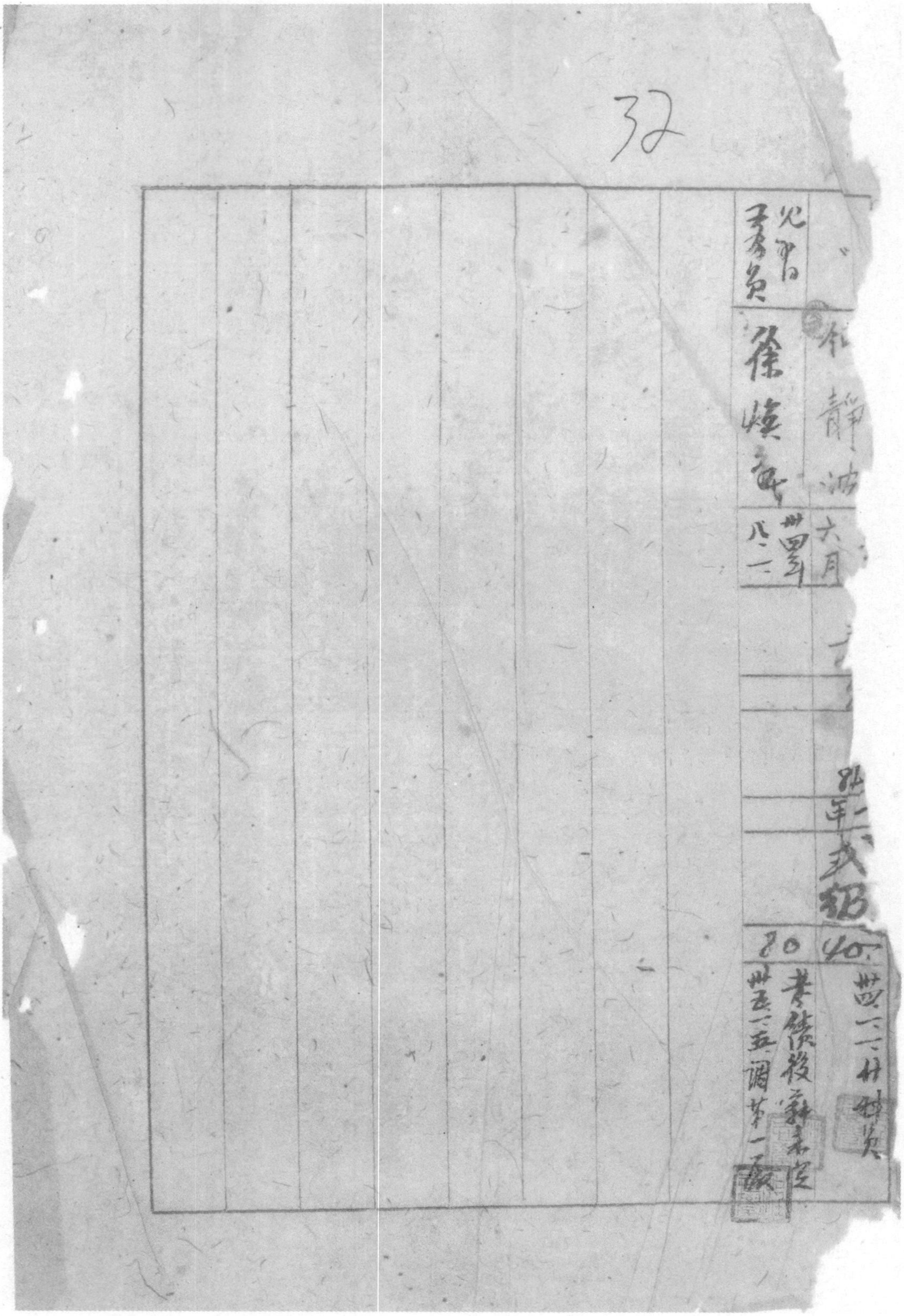

重庆电力股份有限公司各科、厂、处、组、社高级职员一九四三年、一九四四年考绩清册　0219-1-35

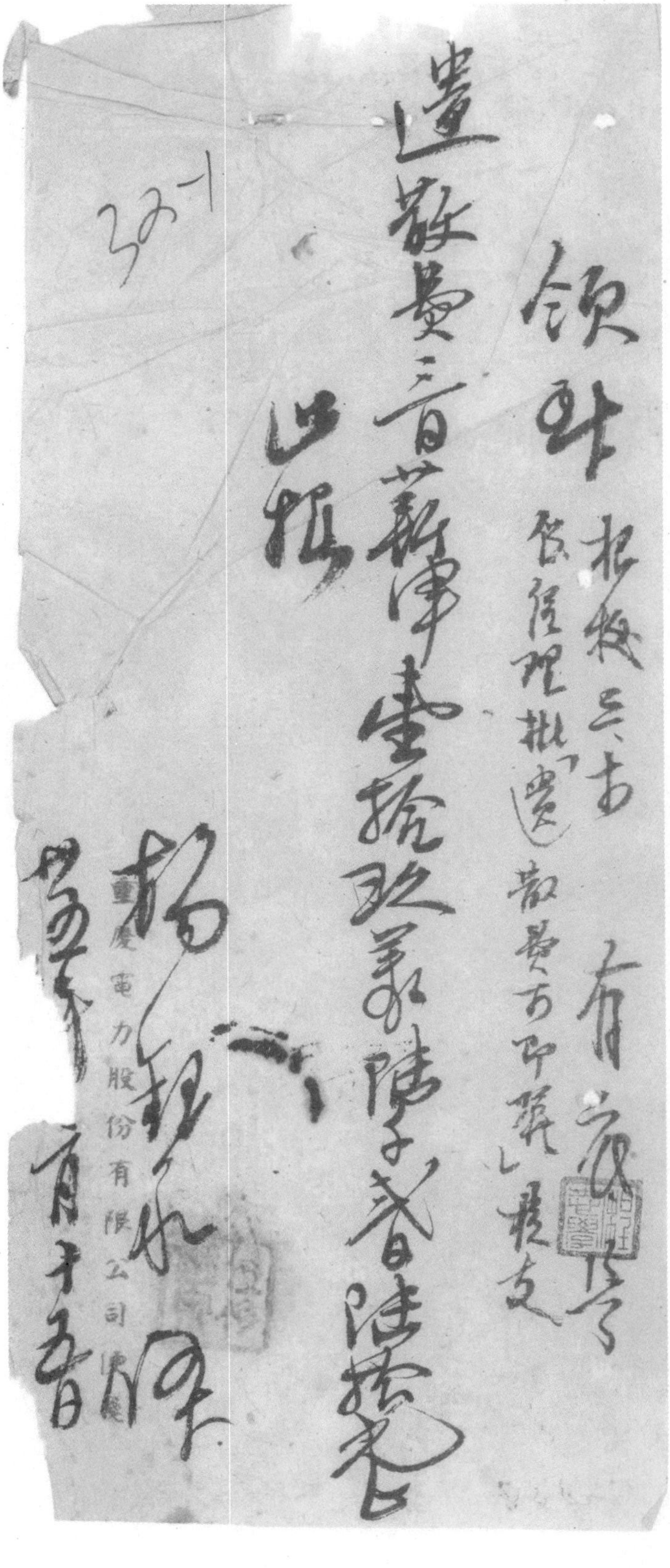

重庆电力股份有限公司各科、厂、处、组、社高级职员一九四三年、一九四四年考绩清册 0219-1-35

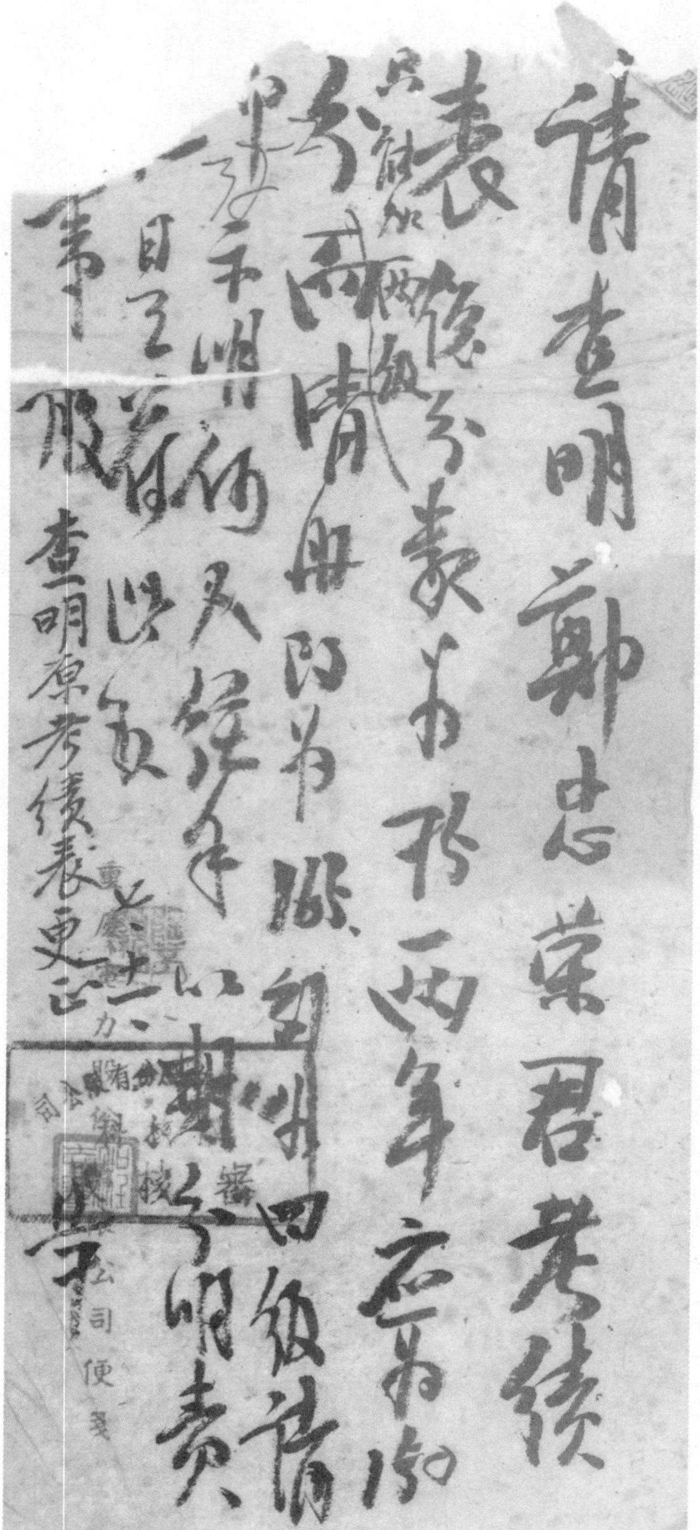
请查明郑忠荣君考绩表
[illegible]
查明原考绩表更正

重庆电力股份有限公司各科、厂、处、组、社高级职员一九四三年、一九四四年考绩清册 0219-1-35

重庆电力股份有限公司各科、厂、处、组、社高级职员一九四三年、一九四四年考绩清册 0219-1-35

32-3

福利社職員卅三年度考績清冊

職別	姓名	到職年月	原支薪	考核成績	核定	附註
科員	毛世偉	卅年十月	四五〇	150 二年	貳級 55	兩年累加
〃	楊靜安	卅一年三月	六〇〇	150 二年	貳級 70	仝右
〃	鄭忠榮	卅一年三月	四五〇〇	150（原165） 二年	叁級	仝右 原考績表為一五〇分人事股誤 原為一六五分薪級多兩級應予更正
〃	劉祖春	卅八年六月	六五〇〇	170（原169） 二年	四級 100	仝右
見習	莊在庵	卅二年七月	三〇〇〇	75 一年	壹級 35	於科改給70分 卅五四起薪[illegible]
〃	楊玉泉	卅二年四月	二〇〇〇	75 一年	壹級 22	卅五六五停薪 一至卅六裁止[illegible]
科長	朱效先	廿七年七月	壹		200	由卅一廠調回 卅三六通知

卅五、六、大通知產[illegible]事务[illegible]月起[illegible]停[illegible]給三百[illegible]

重庆电力股份有限公司各科、厂、处、组、社高级职员一九四三年、一九四四年考绩清册　0219-1-35

33

沙坪壩辦事處職員卅二三年攷績清冊

職別	姓名	到職年月	原支薪	攷核成績	核定	附註
工程股長	范志高	廿七年八月	三〇〇〇	175 年二	四級 300.	兩年累加
營業股長	劉祖蔭	廿五年十二月	一〇〇〇〇	174 年二	四級 140.	兩年累加
工務員	陳欽柱	卅二年二月	八〇〇〇	87 年一	弍級 100.	卅四、八、十、晉副工程師
〃	吳浩昊	卅二年六月	八〇〇〇	86 年一	弍級 100.	卅五、一、十三、升副工程師 調三廠
助理工務員	唐政海	廿七年十月	七〇〇〇	168 年二	四級 110.	兩年累加
科員	楊慶麃	卅一年一月	四〇〇〇	175 年二	四級 200.	仝右
〃	何中聖	廿八年七月	六〇〇〇	166 年二	四級 90.	仝右

34

卅五、一、十六、請假三月批准假逾期停薪

稽核科統計股職員卅二三年度考績清冊

職別	姓名	到職年月	原支薪額	考核成績	核定		附註
股長	浦承爵	卅年二月	四〇〇	198 二年	四級	200	查總科成績給予年終加170分
科員	王如松	卅年九月	三五〇	180 二年	四級	100	仝右
〃	屠瑜	卅年七月	六〇〇	186 二年	四級	90	卅六、[illegible]　仝右
〃	余連如	卅一年十月	五五〇	180 二年	四級	80	卅五、四、廿六辭 給辭俸二月

請假

重庆电力股份有限公司各科、厂、处、组、社高级职员一九四三年、一九四四年考绩清册 0219-1-35

35

稽核科稽查股职员卅二三年度考绩清册

职别	姓名	到职年月	原支薪额	考核成绩	核定	附注
股长	王松懋	卅年十二月	一三〇〇	200 年二	四级 185	两年累加 卅十三侍[illegible]
副股长	李仙桂	廿七年五月	一二〇〇	200 年二	四级 155	两年累加
"	孙光宗	廿九年八月	一一〇〇	200 年二	四级 130	仝右 卅三 廿六 长 卅八 奉批[illegible]
科员	金馨达	廿八年六月	八〇〇	200 年二	四级 120	仝右
"	胡子杰	卅年一月	五〇〇	200 年二	四级 70	仝右 卅三、十一、卅 [illegible]
"	傅道乾	廿七年五月	四〇〇	200 年二	四级 200	仝右
"	刘远鸿	卅二年二月	四〇〇	100 年一	贰级 50	
"	陶纯武	廿八年六月	五〇〇	200 年二	四级 80	两年累加

重庆电力股份有限公司各科、厂、处、组、社高级职员一九四三年、一九四四年考绩清册 0219-1-35

35-1

科员	蔡新民	卅二年一月	四五	160	年二	四级 60	两年累加

重庆电力股份有限公司各科、厂、处、组、社高级职员一九四三年、一九四四年考绩清册 0219-1-35

36

稽核科審核股職員卅二年度考績清冊

職別	姓名	到職年月	原支薪	考核成績	核定	新薪	附註
股長	吳德超	廿六年十二月	一四〇.〇〇	198	二年四級	200.	兩年應加
副股長	程志學	廿三年七月	一三〇.〇〇	183	二年四級	185.	仝右
科員	楊明錄	廿六年十月	九〇.〇〇	174	二年四級	130.	仝右
〃	王樹椿	廿七年七月	叁〇.〇〇	160	二年四級	70.	仝右
〃	趙麗生	廿九年四月	八〇.〇〇	175	二年四級	120.	仝右
〃	劉德榮	卅一年二月	六五.〇〇	174	二年四級	100.	仝右
〃	夏瑞峯	卅一年二月	四五.〇〇	167	二年四級	65.	仝右
見習	倪學詩	卅一年四月	二三.〇〇	160	二年四級	40.	仝右 卅四、二、廿 [illegible]

重庆电力股份有限公司各科、厂、处、组、社高级职员一九四三年、一九四四年考绩清册 0219-1-35

36-1

見習

陳克任 卅二年二月 二六〇九 181 年二 四級 440 [illegible]

[illegible]

37

卅三、六、十六、廿八、副組長

用電檢查組職員卅二三年度考績清册

職別	姓名	到職年月	原支薪	擬加薪	核定	附註
工務員	王恒	卅一年十一月	一〇〇〇〇	93 一年	弍級 120	
	張雲山	廿七年二月	一七〇〇〇	170 三年	四級 200	兩年考加
〃	陳光武	廿八年七月	一三〇〇〇	140 二年	弍級 155	仝右
科員	盧惠鏗	卅一年十二月	四〇〇〇	85 一年	弍級 50	
文牍員	王庶生	卅二年八月	二五〇〇	不常到公		兩年考加

照考核成績

卅四、七、廿五、調查服務股長

卅四、八、廿八、副工程師

外支卅二年伙食津貼六十元

重庆电力股份有限公司各科、厂、处、组、社高级职员一九四三年、一九四四年考绩清册 0219-1-35

重庆电力股份有限公司各科、厂、处、组、社高级职员一九四三年、一九四四年考绩清册 0219-1-35

38

總公司稽核助理人員卅三年度考績清冊

職別	姓名	到職年月	原支薪	考核成績	核定		附註
助理稽核	秦毅耕	卅年十月	三〇〇	192 年二	四級	185	兩年第加
助理稽核	閔文甫	卅二年七月	六〇〇	92 年一	貳級	26	（業二八日交行押款業已結束有起傳 止吾集）
常務員	王澤	卅一年十二月	六〇〇	192 年二	四級	35	

重庆电力股份有限公司各科、厂、处、组、社高级职员一九四三年、一九四四年考绩清册　0219-1-35

總務科庶務股顧警隊職員卅二三年度考績册

職別	姓名	到職年月	原支薪	考核成績	核定	附註
隊附	沈朝雲	卅三年五月	二〇〇	90 一年	式級 26.	
〃	稅承勳	卅一年一月	二〇〇	180 二年	四級 35.	兩年累加

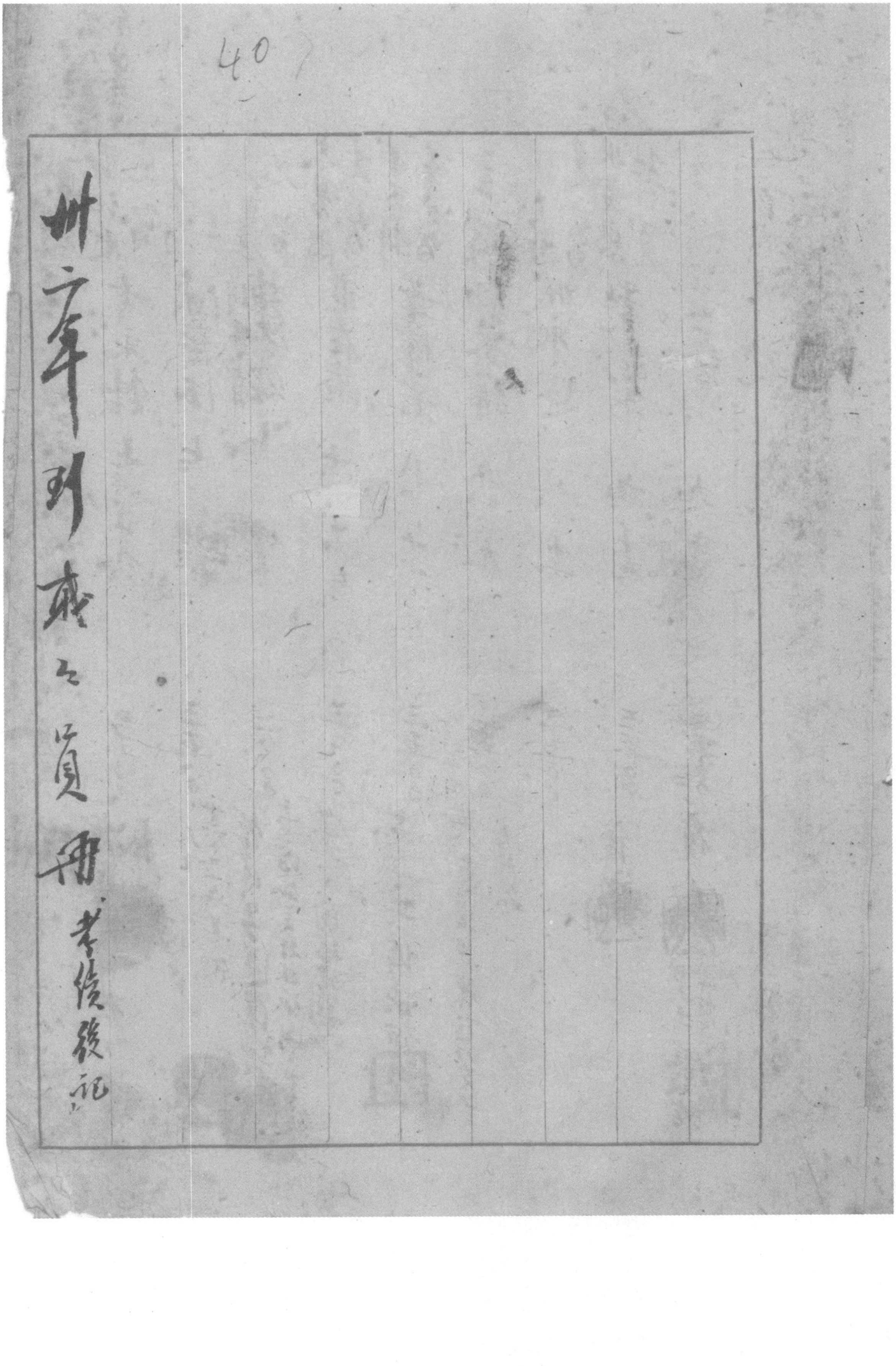
40

卅二年到職之員冊考績後記

重庆电力股份有限公司一九四三年到职职员册考绩后记 0219-1-35

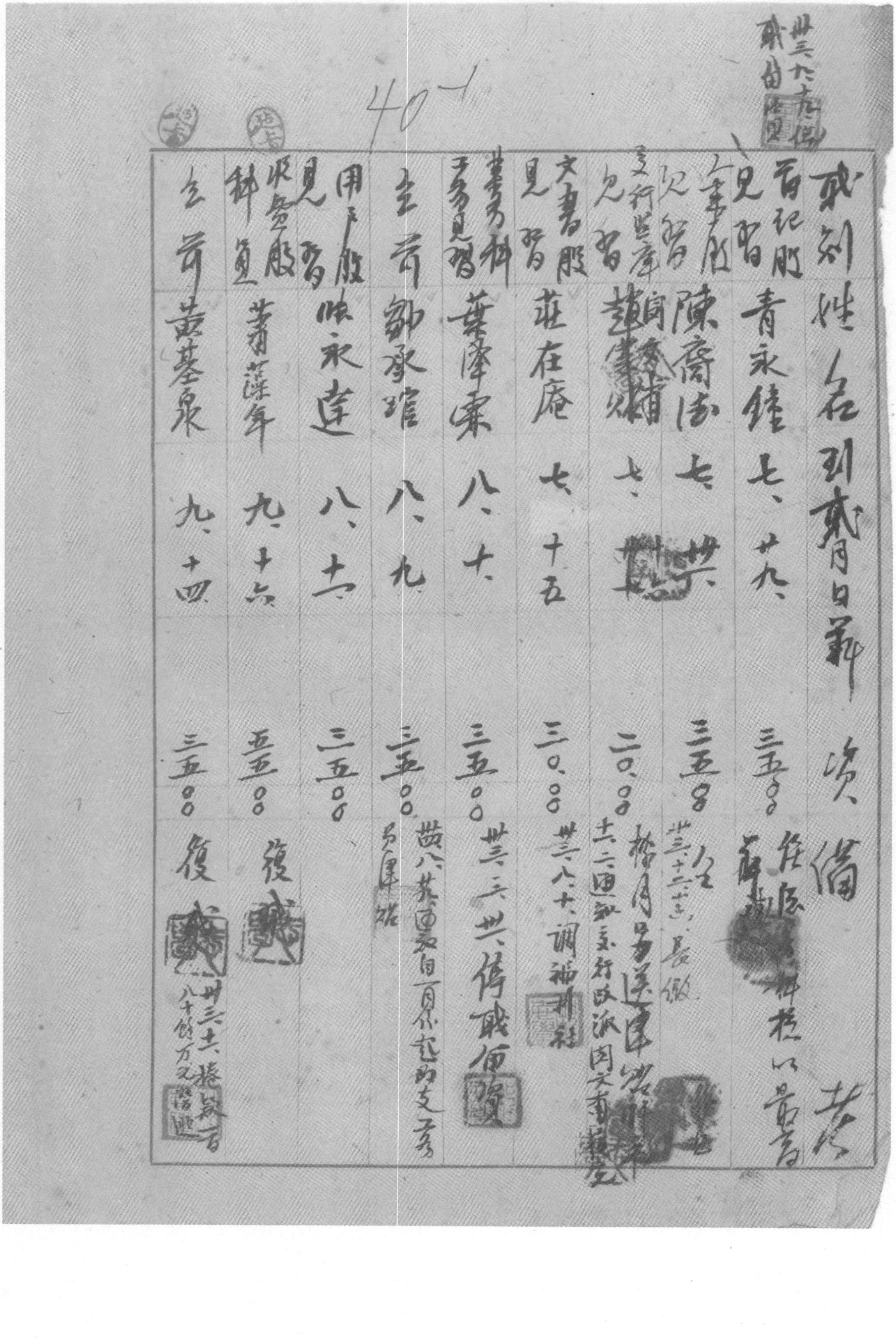

40-1

卅二、九、廿九假 [illegible]

职别	姓名	到职月日	薪资	备考
营纪股见习	青永铨	七、廿九	三五〇	经[illegible]核以[illegible]
业务股见习	陈裔(?)法	七、卅	三五〇	卅三、十二、十三，长假
支行出库见习	赵[illegible]	七、卅	二〇〇	十二、十二通知京行改派因文书[illegible] 按月另送[illegible]
文书股见习	庄在庵	七、十五	三〇〇	卅三、八、十调稽核科
业务科会务见习	叶泽(?)东	八、十	三五〇	卅三、三、卅停职[illegible]
主任	邹承瑄	八、九	三五〇	卅八、廿五通知自[illegible]起支薪(?) 另[illegible]
用户股见习	张永达	八、十六	三五〇	
收费股科员	黄藻年	九、十六	五五〇	复
主任	黄基泉	九、十四	三五〇	复 卅三、十二、十六[illegible]八十余万元[illegible]

重庆电力股份有限公司一九四三年到职职员册考绩后记　0219-1-35

41

總務股科員	連鍾毓	九、十三	三五〇	
用戶股科員	余世昌	八、九	六五〇	
仝前	文伯威	八、十	六五〇	
材料股科員	鄭傑榮	九、廿六	六〇〇	
試用工員	吳浩興	十、十三	八〇〇	
總務科電話員	游永華	十、一	二〇〇	見習生 卅二、十二、卅請長假
仝前	湯徽英	十、一	二〇〇	仝前
仝前	陳麗之	十、一	二〇〇	仝前
西市股科員	蘇立農	十、十	四〇〇	
工務科業務處	何紹明	十、十五	三〇〇	十一、五通知[illegible]來生

卅八、廿九通知自一日停止 工務處 陳[illegible]

重庆电力股份有限公司一九四三年到职职员册考绩后记 0219-1-35

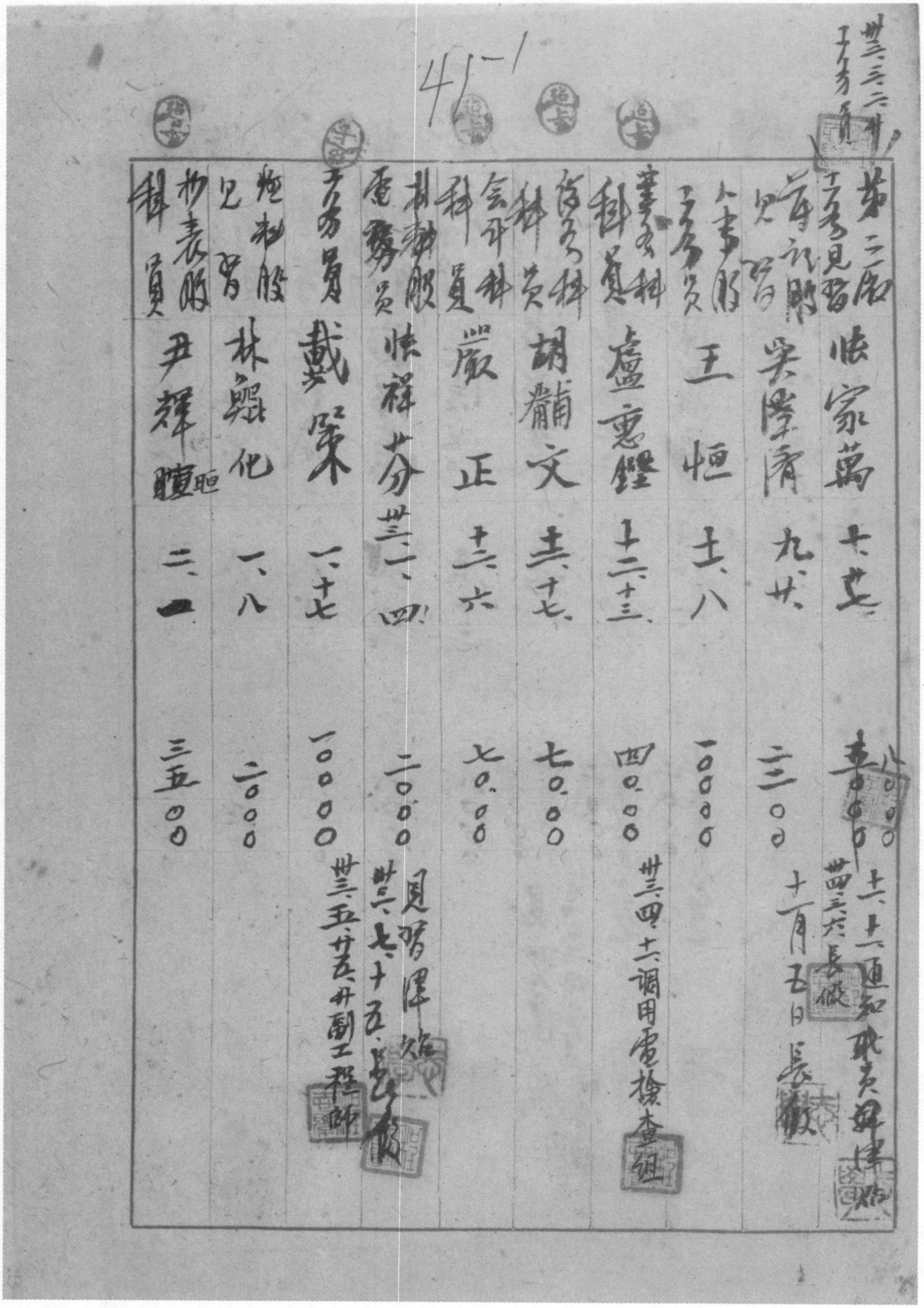
45-1

卅三、二、廿 工務員

第二廠工務見習	張家萬	十、廿五	壹〇〇〇	卅二、十二、十一通知職員辭職 卅三、六 長徵 十一月五日 長徵
業務科股見習	吳學清	九、廿	三〇〇	
人事股工務員	王恒	十一、八	一〇〇〇〇	
業務科科員	盧惠鏗	十二、十三	四〇〇〇	卅三、四、十六調用電檢查組
發行科科員	胡黼文	十二、十七	七〇〇〇	
會計科科員	嚴正	十二、六	七〇〇〇	
材料股事務員	張祥芬	卅三、一、四	二〇〇〇	見習課 卅三、七、十五 長徵
工務員	戴榮	一、十七	一〇〇〇〇	卅三、五、廿五 升副工程師
總務股見習	林熙化	一、八	二〇〇	
材料股科員	尹輝曠	二、一	三五〇〇	

重庆电力股份有限公司一九四三年到职职员册考绩后记 0219-1-35

供給股 總務	秦光壁	二十六	三00	業務提升
庶務室 庶務	刘继成	二卅	三三00	由罗区所加一同様
燃料股 科員	刘大有	四十三	五00	由電一煤廠調來
材料股 副股長	陳西泰	四十五	一五00	仝 前
会計科 科員	廖水岳	五十一	六000	仝 前
用電檢查組 科員	鄒功甫	五十九	四000	卅四五十八 [illegible]通知[illegible] 試用
總工程師室 [illegible]工程部	周傳甲	四十五	一二五00	五月廿三日通知；卅五三六 [illegible]
秘書	錢健夫	五十五	三000	
收費股 科員	何欽儀	五十四	四五00	[illegible]十 通知
業務科 業務員	罗鸿璨	六十五	一0000	

人事股见习	杨子玉	六、廿	[illegible]	[illegible]
[illegible]	沈朝云		二〇〇	[illegible]
材料股电话员	李[illegible]慧	七、[illegible]	三〇〇	[illegible]长假
[illegible]工程师	高昌瑞	六、八	[illegible]	兼[illegible]股长
材料股[illegible]员	沈昊智	九、廿六	二〇〇	[illegible]
收费股[illegible]员	伍毅康	一、四	六〇〇	[illegible]
用户检查组副组长	张儒修	十二、廿	三〇〇〇	[illegible]
[illegible]稽核	浦厚生	卅年 十、廿	一二〇〇	[illegible]
会计股[illegible]	钱秉元	二、十二	五〇〇	[illegible]
[illegible]	程守頣	二、廿六	五〇〇	[illegible]

重庆电力股份有限公司一九四三年到职职员册考绩后记 0219-1-35

重庆电力股份有限公司一九四三年到职职员册考绩后记　0219-1-35

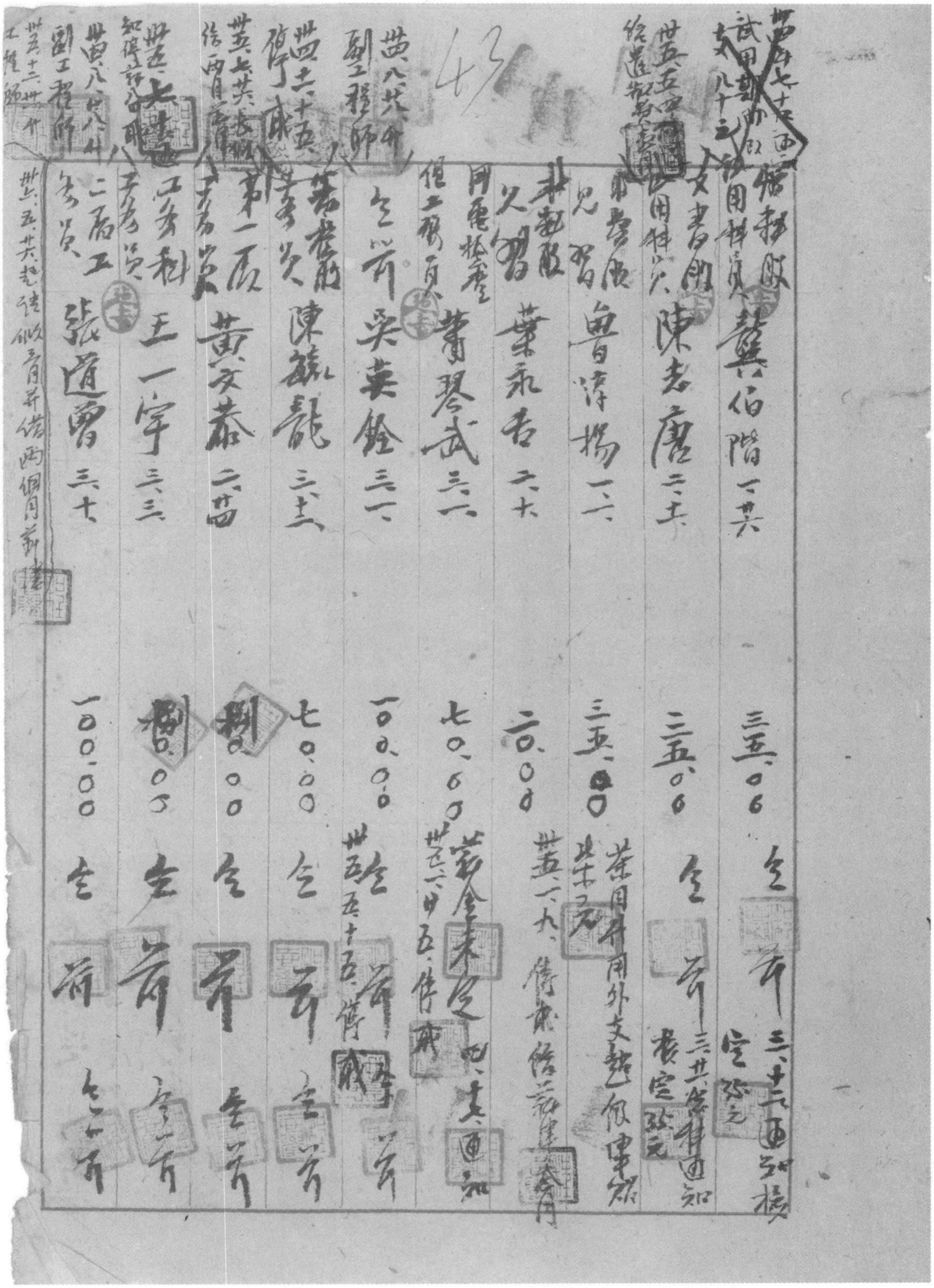

龔伯階	二六	三五.〇〇
陳志唐	二五	二五.〇〇
曾滂揚	二一	三五.〇〇
葉承吉	二六	二〇.〇〇
曹琴武	三一	七〇.〇〇
吳崇銓	三一	一〇〇.〇〇
陳毓龍	三五	七〇.〇〇
黄文恭	二四	[illegible]〇.〇〇
王一宇	三三	[illegible]〇.〇〇
張道曾	三十	一〇〇.〇〇

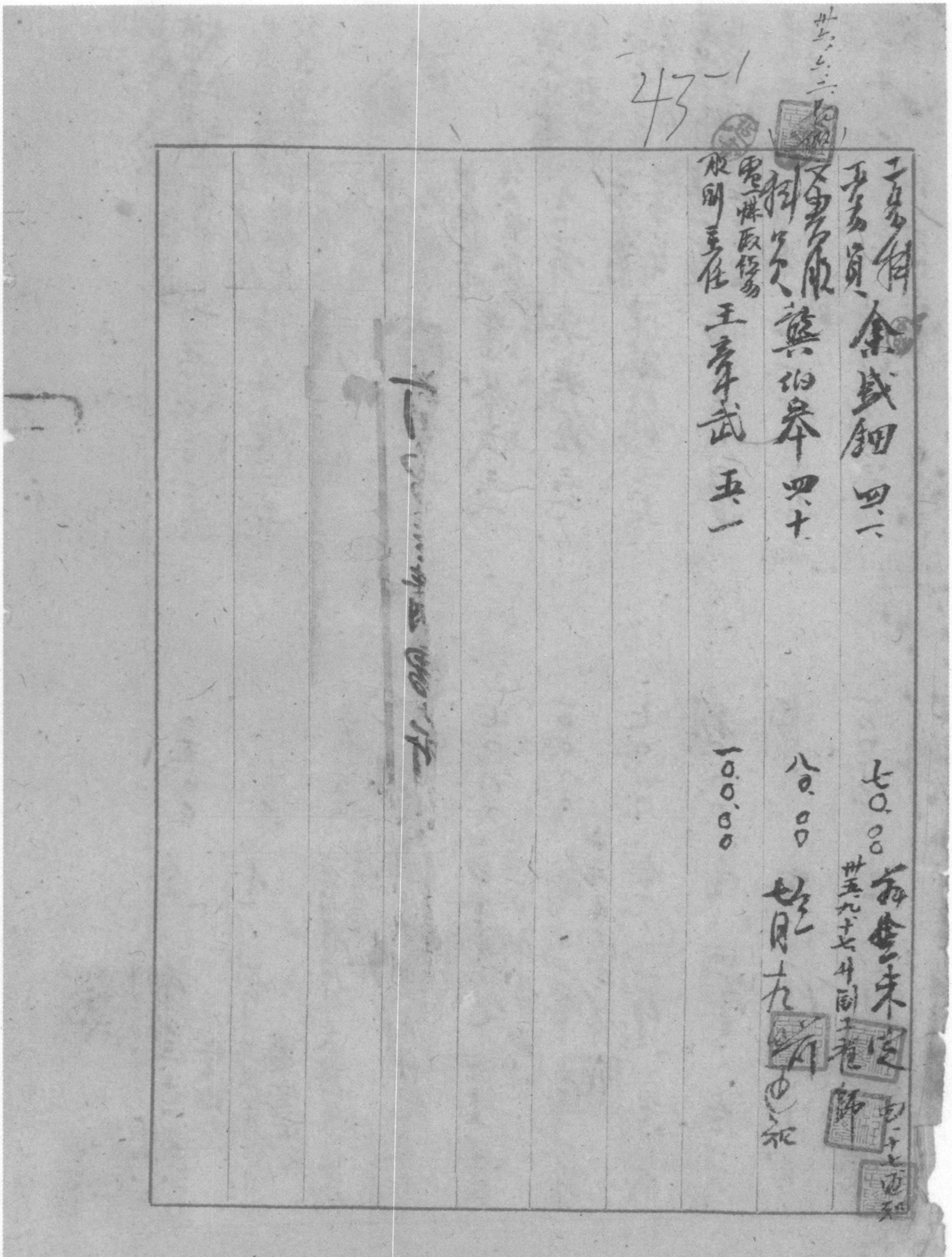
余钺钿 四六 七〇.〇〇
龚舜 四十 八〇.〇〇
王彦武 五一 一〇〇.〇〇

重庆电力股份有限公司一九四三年到职职员册考绩后记 0219-1-35

重庆电力股份有限公司一九四三年到职职员册考绩后记　0219-1-35

43-2

前曾呈请增薪奉　批於年终考绩一併办理者，其已考绩者，照原考绩等级加薪，其不应考绩者，请准加薪壹级。谨呈

总经理

协理

鉴核

上乙

职　签　七月二日

重庆电力股份有限公司便笺

重庆电力股份有限公司各科科长及各办事处主任名册 0219-1-35-(45-46)

各科々長及各辦事處主任名冊

職別	姓名	到職年月	原薪	新改支金額	備攷
總務科長	曹康圻	廿一、十	三〇〇〇〇		應不考績
副總務科長	陶丕顯	廿三、二	三〇〇〇〇	改二六〇 以符薪級	應不考績 自七月份起支
會計科長	黃大庸	十九、十	二六〇〇〇	三三〇〇	
副會計科長	劉伊凡	廿二、三	二四〇〇〇		原任出納股々長於本年三月升任副科長 已考績
稽核科長	劉靜之	廿二、七	三四〇〇〇	四〇〇〇	
副稽核科長	吳克斌	廿六、七	四五〇〇〇	五四〇〇〇	
工務科長	吳錫瀛	廿三、二	五一〇〇〇	六〇〇〇〇	六月一日升總工程師仍兼工務科長月支七百元 九、卅通知[illegible]
副工務科長	易宗樸	廿七、十	三二〇〇〇	三八〇〇〇	升工程師[illegible] 九、廿五[illegible] 三廠主任

45-7

卅三、六、七、因案停職另候核辦，暫不[illegible]

卅四、五、十、[illegible]

副工務科科長	宋達金	廿三、十	三八〇〇〇	四五〇〇〇	九、十五通知[illegible]
業務科科長	張　珍	卅四、九	三六〇〇〇	四二〇〇〇	
副業務科長	佘克稷	廿三、七	三〇〇〇〇	三六〇〇〇	
沙力處主任	劉澤民	廿八、三	二八〇〇〇	三四〇〇〇	卅三、十二、廿七、以三廠副主任[illegible]
南岸處主任	劉佩雄	廿二、七	三二〇〇〇	三八〇〇〇	
江北處主任	楊新民	卅四、六	一五〇〇〇	二〇〇〇〇	卅三、五、廿六、調職工福利[illegible]
第一廠主任	謝雨剛	卅、十二	三八〇〇〇	四五〇〇〇	[illegible]第一廠管理股[illegible]
第二廠主任	劉希孟	廿七、九	二四五〇〇	三〇〇〇〇	十廿七、十一、第二廠管理股[illegible]
第三廠主任	盛澤蘭	廿五、六	二四五〇〇	三〇〇〇〇	大廿七、十一、第三廠管理股長
秘書	張君鼎	廿八、十一	二四五〇〇	三〇〇〇〇	卅四、五、八、第人事股長

重庆电力股份有限公司各科科长及各办事处主任名册　0219-1-35

116

不加　不加

秘書	夏賦初	卅六、一	三〇〇〇〇		應不考績
稽核	王道平	卅一	二四〇〇〇	改二六〇〇	應不考績 即王忠叔
秘書	許幼田		八〇〇〇	八〇〇〇	卅六、廿八、改聘顧問月送夫馬壹万元 自七月份起改支
營業股經理組組長	袁玉麟	廿一	二八〇〇〇	六〇〇〇	卅三、三、卅、函知自四月份起改為顧問仍支原薪
營業股稽核組副組長	王慶生	廿八	一七〇〇〇	二五〇〇	卅三、三、卅、調用電氣檢查組交際員
稽核	霍實椿		一〇〇〇〇	一三〇〇〇	卅六、六、廿、改聘會計顧問月送夫馬壹万元
稽核	李叔耕				

除照章應不考績與已考績之外一律准如擬級

重庆电力股份有限公司各科室职员一九四一年度考绩改支薪金清册　0219-1-35

重慶電力股份有限公司各科室職員三十年度考績改支薪金清冊

重庆电力股份有限公司各科室职员一九四一年度考绩改支薪金清册　0219-1-35

重慶電力股份有限公司職員清册

部别	職别	姓名	年龄	籍貫	到職年月	原支薪金	改支薪金	備考
總經理室	總經理	劉航琛	四六	瀘縣	創辦人	五一〇 〇〇	七五〇 〇〇	
	代理總經理	浦心雅						
	業務經理	程本臧	三八	浙江	三〇、八	七五〇 〇〇	八〇〇 〇〇	
總工程師室	總工程師	程本臧						
	主任工程師	吳兆斌	三四	安徽	二三、八	三〇〇 〇〇	四〇〇 〇〇	
秘書室	代理主任秘書	張君鼎	四二	長壽	二八、六	二〇〇 〇〇	二五〇 〇〇	
	科員	曾石蓀	二六	華陽	三〇、三	八〇 〇〇	八〇 〇〇	
		陳本擴			三二、八	七〇 〇〇	七〇 〇〇	

十三

共五人 改[illegible]文書股

重庆电力股份有限公司各科室职员一九四一年度考绩改支薪金清册 0219-1-35

66

文書股	主任	閻偉寰	四九	渠縣	四五	一七〇	〇〇	二八五	〇〇	
	科員	何寬厚	四九	巴縣	三三	八〇	〇〇	九〇	〇〇	
		沈海東	三三	華陽	二八四	三五	〇〇	七〇	〇〇	
		文樹猷	四四	岳池	二九五	二六	〇〇	三五	〇〇	三十年度考績 十二、十八、記過一次
	見習	蕭堯先	二六	岳池	二八四	二八	〇〇	二八	〇〇	
人事股	主任	張緩華	三八	瀘縣	四二	六五	〇〇	二二〇	〇〇	卅一、五、請長假 六、三、由蒲承尉茀代
	科員	曹鍌榮	二八	渠縣	二八〇	三五	〇〇	四〇	〇〇	
		毛世偉	三三	彭縣	三〇二	四〇	〇〇	四〇	〇〇	
	見習	孟世德	一九	巴縣	三一〇	二〇	〇〇	二〇	〇〇	
檔案股	代理主任	周丕南	四六	達縣	二七二	八〇	〇〇	一〇〇	〇〇	

重庆电力股份有限公司各科室职员一九四一年度考绩改支薪金清册 0219-1-35

67

	科長	楊同培	二七	宣漢	二八〇六	三五〇〇〇	五〇〇〇〇	十一月五日通知改派文書股
		胡自城	四〇	閬縣	三〇〇二	三五〇〇〇	三五〇〇〇	十一月十六日調總務股 全
稽核室	主任稽核	劉靜之	五一	華陽	三〇〇七	二八〇〇〇	四〇〇〇〇	
	兼副主任稽核	吳克斌	三四	安徽	三〇〇七			
	科員	榮新民			三〇〇一	三五〇〇	三五〇〇	
		駱祥麟	二〇	巴縣	二九〇五	[illegible]	[illegible]	三十年度考績升科員
		黃居中			三〇〇一	四〇〇〇	五〇〇〇	請長假 卅三・三・一・派戰時文書 卅三・三・九・又長假
		傅道乾	二八	巴縣	二九〇五	八〇〇〇	一〇〇〇〇	
稽查股	主任	王松懋			三〇〇三	一〇〇〇〇	一〇〇〇〇	
	副主任	李仙樓	五一	秀山	二九〇六	八〇〇〇	一〇〇〇〇	三十一年一月十日以副主任加一級 現支九十元

67-1

副主任	孫光宗	二五	湖北	二九八	六〇	〇〇	九〇	〇〇	三十一年三月十日升級現支九十元[illegible]
科員	金聲遠	三一	湖北	二八六	六〇	〇〇	七〇	〇〇	卅一.四.一日案[illegible]又五.廿七通知自四月份起[illegible]
	傅德新	二三	巴縣	二七〇	四〇	〇〇	五五	〇〇	收發煤炭[illegible]案 三十.九.調燃料股[illegible]
	易抗强	二四	萬縣	二八二	四〇	〇〇	四五	〇〇	七.廿四.秋6207通知[illegible]以從戎殺敵并送[illegible]
	楊震	二三	湖北	二五五	三五	〇〇	四五	〇〇	
	葉伯藝	二一	巴縣	二八三	四五	〇〇	四五	〇〇	七.廿四.秋6207通知呈請辭職已准以從戎殺敵[illegible]
	曾穀青	二六	新津	二八三	四五	〇〇	四五	〇〇	[illegible]
	徐世和	二八	武昌	二九八	六〇	〇〇	八〇	〇〇	調廠務股
	陳紹華	三三	内江	二九〇	三五	〇〇	四五	〇〇	卅一.三.八.[illegible] 十二.廿六.解職[illegible]
	孫錦雲			二〇二	三五	〇〇	三五	〇〇	卅一.六.廿八.長假

重庆电力股份有限公司各科室职员一九四一年度考绩改支薪金清册 0219-1-35

68

审核股

	楊鎮海	二九	山東	三〇、一	三五〇〇	三五〇〇	三一、廿八解職給薪津
	胡子傑	三四	湖北	三〇、一	三五〇〇	三五〇〇	
主任	吳德延	二六	平南	二九、[illegible]	八〇〇〇	一一〇〇〇	三十一年四月廿日以職未校照加三級
副主任	張志學	三八	湖北	二七、八	八〇〇〇	一〇〇〇〇	
科員	楊明振	二六	江蘇	二九、〇	六〇〇〇	八〇〇〇	
	王樹椿	一九	岳池	二七、七	四五〇〇	五〇〇〇	
	趙麗茨	三三	成都	二九、四	四五〇〇	六〇〇〇	
	陳見強	三二	開江	二七、七	三五〇〇	四〇〇〇	九、三大事通知改正式科員加五元月支四十元
	劉德藩	三八	巴縣	三〇、八	五〇〇〇	五〇〇〇	二二到職
	夏瑞峰	二七	淮安	三〇、八	三五〇〇	三五〇〇	

68-1

见习	武学诗	一九	江北	三〇.四	二〇〇	二〇〇	
统计股三级科员	浦承爵	二六	河北	三〇.六	八〇〇	八六〇	卅年十月廿日升职三级；六、三、荐升人事股三级；十廿九通知停职
	梁洪镛	三〇	江苏	二九.三	五〇〇	五六〇	
	张伯康	二八	成都	二九.三	四〇〇	五五〇	卅二、三、一调人事股
	王如松	二六	宜宾	三〇.一	六〇〇	六〇〇	
	屠　伦	二三	湖北	三〇.七	二〇〇	五〇〇	卅一年一月卅升科员；九、一改正式科员改支五〇〇
	杨绍怀	二〇	万县	三〇.七	二〇〇	四五〇	九、三改正式科员改支四五〇；六、三、调人事股
	余达如	二四	宜宾	三〇.一	三五〇	三五〇	九、廿三通知停职；卅二、二、十二停职
	周子恒	二五	广城	三〇.八	三五〇	三五〇	
	张嘉楷	二八	成都	三〇.八	四〇〇	五〇〇	卅二、一、廿七、长

重庆电力股份有限公司各科室职员一九四一年度考绩改支薪金清册 0219-1-35

69

卅二.四.十六调营业股副股长

保管股	主任	唐燏生	三三	上海	二六.八	五〇.〇〇	八〇.〇〇	[illegible]
	科员	洪子樵	二七	重庆	二九.一〇	三五.〇〇	四五.〇〇	十二.八.停职
		毛信懋	二三	浙江	二九.一〇	三五.〇〇	四〇.〇〇	
		陈季张	四一	巴县	二九.一〇	三五.〇〇	四五.〇〇	卅一.十二.七.开除
		张仲显	三八	巴县	三〇.八	[illegible]	[illegible]	
	见习	周显焘	二〇	达县	二九.一〇	二〇.〇〇	三〇.〇〇	十二.十六.调[illegible]股
		陈克仁	一六	巴县	三〇.一〇	二〇.〇〇	二〇.〇〇	
总务科	科长	张儒修	四一	成都	二〇.四	四〇〇.〇〇	四五〇.〇〇	十二.七.调[illegible]一厂
	暂兼[illegible]专员	简伯良	三八	成都	三一.八	一五〇.〇〇	二〇〇.〇〇	[illegible]
		杜惠康				二〇〇.〇〇	二〇〇.〇〇	

谭谋远 卅一.五.十三 六〇二.〇〇

重庆电力股份有限公司各科室职员一九四一年度考绩改支薪金清册 0219-1-35

69-1

六、四、通知因卅年十二月調株廠，少支兩考績，應加為八十元

材料股主任 張儒修						
副主任 鄧仲廉	〤〇	巴縣	[illegible]	〡〇 〇〇	〡〢〇 〇〇	卅年十月一日起調主任加薪十元改支壹百叁十元
陳兩熙	〢〨	巴縣	[illegible]	〡〇 〇〇	〡〇〇 〇〇	卅二年一、十三、調至[illegible]
科員 王秉恩	〣〢	宜賓	[illegible]	〤〥 〇〇	〦〇 〇〇	
姜韻餘	〢〨	瀘縣	[illegible]	〣〥 〇〇	〧〇 〇〇	卅一、七、三、通知降職，多病請假停薪 貴藏
陳銘模	[illegible]	瀘縣	[illegible]	〣〥 〇〇	〤〥 〇〇	
錢宗元	〢〩	浙江	[illegible]	〣〥 〇〇	〣〥 〇〇	
戴映松	〢〣	合川	[illegible]	〤〇 〇〇	〤〇 〇〇	卅一、五、十五、通知辭職照准
朱家鈺	〢〥	閬中	[illegible]	〦〇 〇〇	〨〇 〇〇	[illegible]
劉大有	〢〤	巴縣	[illegible]	〢〇 〇〇	〢〥 〇〇	十六、十一、請長假 [illegible]

重庆电力股份有限公司各科室职员一九四一年度考绩改支薪金清册 0219-1-35

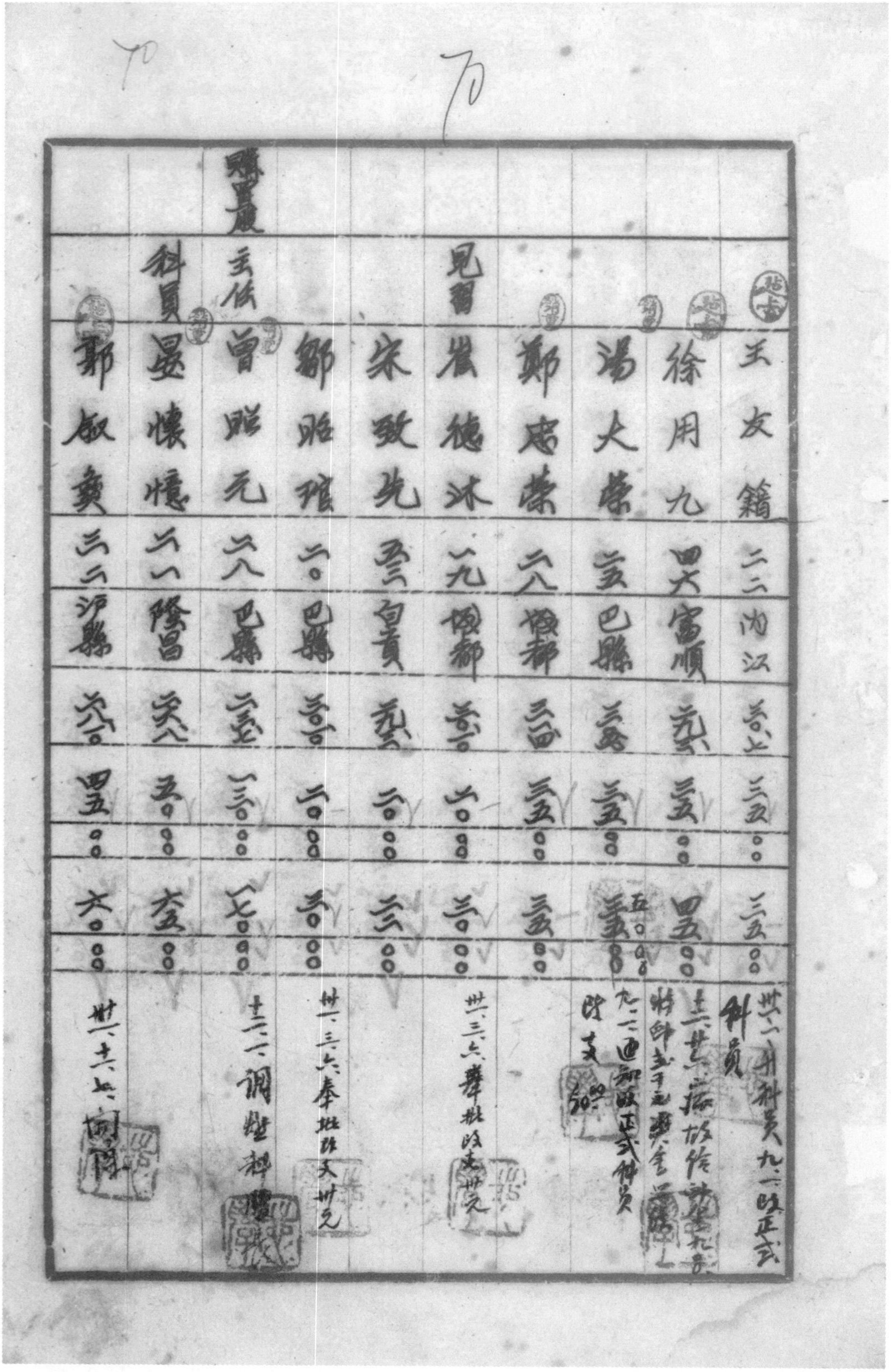

	王友籍	二二	内江	卅一年科员九一改正式科员
	徐用九	四五	富顺	
	汤大荣	三五	巴县	
	郑忠荣	二八		
见习	崔德沐	一九		卅一年三月六日奉批改支
	宋致光		自贡	
	邹明琨	二〇	巴县	卅一年三月六日奉批改支
主任	曾昭元	三八	巴县	调业务科
科员	晏懐憶	三一	隆昌	
	郑叙彝	三二	泸县	卅一年十二月六日

70-1

		李重芳	二四	安徽	三〇九	三五	〇〇	三五	〇〇
		周立刚	二四	巴县	三〇〇	六〇	〇〇	六〇	〇〇
		刘祖藩	一九	巴县	六八七	三五	〇〇	四五	〇〇
	见习	章伯俊	一四	彭县	三八一	二〇	〇〇	二〇	〇〇
庶务	三级	黄毓庚	三七	成都	三四〇	一〇	〇〇	一〇〇	〇〇
	科员	刘鸿皋	二八	巴县	四四	四五	〇〇	九〇	〇〇
		宁席君	三五	铜梁	三四	三五	〇〇	三五	〇〇
	见习	王祥璋	二〇	泸县	三〇九	二〇	〇〇	三〇	〇〇
		龚在中	二〇	阆中	三〇六	二六	〇〇	二六	〇〇
		余家彝	二〇	铜梁	三〇六	二六	〇〇	二六	〇〇

备注：
- 刘祖藩：十一、廿六、调前在股
- 章伯俊：全
- 黄毓庚：卅四、十一裁；卅三、八、迁居辛节
- 刘鸿皋：卅三、六、升副股长
- 王祥璋：卅六、三、六、奉批改支卅元；卅三、八、迁居嘉陵

重庆电力股份有限公司各科室职员一九四一年度考绩改支薪金清册 0219-1-35

71

科室	职务	姓名	年龄	籍贯	(blank)	(blank)	(blank)	备注
		盧國金	一八	巴縣	[illegible]	一〇〇	一二〇	卅.三.八通知延[illegible]
		胡銀憲	二八	廣安	[illegible]	一〇〇	一六〇	
醫務室	醫師	羅少一	三二	開江	[illegible]	一五〇	二八〇	卅一.五.廿奉協理批示 受主任薪俸限制
		傅文祥	二九	達縣	[illegible]	九〇	一二〇	
	助理醫師	王成康	二七	浙江	[illegible]	一〇〇	一二〇	
	見習	柏濟民	二〇	岳池	[illegible]	一〇〇	一五〇	
		杜朝鑫	一九	潼南	[illegible]	一〇〇	一六〇	
工務科	科長	吳錫瀛	三六	岳池	[illegible]	四〇〇	七〇〇	五.卅一通知升任工程師 為工務科長改支[illegible]
	副科長	易宗模	三二	合川	[illegible]	二五〇	三一〇	卅一.六.八.調第三廠
		朱建金	三三	浙江	[illegible]	三一〇	三九〇	

第⑦辑

71-1

	總廠主任	謝用剛	三二	璧山	三〇、三	三六〇	〇〇	三八〇	〇〇	
	化驗工程師	梁鏡守			三〇、六	四〇	〇〇	四〇	〇〇	
	科員	楊富導	二九	酆都	二三、六	一三〇	〇〇	四〇	〇〇	
		王國傾		合川	三、八	四五	〇〇	四五	〇〇	
	副工程師	侯蔭良			三〇、八	四〇	〇〇	四〇	〇〇	
	工務員	唐政權	二八	重慶	二六、八	四〇	〇〇	一八〇	〇〇	請升副工程師
		吳韶華	二六	犍為	三〇、三	一〇	〇〇	一〇	〇〇	三二、六、十六通知停[illegible]代職
主任	廠務股	易宗模								
	工程師	張永青	二八	江蘇	二五、九	一七〇	〇〇	二六五	〇〇	三十年六月二日升工程師 十一、七、調[illegible]置廠長
	副工程師	楊賢鈦	五二	安徽		三〇	〇〇	三〇	〇〇	

重庆电力股份有限公司各科室职员一九四一年度考绩改支薪金清册 0219-1-35

72

	趙之陳	三三	山西	一六四	一七〇.〇〇	二一五.〇〇	請升工程師
	陳 瑞	二七	山西	一九三	一八〇.〇〇	四〇〇.〇〇	卅年十二月份升副工程師未加薪請予多加
	虞正光	二八	浙江	一九三	三〇〇.〇〇	三〇〇.〇〇	停職
科員	周伯宗	二八	璧山	一六九	三五.〇〇	四〇.〇〇	
電務處兼主任	宋達金						
工程師	陳景嵐	三一	富順	一四一	二一五.〇〇	二四〇.〇〇	卅年十二月一日升工程師
	秦臣雄	二九	河北	二三三	二〇〇.〇〇	四二五.〇〇	〃
	朱 泰	二八	江西	二〇三	一八五.〇〇	二三〇.〇〇	
副工程師	苗樹棠	二九	璧山	二〇三	二三五.〇〇	二〇〇.〇〇	請升工程師
工務員	鄧德元	二六	璧山	一四八	八〇.〇〇	一一〇.〇〇	九·三·二改正式工務員……

72-1

南岸分廠

	張繼琴	二七	巴縣	二八、二八	七〇〇〇	一〇〇〇〇	九、三、五通知改正式工務員
	何濬濤	二七	江蘇	二四、七	六五〇〇	八〇〇〇	
	曾淵湘	二五	華陽	二五、二六	六五〇〇	八〇〇〇	
	吳昌煒	二三	青神	二三、九	八〇〇〇	八〇〇〇	
	鄭德鉅	二四	廣安	二三、九	八〇〇〇	八〇〇〇	
主任	劉希孟	三六	巴縣	二七、九	一二〇〇〇	一四〇〇〇	卅年十月廿日真陞分廠主任
副工程師	歐陽鐵	二四	巴縣	二六、九	一二〇〇〇	一五〇〇〇	卅年十二月卅日副工程師示加薪十多加 卅一、五、三、升工程師
	郭民永	二四	華陽	二六、九	一二〇〇〇	一五〇〇〇	全 卅一、五、三、升工程師 右
工務員	黃士瀅	二四	廣東	二三、九	八〇〇〇	一一〇〇〇	卅一、四、一、升副工程師
	張先三	二四	湖北	二三、八	八〇〇〇	八〇〇〇	

重庆电力股份有限公司各科室职员一九四一年度考绩改支薪金清册 0219-1-35

73

		王德峻	二五	重庆	二九、八	八〇.〇〇	八八.〇〇	十一、一升副工程师
		高秉明	二九	江苏	二七、二	五五.〇〇	七〇.〇〇	
		彭定猷	一八	巴县	二九、八	三五.〇〇	四〇.〇〇	
业务科	科长	张价	四〇	南充	二九	三〇〇.〇〇	三四〇.〇〇	卅一、五、廿六通知[illegible]暂代主任病故故请暂代
	副科长	余克稷	三〇	湖南	二六、七	二四五.〇〇	二八〇.〇〇	
	科员	张鸿勋	四八	巴县	二三、〇	一三〇.〇〇	一三五.〇〇	
		陈树风	二七	泸县	二五、九	六五.〇〇	九〇.〇〇	
		吴敬嘉	一九	泸县	二八、七	四五.〇〇	六〇.〇〇	
	见习	吴重贤	一九	泸县	二八、七	三〇.〇〇	三五.〇〇	卅年度考绩升科员
	周[illegible]	余克稷						卅二、三、十八[illegible]余克稷请求以章[illegible]

科长室科 出铨 卅一、三 三五〇.〇〇 三五〇.〇〇

重庆电力股份有限公司各科室职员一九四一年度考绩改支薪金清册　0219-1-35

73—1

其三六八促……副处长
为周……

职别	姓名	年龄	籍贯				备注
副主任	李德全	三六	重庆	三六八	一二〇〇	一五〇〇	
二级技师	王继纶	四〇	富顺	三三八	二〇〇〇	二三〇〇	
副工程师	韦时叙	三九	河北	二〇八	四〇〇	一八〇〇	卅年四月一日复职，前为三级工程师；七十五通知升工程师
	张博文	三八	河北	二九〇	三〇〇	一三五〇	[illegible]
	刘宗惠	三五	巴县	一八九	三〇〇	一五〇〇	[illegible]；九二 [illegible]
	李培阳			三三八	一三〇〇	一三〇〇	
二级务员	曾泽民	二八	璧山	三五九	七〇〇	一〇〇〇	九、二通知改正五十考资支薪
	陈先武	二八	岳池	三三七	九〇〇	一三〇〇	仝
	冯光富	二六	浙江	三三〇	七〇〇	一〇〇〇	仝
	周俊			三二六	八〇〇	八〇〇	卅七四考勤处核阅

重庆电力股份有限公司各科室职员一九四一年度考绩改支薪金清册 0219-1-35

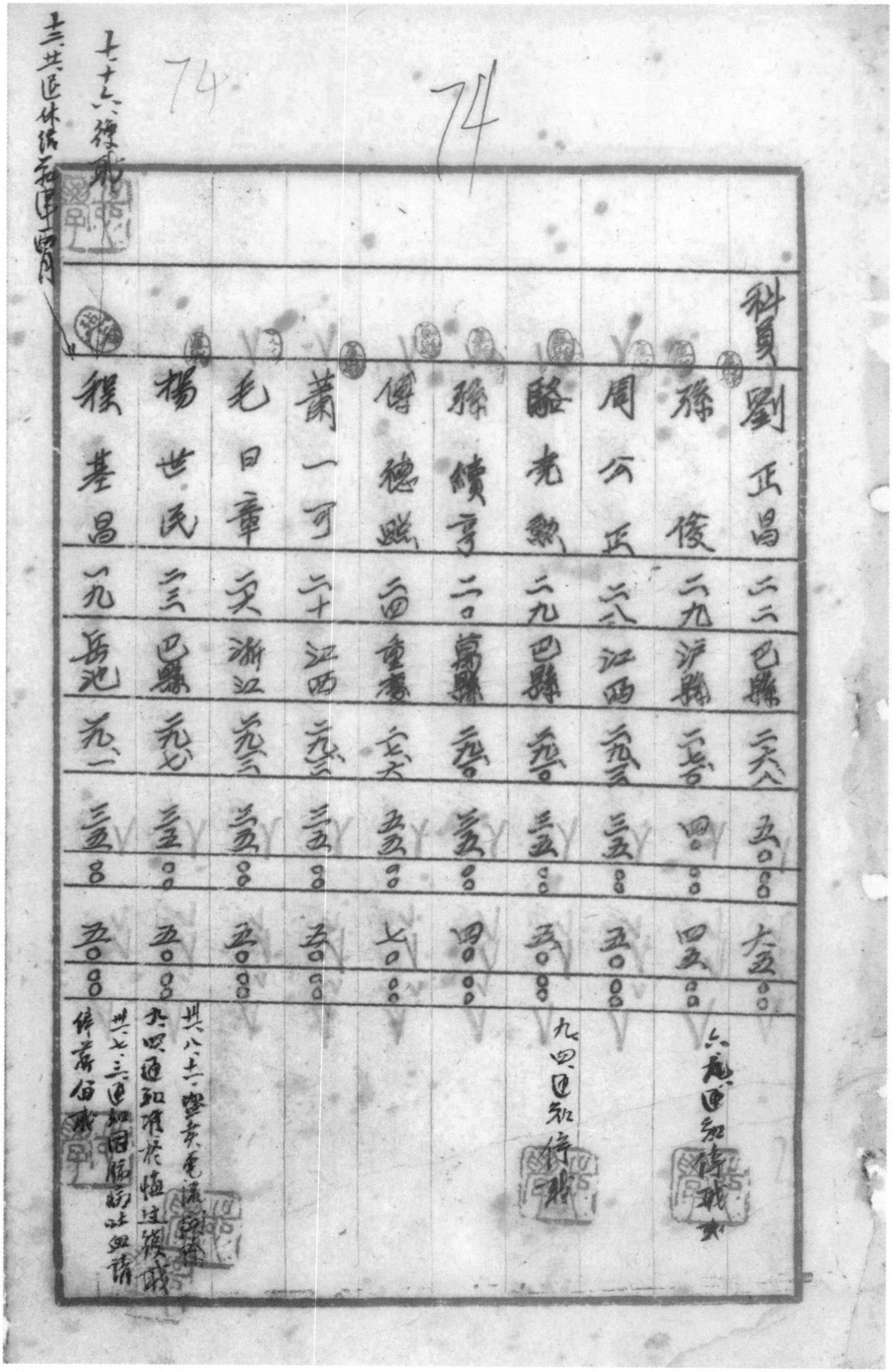

科員	劉正昌	二二	巴縣	二六.八	五〇〇	六五〇	六.九通知停職
	孫俊	二九	瀘縣	二五.四	四〇〇	四五〇	
	周公正	二八	江西	二九.三	三五〇	五〇〇	
	駱光勳	二九	巴縣	二九.四	三五〇	五〇〇	九.四通知停職
	孫續亭	二〇	萬縣	二九.四	三五〇	四〇〇	
	傅德熙	二四	重慶	二七.六	五五〇	七〇〇	
	蕭一可	二十	江西	二九.三	三五〇	五〇〇	
	毛日章	二八	浙江	二九.三	三五〇	五〇〇	卅八.十一嫈(?)奏毛日章於九.四通知准於復職
	楊世民	二三	巴縣	二九.七	三五〇	五〇〇	卅七.三通知因腦病吐血請停薪留職
	稅基昌	一九	岳池	二九.一	三五〇	五〇〇	

十一.十六停職

十二共退休法[illegible]

74-1

曾德風	四四	璧山	[illegible]	三五〇〇	三七〇〇	調[illegible]科通
趙芳華	二七	山東	[illegible]	二〇〇〇	三五〇〇	卅一年五月二日[illegible]科支
陳尊貴	三五	岳池	[illegible]	二〇〇〇	三五〇〇	[illegible]
孫家興	三五	巴縣	[illegible]	三五〇〇	三五〇〇	九三停職
劉樹岩	二三	南充	[illegible]	三五〇〇	五〇〇〇	
吳忠琦	三五	合江	[illegible]	三五〇〇	三五〇〇	卅六、三、廿四停職
薛慕張			[illegible]	三五〇〇	三五〇〇	
劉國華	三八	江北	[illegible]	三五〇〇	三五〇〇	
見習 李子溶	二九	巴縣	[illegible]	二〇〇〇	三〇〇〇	
徐昌商	二四	巴縣	[illegible]	二〇〇	三〇〇〇	

重庆电力股份有限公司各科室职员一九四一年度考绩改支薪金清册　0219-1-35

71

抄表股		王德懋	二八	瀘縣	二九.六	一〇〇.〇〇	二〇〇.〇〇	
	主任	王德華	二五	重慶	二七.八	一四〇.〇〇	一六〇.〇〇	原薪一六〇卅年十一月暫升工程師加二十元改支壹百七十元
	科員	鄭權	三〇	瀘縣	二四.八	六五.〇〇	九〇.〇〇	
		夏仲康	三一	富順	二八.八	八〇.〇〇	一〇〇.〇〇	
		洪家楨	二八	成都	二五.二	五五.〇〇	七〇.〇〇	
		胡澄秋	三一	巴縣	二七.四	四〇.〇〇	五五.〇〇	
		文家敏	二五	河北	二三.九	四五.〇〇	六〇.〇〇	
		唐勤彦	三〇	江北	二四.九	五〇.〇〇	六〇.〇〇	
		賴先輝	二八	巴縣	二六.八	五〇.〇〇	六五.〇〇	
		何開源	二七	内江	二七.九	四〇.〇〇	五五.〇〇	

卅六十八 材料股

75-1

職別	姓名	年齡	籍貫				備考
	馮克安	二二	巴縣	二七九	四〇〇	五〇〇	
	周健吉	二〇	湖南	二九三	三五〇	三五〇	丁等由主管科知 卅二、十、十三停薪
	盧廷錫	三〇	重慶	三二五	三五〇	五〇〇	
	費心葉	三八	巴縣	二七二	三五〇	四五〇	卅年十一月八日止薪
	丁守良	三五	巴縣	二七三	三〇〇	三五〇	儀以黃股調 材表所
	鄭德淵	三八		三三三	三五〇	三五〇	十二、廿二 長假
見習	何文星	一八	涪陵	二九三	二〇〇	三〇〇	
	張道剛	二八	巴縣	二四八	二〇〇	[illegible]	十二、
票據股主任	耿合英	四六	巴縣	三三八	二〇〇	三四五〇	
科員	黃登榮	二三	巴縣	二六八	七五〇	八〇〇	[illegible]

76

李樹輝	二六	江津	二八.八	五〇.〇〇	六〇.〇〇
李文修	二八	巴縣	三〇.九	七〇.〇〇	八〇.〇〇 [illegible]
王式度	二六	江縣	二六.八	四〇.〇〇	五五.〇〇
王澤榮	二五	巴縣	三〇.八	四五.〇〇	五五.〇〇
吳伯言	二八	廣安	二九.六	三五.〇〇	五〇.〇〇
耿應麟	二三	巴縣	二六.六	三五.〇〇	五〇.〇〇
毛君濂	二六	巴縣	二九.八	三五.〇〇	四〇.〇〇
劉祖芳	二一	巴縣	二六.八	三五.〇〇	四五.〇〇
廖碩富	二五	巴縣	三〇.八	三五.〇〇	三五.〇〇
余運卿	二五	江縣	三〇.八	三五.〇〇	四〇.〇〇

印刷 敏澤

重庆电力股份有限公司各科室职员一九四一年度考绩改支薪金清册 0219-1-35

重庆电力股份有限公司各科室职员一九四一年度考绩改支薪金清册　0219-1-35

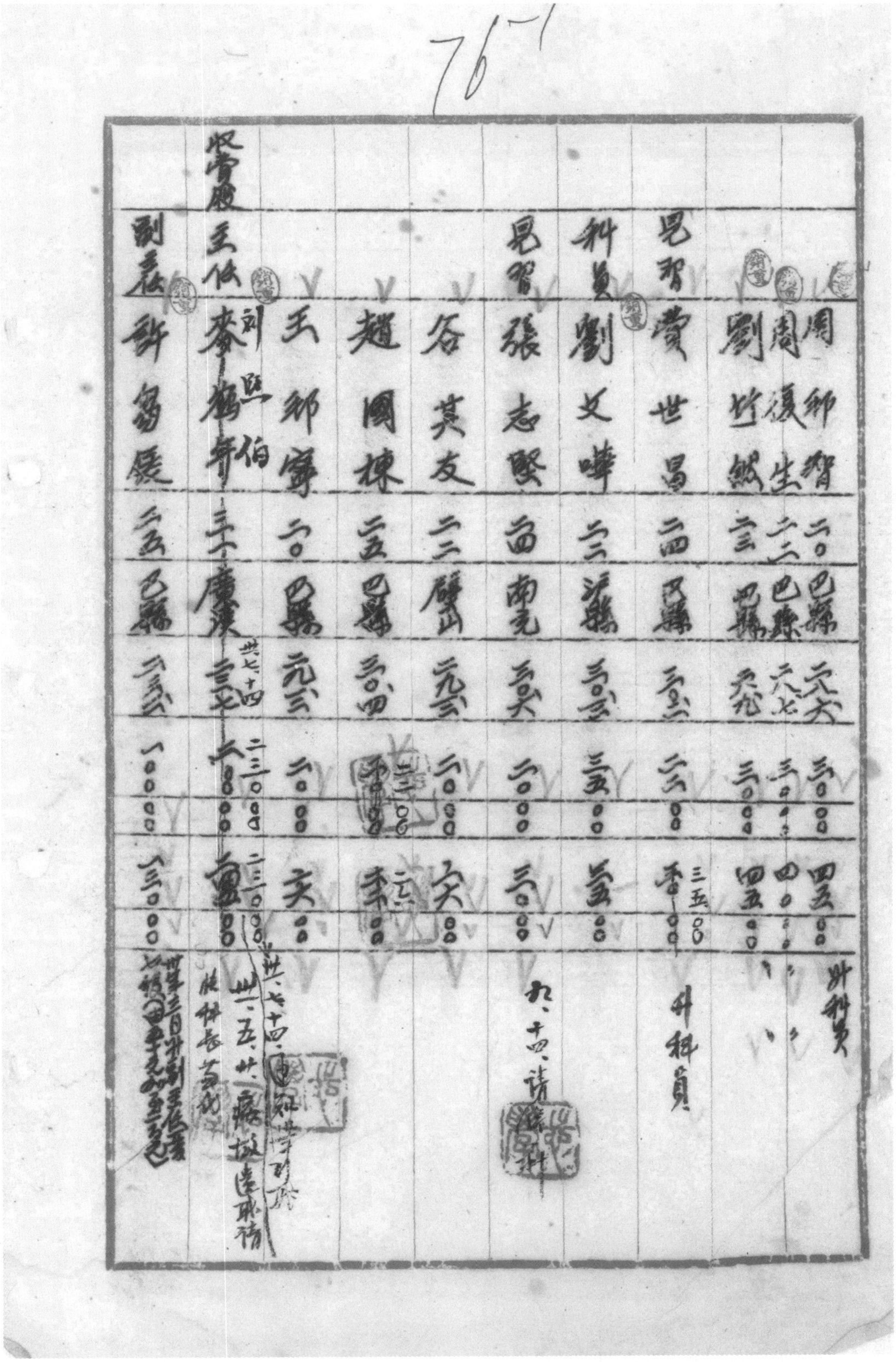

76

			助理	科員	助理				收費股主任	副主任
周卿賢	周復生	劉竹鍼	費世昌	劉文暐	張志堅	谷其友	趙國棟	王卿寧	秦鶴奇（改劉熙伯）	許紹展
二〇	二二	三二	二四	二三	二四	二二	二五	二〇	三一	二五
巴縣	巴縣	巴縣	巴縣	[illegible]	南充	璧山	巴縣	巴縣	廣漢	巴縣
[illegible]	[illegible]	[illegible]	[illegible]	[illegible]	[illegible]	[illegible]	[illegible]	[illegible]	[illegible]	[illegible]
三〇〇〇	三〇〇〇	三〇〇〇	二六〇〇	三五〇〇	三〇〇〇	三〇〇〇	[illegible]	三〇〇〇	[illegible]	一〇〇〇〇
四五〇〇	四〇〇〇	四五〇〇	[illegible]（三五〇〇）	三五〇〇	三〇〇〇	[illegible]	[illegible]	[illegible]	[illegible]	一三〇〇〇
升科員			升科員		九、十四、請[illegible]				廿七、十四，廿一、五、廿、[illegible]	[illegible]

科員 鄧治安	二三	長壽	二七.六	七〇.〇〇	一〇〇.〇〇	卅年四月起由四十元加至七十元 卅二年六月十八升副股長
羅守信	二五	璧山	二九.三	五〇.〇〇	六五.〇〇	
羅業修	二八	璧山	[illegible]	四五.〇〇	六〇.〇〇	
廖精輝	三五	華陽	[illegible]	六五.〇〇	九〇.〇〇	
蕭家璇	二九	南充	二九.二	三五.〇〇	五〇.〇〇	
杭鶴輝	二七	巴縣	三〇.四	三五.〇〇	五〇.〇〇	
李來義	四一	河南	[illegible]	一二〇.〇〇	一五五.〇〇	
楊達雲	五四	成都	[illegible]	一〇〇.〇〇	一三〇.〇〇	
嚴烈輝	四一	江津	[illegible]	五五.〇〇	七〇.〇〇	
黃明材	二二	長壽	[illegible]	三五.〇〇	五〇.〇〇	

重庆电力股份有限公司各科室职员一九四一年度考绩改支薪金清册 0219-1-35

77-1

李覲湖	三〇	潼縣	二九、八	三五.〇〇	五〇.〇〇	
吳瑞生	二七	重慶	二九、六	三五.〇〇	四五.〇〇	
郭紹林	三一	瀘縣	二四、六	二〇.〇〇	四〇.〇〇	
何足鼎	二七	大足	二九、一〇	三五.〇〇	五〇.〇〇	
彭君儒	二八	江北	二九、一〇	三五.〇〇	四五.〇〇	
朱仲倫	三六	巴縣	三〇、六	七〇.〇〇	九〇.〇〇	十、十七、通知調稽核室 十二、廿八解職給薪兩月
李石麟	三〇	江西	二九、一〇	三五.〇〇	五〇.〇〇	
何澤浦	二七	巴縣	二九、一〇	三五.〇〇	五〇.〇〇	
朱立之	二五	瀘縣	二四、六	六五.〇〇	九〇.〇〇	
丁道崇	二五	巴縣	二三、九	四五.〇〇	六〇.〇〇	

重庆电力股份有限公司各科室职员一九四一年度考绩改支薪金清册 0219-1-35

78

朱殿英	三一	巴縣	二六·八	七〇.〇〇	八〇.〇〇	
胡仲文	四〇	巴縣	三〇·九	三五.〇〇	三五.〇〇	
韓永慶	二二	長壽	三〇·九	三五.〇〇	三五.〇〇	
唐亞夫	二二	永川	三〇·九	三五.〇〇	三五.〇〇	
明慶伋	[illegible]	江北	三〇·九	三五.〇〇	三五.〇〇	
竇紹臣	三八	江北	三〇·九	三五.〇〇	三五.〇〇	
劉心一	三六	酆都	三〇·四	二〇.〇〇	三五.〇〇	卅年度考績升科員
馮体政	二一	瀘縣	三〇·六	三〇.〇〇	四五.〇〇	〃 〃
丁德昌	二二	榮縣	三〇·一	二〇.〇〇	三五.〇〇	〃 〃
王世相	二二	綦江	三〇·九	三五.〇〇	三五.〇〇	

78-1

科室	职别	姓名	年龄	籍贯	到职日期	原薪	改支薪金	备注
		吴泽民	二五	巴县	三〇、十	四五〇.〇〇	三六〇.〇〇	另调译电股
		王大绪	一九	巴县	二七、六	四五.〇〇	六〇.〇〇	
		黄烈勋	三二	犍为	三三、二	三五.〇〇	三五.〇〇	
		刘国章	三一	江北	三〇、二	三五.〇〇	三五.〇〇	
	见习	陈海轩		合川	三〇、三	二〇.〇〇	二〇.〇〇	
会计科	科长	黄大庸	三七	犍为	二九、一〇	二三五.〇〇	二六〇.〇〇	
出纳股	主任	刘伊凡	三三	江北	二四、三	二〇〇.〇〇	二四〇.〇〇	卅一、三 升副科长 仍兼股长
	科员	高衍之	四六	巴县	二六、七	一六〇.〇〇	一四〇.〇〇	
		曾秉清	二四	阆中	二九、八	四〇.〇〇	五五.〇〇	
		顾景霖	一九	宜昌	三〇、二	二〇.〇〇	三五.〇〇	卅年度考绩升科员

重庆电力股份有限公司各科室职员一九四一年度考绩改支薪金清册　0219-1-35

簿記股

見習	潘先進	二二	江北	三〇、二六	三〇.〇〇	三〇.〇〇	
主任	劉德惠	二四	巴縣	二六、八	九〇.〇〇	一二〇.〇〇	廿九年九月五日升調主任支九十元叠加三級加三十元 卅年一月升主任
科員	張治源	二〇	仁壽	二七、三	五〇.〇〇	六五.〇〇	
	艾明郁	二四	江北	二六、一〇	四〇.〇〇	五〇.〇〇	
	易則修	二五	合川	三〇、二六	五〇.〇〇	五〇.〇〇	八、卅 通知長假照准
	熊静澤	二七	達縣	三〇、三	五〇.〇〇	六〇.〇〇	卅年四月廿三日調用料股 支五十元
	湯大榮						調材料股
	王大光	二〇	巴縣	二九、二六	四五.〇〇	五五.〇〇	十、廿六 通知長假
見習	張顯華	二〇	巴縣	三〇、二六	二〇.〇〇	二八.〇〇	卅一、七、四、扣除合作社款 二九六八元追繳
	周光泳	二六	達縣	三〇	三〇.〇〇	三五.〇〇	卅年度考績升科員
升科員	吳澤民	二五	巴縣	三〇、二	三五.〇〇	三五.〇〇	已由收費股調來

已通知停職

重庆电力股份有限公司各科室职员一九四一年度考绩改支薪金清册　0219-1-35

79-1

	楊南金	[illegible]	巴縣	[illegible]	[illegible]	[illegible]	十一.廿八.調備置股
	劉啟	[illegible]	江津	[illegible]	[illegible]	[illegible]	卅二.二.十三.停薪留職
	陳武良	[illegible]	漢口	[illegible]	[illegible]	[illegible]	
科員	何篤睦	[illegible]	巴中	[illegible]	[illegible]	九〇.〇〇	[illegible]
見習	徐自律				[illegible]		
主任	楊新民	[illegible]	[illegible]	[illegible]	[illegible]	[illegible]	[illegible]十元再調[illegible]不足之薪俟五元共應加十五元
科員	吳季鶴	[illegible]	巴縣	[illegible]	[illegible]	五〇.〇〇	
	陳達清	[illegible]	[illegible]	[illegible]	[illegible]	[illegible]	
	鄧興鄴	[illegible]	[illegible]	[illegible]	[illegible]	五〇.〇〇	九.三.通知改正式科員改支50.00
見習	杜復生	[illegible]	重慶	[illegible]	[illegible]	[illegible]	
科員	馬雲程	[illegible]	江北	[illegible]	[illegible]	[illegible]	

江北辦事處

80 83

南岸辦事處	職別	姓名	年齡	籍貫				備考
		張熊吾	二五	巴縣	[illegible]	[illegible]	[illegible]	人事股七卅三通知 [illegible] 停職
	主任	劉佩雄	三六	江蘇	[illegible]	[illegible]	[illegible]	
	科員	魯麗臣	四四	成都	[illegible]	[illegible]	[illegible]	
		謝天澤	三〇	璧山	[illegible]	九〇.〇〇	[illegible]	卅一、三、先九、卅 [illegible]
		胡蜀言	三七	江北	[illegible]	[illegible]	[illegible]	卅一、二、十九、辭職
	二等辦事員	周惠若	二八	涪陵	[illegible]	八〇.〇〇	一〇〇.〇〇	九、三、改正式工務員 [illegible]
		冉 模	二六	萬縣	[illegible]	七〇.〇〇	九〇.〇〇	調江北辦事處 九、三、通知改正式工務員 [illegible]
		程孟(?)香	二八	巴縣	[illegible]	七〇.〇〇	九〇.〇〇	九、三、奉通知改正式工務員 [illegible]
		施慎安	[illegible]	江蘇	[illegible]	[illegible]	[illegible]	
		朱秉恰			[illegible]	一〇〇.〇〇	一〇〇.〇〇	卅一、四、六、停職

重庆电力股份有限公司各科室职员一九四一年度考绩改支薪金清册 0219-1-35

重庆电力股份有限公司各科室职员一九四一年度考绩改支薪金清册 0219-1-35

80-1

	見習	歐陽民	三七	濱中	元四	六〇.〇〇	四〇.〇〇	卅年度考績升科員
		顏思榮	二〇	重慶	二〇六	三〇.〇〇	三〇.〇〇	卅二.四.廿三函聘為職員
		杜錫佩			三四	[二五.〇〇] 二五.〇〇	[二五.〇〇] 二五.〇〇	
沙坪壩辦事處	主任	劉澤民	三八	河北	六八	三〇〇.〇〇	六八〇.〇〇	請升為工程師 卅二.廿二工程師
	副工程師	范志高	二九	暨陽	二八	四〇〇.〇〇	一八五.〇〇	呈函知升工程師
	工務員	張雲川	二九	上海	二八	一二〇.〇〇	一五五.〇〇	
		唐啟海	二八	巴縣	二六	五〇.〇〇	六〇.〇〇	
		劉常生	三五	瀘陵	四九	八〇.〇〇	一〇〇.〇〇	卅一.五.廿六函知請長假
	科員	劉祖蔭	二四	巴縣	三五七	五五.〇〇	七〇.〇〇	
		楊慶麟	三七	江蘇	三〇一	八〇.〇〇	一〇〇.〇〇	

重庆电力股份有限公司各科室职员一九四一年度考绩改支薪金清册 0219-1-35

81

營業處 [illegible]組						
	何中堅	二六	巴縣	六九七	三五〇〇	四五〇〇
組長	袁玉麟	四三	[illegible]	五〇一	三八〇〇	三八〇〇
副組長	王康生	四六	湖北	三九八	四〇〇〇	八五〇〇
會察	周靜誠	三九	成都	三九八	三六〇〇	九〇〇
	陳洪奎	三八	湖北	三九〇	三五〇〇	九〇〇〇
檢查	梁永芳	三七	湖北	三四四	三三〇〇	四〇〇
	歐文禮	二九	江蘇	三四四	二八〇〇	八〇〇
審查	吳鎬珊	四二	湖北	三九八	二八〇〇	七〇〇〇
	劉英杰	四七	湖北	三四八	二八〇〇	二〇〇〇
	裴大鈞			三八三	二八〇〇	二八〇〇

全 十二、六 信 右

該員查已病故業通知以列

承辦補充

81-1

	劉永安			二五四	一〇	〇〇	二〇	〇〇	卅一、三、十八、停職
庶務	陽毓武	四五	巴縣	一六八	四五	〇〇	五五	〇〇	卅一、五、十八、調[illegible]
錄事	陶基寬	二六	江蘇	二五〇	三五	〇〇	三五	〇〇	
書記	楊靜宴			二六〇	三〇	〇〇	三〇	〇〇	
遷建工程處 兼庶務	吳錫瀛			二三一	四〇	〇〇	五〇	〇〇	
工程師	戚澤圃	二八	湖南	二三六	一〇〇	〇〇	一〇〇	〇〇	卅年十二月升工程師
副工程師	張萬椿	三六	成都	二九九	一五五	〇〇	一〇〇	〇〇	調升工程師
土木工程師	詹寶夔	三〇	遂寧	三四四	一〇〇	〇〇	三〇〇	〇〇	卅一、十二、十[illegible]通知裁至年
工務員	戴次群	三〇	內江	一四八	七〇	〇〇	九〇	〇〇	升工務員　十一、十二
	陳季文	二六	遂溪	二五五	一〇	〇〇	八〇	〇〇	八、十四、人事通知停職

重庆电力股份有限公司各科室职员一九四一年度考绩改支薪金清册　0219-1-35

82

卅二.二.三通知 钱用期满改正式工务员 八月支八十元 [illegible]

职别	姓名	年龄	籍贯	到职日期	原薪	改支薪金	备注
学习工务员	薛崇文	二七	梓橦	二九.六	七〇.〇〇	八〇.〇〇	十二.六.调业务科；卅二.四.廿三.开除
科员	朱劲先	四九	阆中	二八.四	一〇〇.〇〇	一二〇.〇〇	
	刘秘钧	三〇	酆都	二八.三	九〇.〇〇	一一〇.〇〇	稽查会
	刘[illegible]藏	二六	隆昌		四〇.〇〇	四四.〇〇	该员卅年支薪四十元系科员级 但系见习生 依卅一.七.二六奉批 照补卅年相差津贴
	喻邦仪	二五	巴县	二八.六	五五.〇〇	七〇.〇〇	
见习	刘焕[illegible]	二六	岳池	二九.九	三〇.〇〇	四〇.〇〇	卅二.三.八.延长一年勤务员
	阳光化	一九	岳池	二九.八	六〇.〇〇	六〇.〇〇	
工务员	傅浙藩	二一	岳池	二九.九	八〇.〇〇	一〇〇.〇〇	卅一.一.升副工程师
	孙新传	二五		二九.八	八〇.〇〇	一二〇.〇〇	卅一.一.升副工程师
	赵[illegible]			三一.四.一复职	五〇.〇〇	[illegible]	复职
	朱启樑			卅六.三	五五.〇〇	[illegible]	
	任幸业			卅六.五	八〇.〇〇	八〇.〇〇	

用户股业务员吴国屏　卅一.四　五〇.〇〇　五〇.〇〇　复职　另通知停职

重庆电力股份有限公司各科室职员一九四一年度考绩改支薪金清册 0219-1-35

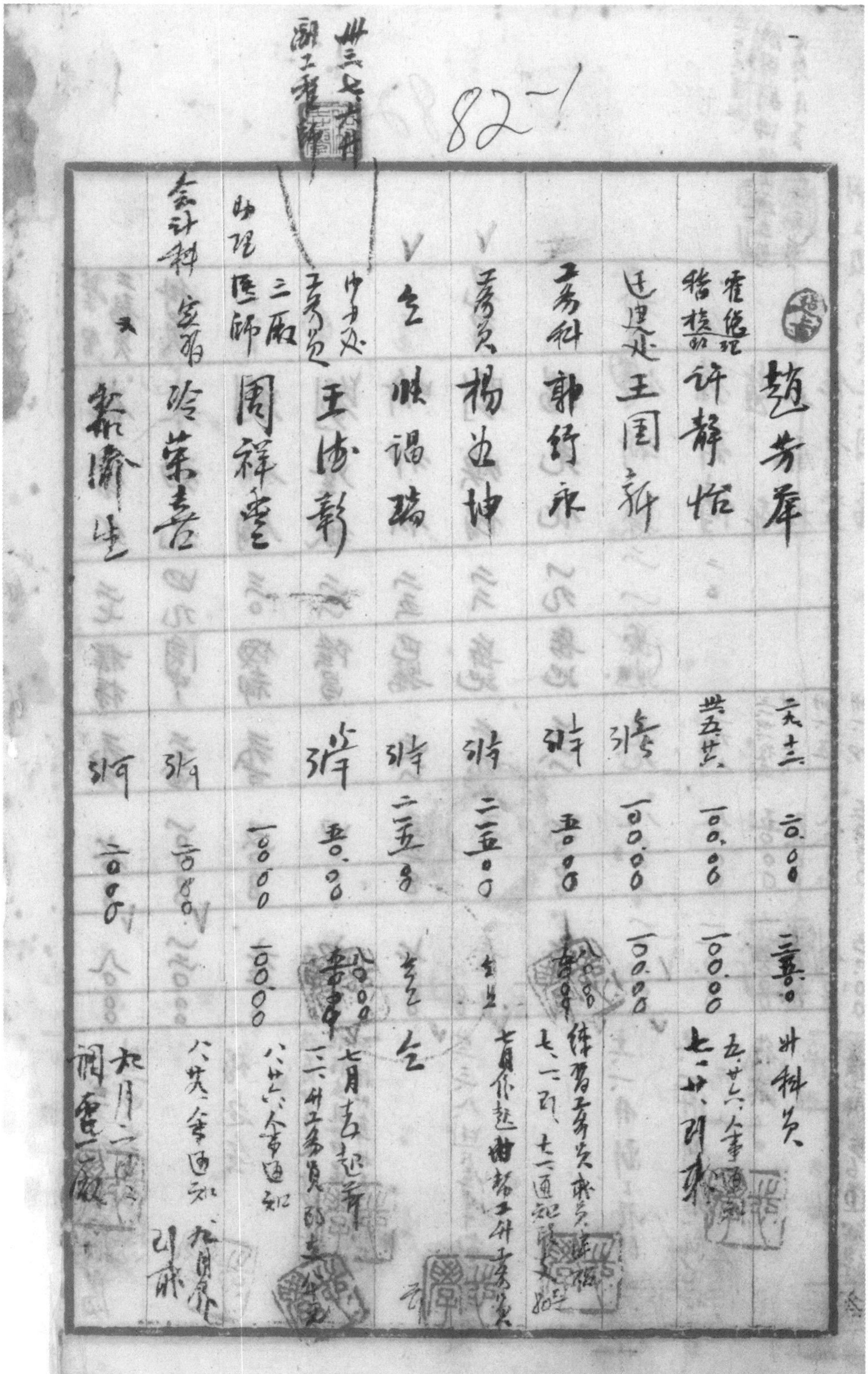

82-1

	趙芳岸	[illegible]	二〇.〇〇	[illegible]	卅科员
稽核	许静怡	[illegible]	一〇〇.〇〇	一〇〇.〇〇	[illegible]
[illegible]	王国新	[illegible]	一〇〇.〇〇	一〇〇.〇〇	
工务科	郭舒永	[illegible]	五〇.〇〇	[illegible]	[illegible]
工务员	杨达坤	[illegible]	[illegible]	[illegible]	[illegible]
仝	张谒瑞	[illegible]	[illegible]	[illegible]	仝
工务员	王伯彰	[illegible]	五〇.〇〇	[illegible]	[illegible]
二厂助理医师	周祥云	[illegible]	一〇〇.〇〇	一〇〇.〇〇	[illegible]
会计科实习	冷荣喜	[illegible]	六〇.〇〇	[illegible]	[illegible]
又	蔡瑜生	[illegible]	六〇.〇〇	[illegible]	[illegible]

重庆电力股份有限公司各科室职员一九四一年度考绩改支薪金清册　0219-1-35

83

第一姓叙 欠號	黄佐之	31/1	二〇〇.〇〇	八、十六人事通知
業務科助理員	任培江	31/1	五〇.〇〇	九、廿九、秘書室通知 十一、一到職
工程師當總務副科長	曾康圻	31/1	三〇〇.〇〇	十、十九到職 十二、七、代科長
[illegible]	王榮輝	31/1	二〇.〇〇	由發電廠調來自十一月份起薪 [illegible]
交行借款稽核	王忠權	31/1	二五〇.〇〇	十一月九日通知卅一年一月一日通知即日 [illegible]
總務科試用科員	嚴世鈞	31/1	三五.〇〇	業務股服務 [illegible]
秘書兼副科長 總務科副科長	王寅生	31/1	一〇〇.〇〇	十二、廿六通知 [illegible]
總務科醫務室	葉文全	31/1	一〇〇.〇〇	三級助理醫師 十二、十六通知
又 材料股科員	祝振庭	31/1	六〇.〇〇	十二、七、通知 [illegible]
總務科科員	王雲楚	31/1	三五.〇〇	由營業一股調來 十二、廿二、回休 [illegible]

卅二、十一、廿二
為查明工友…[illegible]
彙案記工一次

83-1

協理兼總工程師	陳仿陶			十二月廿八日[illegible]
秘書	夏斌初	32十	三〇〇.〇〇	卅二、一、[illegible] 科長待遇
購置股科員	陳兼叔	32半	二五〇.〇〇	卅二、一、四[illegible]
試用辦事員文書股	徐熙堯	32 29/12	三〇〇.〇〇	十二、廿[illegible] 卅一、[illegible]
總料股科員	馮榮初	32一	四〇.〇〇	一月七日[illegible]
江北處科員	李仲康	32一	四〇.〇〇	一月七日[illegible]
庶務股見習	方国林	32一	三〇.〇〇	一月十一日 三、卅[illegible]
發行派 監收材料並出納	王[illegible]	[illegible]	二〇.〇〇	十二月[illegible]
總務科副科長	陶益[illegible]	32[illegible]	二五〇.〇〇	卅二、二、一[illegible]
文書股科員	孫[illegible]曄	32[illegible]	八〇.〇〇	卅二、二、二[illegible]

重庆电力股份有限公司全体职员姓名、薪级册　0219-2-196

重慶電力股份有限公司全體職員姓名薪級册

職別	姓名	級位	月薪	到職日期	備考
總經理	劉航琛	一一	三〇〇 〇〇	二十四年二月	公司到職
總務科科長	袁玉麟	二〇	一二〇 〇〇	同前	同前
副科長	劉君瑞	二〇	一二〇 〇〇	二十三年七月	營業部到職
材料股主任科員	王縵華	二五	七〇 〇〇	二十四年二月	公司到職
科員	曾昭元	三〇	四〇 〇〇	二十二年九月	舊廠到職
科員	鄢仲麃	三一	三五 〇〇	二十四年二月	公司到職
科員	張秋谷	三一	三五 〇〇	二十三年七月	營業部到職
見習生	陳西黎	三二	三〇 〇〇	同前	同前
見習生	喻邦世	三八	一五 〇〇	廿三年七月	營業部到職
見習生	周立剛	三八	一五 〇〇	同前	同前
購置股主任科員					
科員	劉伊凡	三〇	四〇 〇〇	廿四年三月	公司到職
科員	温伯犀	三一	三五 〇〇	同前	同前
稽查股主任科員	張震青	二五	七〇 〇〇	廿二年九月	舊廠到職
科員	朱孝先	三一	三五 〇〇	同前	同前
庶務股主任科員	唐道昌	二五	七〇 〇〇	同前	同前
科員	李經鎔	三一	三五 〇〇	廿三年七月	營業部到職
文書股科員	何寬厚	三〇	四〇 〇〇	同前	同前

2

科員	楊新民	三一	三五	〇〇	卅四年六月	公司到職
科員	劉聲飈	三一	三五	〇〇	同前	同前
科員	劉溥泉	三一	三五	〇〇	卅三年七月	營業部到職
科員	蕭有鈞	三一	三五	〇〇	同前	同前
業務科科長	劉杰	二〇	一二〇	〇〇	同前	同前
營業股主任科員	簡伯良	二五	七〇	〇〇	同前	同前
科員	李德全	二九	四五	〇〇	卅二年九月	舊廠到職
科員	戚咸嘉	三〇	四〇	〇〇	卅三年七月	營業部到職
科員	張敬修	三〇	四〇	〇〇	同前	同前
科員	別梓益	三〇	四〇	〇〇	同前	同前
科員	魯麗臣	三〇	四〇	〇〇	卅三年七月	營業部到職
見習生	許芻展	三五	二一	〇〇	同前	同前
見習生	王穎卿	三八	一五	〇〇	同前	同前
見習生	王慶餘	三八	一五	〇〇	卅四年二月	公司到職
見習生	韓翺宗	三八	一五	〇〇	同前	同前
見習生	王遵頤	三八	一五	〇〇	卅四年六月	同前
見習生	支玉書	三八	一五	〇〇	同前	同前
抄表股主任科員	張宏勲	二五	七〇	〇〇	卅三年七月	營業部到職
科員	夏仲康	三〇	四〇	〇〇	同前	同前
科員	王厚餘	三一	三五	〇〇	卅二年九月	舊廠到職

重庆电力股份有限公司全体职员姓名、薪级册 0219-2-196

重庆电力股份有限公司全体职员姓名、薪级册 0219-2-196

見習生	廖精輝	三五	二一 〇〇	廿四年二月	公司到職
見習生	范子暉	三五	二一 〇〇	同前	同前
見習生	王愷謀	三八	一五 〇〇	同前	同前
見習生	朱立之	三八	一五 〇〇	廿四年六月	同前
核算股主任科員	麥鶴年	二五	七〇 〇〇	廿三年七月	營業部到職
見習生	杜培先	三二	三〇 〇〇	同前	同前
見習生	劉永立	三三	二七 〇〇	同前	同前
見習生	楊勝敷	三四	二四 〇〇	廿四年六月	公司到職
製票股主任科員	耿含英	二五	七〇 〇〇	廿三年七月	營業部到職
科員	趙玉棧	三一	三五 〇〇	廿二年九月	舊廠到職
見習生	楊德光	三五	二一 〇〇	廿四年二月	公司到職
收費股主任科員	李勳	二五	七〇 〇〇	廿三年七月	營業部到職
科員	楊達雲	三〇	四〇 〇〇	同前	同前
科員	李來義	三〇	四〇 〇〇	同前	同前
科員	張師黄	三〇	四〇 〇〇	同前	同前
科員	冉鴻舉	三〇	四〇 〇〇	廿二年九月	舊廠到職
科員	戴茂林	三〇	四〇 〇〇	同前	同前
科員	郭紹林	三一	三五 〇〇	廿四年二月	公司到職
科員	張熙台	三一	三五 〇〇	廿四年六月	同前
科員	何火林	三一	三五 〇〇	廿二年九月	舊廠到職

見習生	袁履端	三八	一五	〇〇	廿四年六月	公司到職
會計科科長	朱小佛	二〇	一二〇	〇〇	廿二年九月	舊廠到職
出納股主任科員	陳仲達	二五	七〇	〇〇	廿四年二月	公司到職
科員	馬行之	三〇	四〇	〇〇	廿三年七月	營業部到職
見習生	游叙倫	三八	一五	〇〇	同前	同前
審核股主任科員	侯玉岑	二五	七〇	〇〇	廿二年九月	舊廠到職
科員	李嵐邨	二九	四五	〇〇	廿四年二月	公司到職
科員	劉長忠	三一	三五	〇〇	廿三年七月	營業部到職
見習生	朱成舉	三八	一五	〇〇	同前	同前
簿記股主任科員	曹志齋	二五	七〇	〇〇	同前	同前
科員	辛卓夫	二八	五〇	〇〇	廿三年七月	營業部到職
科員	程志學	三一	三五	〇〇	同前	同前
見習生	何篤睦	三八	一五	〇〇	同前	同前
見習生	劉鳴皋	三八	一五	〇〇	廿四年六月	公司到職
統計股主任科員	許幼田	二五	七〇	〇〇	廿三年七月	營業部到職
科員	賴光述	三〇	四〇	〇〇	同前	同前
見習生	張曄然	三八	一五	〇〇	同前	同前

重庆电力股份有限公司全体职员姓名、薪级册　0219-2-196

重庆电力股份有限公司各科、股职员姓名清册 0219-2-196

6

重慶電力公司各科股職員姓名清冊

重庆电力股份有限公司各科、股职员姓名清册　0219-2-196

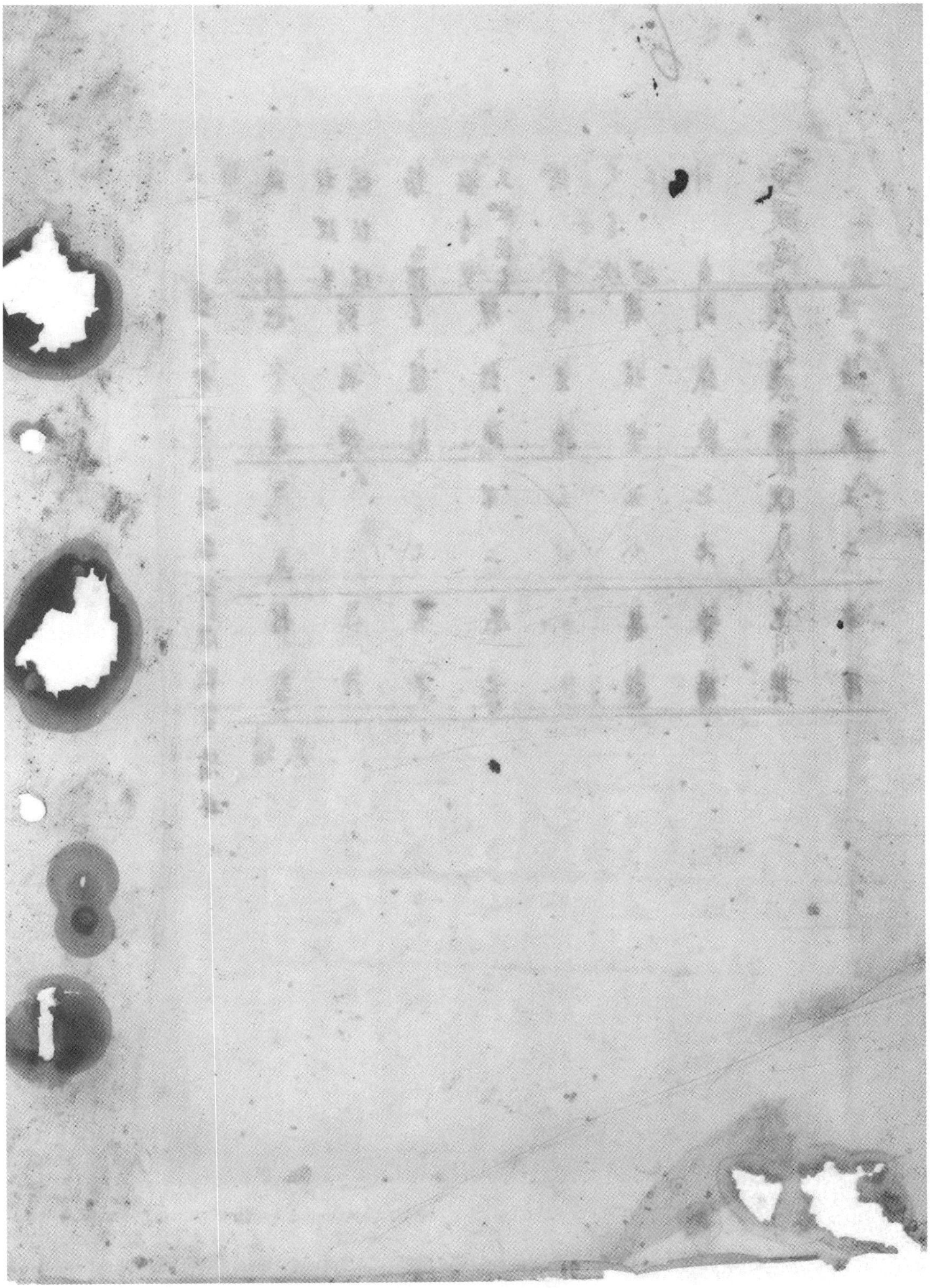

重庆电力股份有限公司各科、股职员姓名清册　0219-2-196

7

重慶電力公司各科股職員清冊

職別	姓名	年齡	籍貫	備攷
經理室 總經理	劉航琛			
協理	石體元			
秘書室 主任秘書	陳銘德	四二	仁壽	
秘書	張肖鼎	三六		
文書股 主任	閻倬雲	四八	渠縣	
科員	劉欽秋	四七	貴陽	擬稿
	何寬厚	四八	巴縣	全前
	沈海東	五二	華陽	繕寫

重庆电力股份有限公司各科、股职员姓名清册　0219-2-196

見習	孫久鐵	二九	宣漢	繕寫
稽查室主任	端木模	、、	南京	稽查查[illegible]
科員	周玉南	三六	達縣	收發文件
見習	楊同培	二八	宣漢	登記
總務科科長	袁玉麟	三[illegible]		
人事股主任	曾少[illegible]	五〇	成都	行動報離（漏气）
見習	吳美材	二五	宣漢	未派令暫管圖到簿
	傅德新	二三	巴縣	無專職
	甯望榮	二〇	渠縣	請假月報表人名通報
材料股主任	王啟華	五〇	瀘州	收材料由股與股間往來用量[illegible]需[illegible]核[illegible]量無[illegible]單

8

科 算	鄢仲廉	二九	巴縣
	李朝惠	二九	閬中
	陳西蓉	二五	巴縣
	王永思	三八	宜賓
長假	周玄則	三二	巴縣
	鄢紋彝	二七	南溪
	周樹生	〃	巴縣
	王韻餘	〃	沙縣
見習	陳銘謨	二九	〃
	朱永鈺	二三	閬中

編科手續經理部似無[illegible]
機[illegible]之設備

重庆电力股份有限公司各科、股职员姓名清册 0219-2-196

代民	張繼美	[illegible]	[illegible]
調江北	陳遠靖	[illegible]	[illegible]
	張成之	[illegible]	[illegible]
購置股主任	黎鄧周	四七	武勝
科員	曾昭元	二九	巴縣
	温伯澤	三八	沙縣
	曾昭明	二七	巴縣
	王雲樵	[illegible]	[illegible]
見習	晏懷德	二〇	隆昌
	劉發嶽	二二	[illegible]

	蔡安炯	[illegible]	[illegible]	
	宋致銑	[illegible]	[illegible]	
廣務股主任	唐炳昌	三五	岳池	
科員	李經端	五九	渠縣	收發公文、文具、雜項開支並管伙食
見習	張治源	二九	仁壽	收付票據及雜務
	劉燠成	二七	岳池	[illegible]
稽查股主任	張襄青	五三	武昌	
科員	李仙樓	四九	秀山	[illegible]
	劉声幽	[illegible]	[illegible]	[illegible]
	文松林	[illegible]	汶北	[illegible]

重庆电力股份有限公司各科、股职员姓名清册　0219-2-196

	潘勤斯	三三	涪陵	（常駐城內）
	金馨逵	二九	湖北	調查用戶用電情形檢舉竊電
	陶純武	四五	巴縣	兼辦收用戶欠費
	黃德波	三九	仁壽	協辦內部事務主管本廠雜事
	易抗強（宋孝先）	二三	萬縣（閬中）	調派外勤辦理運輸
	曾碧青	二六		兼三區[illegible]調查廠房[illegible]
	葉白藝	二〇	巴東	
業務科科長	張玠	三八	南充	
營業股代理主任	杜培先	二六	閬中	
科員	李篆侯	三七	成都	

重庆电力股份有限公司各科、股职员姓名清册 0219-2-196

10

	羅烈輝	四〇	江津
見習	陳樹風	二六	瀘州
	劉正昌	二一	巴縣
	胡光輝	二〇	〃
	王大緒	二八	〃
	余榮輝	二一	江北
	孫[illegible]俊	二八	瀘縣
	閻復生	二〇	巴縣
	吳啟熹	一八	[illegible]
抄表股 主任	張宏勛	四七	巴縣

重庆电力股份有限公司各科、股职员姓名清册 0219-2-196

科員	夏仲康	三〇	富順	外勤
	廖精粹	三四	華陽	辦理表單及送照單
	鄒[illegible]權	二四	瀘縣	新用户登記及拆表換表出入
	唐勳序	二八	江北	外勤
	宋文之	三四	瀘縣	南岸抄表
見習	洪泉楨	二七	成都	填卡片
	尤家欽	二四	江北	外勤
	周光泳	二九	綦縣	立卷
	何聞源	二六	內江	外勤
	費興業	二〇	巴縣	協助外勤有時在櫃內服務

重庆电力股份有限公司各科、股职员姓名清册 0219-2-196

11

	胡沢秋	三〇	巴縣	外勤
	馮秀如	二八	〃	寫表牌
	曾昭猷	二〇	〃	寫表牌
製票股主任	欧公英	四五	〃	製抄表收據及接電費收據
科員	顏錫農		〃	
見習	吳季鶴	二二	〃	已調營業股
	竇克勤	〃	江北	病假
	王式庚	二五	沙縣	以下各見習業務係分別製表[illegible]
	喻大鑲	二〇	成都	請假結婚 自本月八日假一星期 [illegible]
	朱德華	二二	巴縣	

曾心誠 寫表牌

重庆电力股份有限公司各科、股职员姓名清册 0219-2-196

	王峯榮	二[illegible]	〃〃	
	周錫智	一九	〃〃	
	歐應林	〃[illegible]	〃〃	
	陳緒慶	[illegible]	[illegible]	
	鄧佳俊	[illegible]	[illegible]	[illegible]
	趙安興	[illegible]	[illegible]	
核算股支薪佐	秦鶴年	三〇	廣漢	
科員	劉長志	〃[illegible]	[illegible]	已升長級
見習	李樹樺	二八	江津	打字製表
	黃發榮	二二	巴縣	助理出納帳

重庆电力股份有限公司各科、股职员姓名清册　0219-2-196

12

	李文修	二七	巴县	算用户电费及开发收据
	吴柏龄	二四	江北	办理提前通单及计算电力用户电费
	毛肯荣	二五	巴县	写表簿报表
	郑钦泽	二〇	[illegible]	办理销帐
	程学铨	二二	隆昌	清理催收单兼写表
	刘竹然	二四	巴县	办理分户帐
收费股主任	李卓夫	四二	资安	
科员	许家农	二五	巴县	
	吴玉青	二二	江北	
	傅德照	二三	巴县	

重庆电力股份有限公司各科、股职员姓名清册 0219-2-196

19

冉德昌	三[illegible]	江津
郭紹明	二九	瀘州
傅濬雲	五三	成都
郭維林	三[illegible]	瀘縣
丁頌岩	二九	巴縣
周崇一	[illegible]	瀘州
李秉義	三九	河南
汪徽揮	二五	陝北
馬雲程	五一	巴縣
盧聚星	二六	[illegible]

重庆电力股份有限公司各科、股职员姓名清册 0219-2-196

13

	傅道乾	二七	巴縣
	馮子瑜	二八	〃
	余仲倫	三六	〃
	朱啟英	三〇	〃
	龔緯雲	三九	〃
	蕭漢年	二八	〃
見習	鄧宗禹	二五	江北
	丁守良	二九	巴縣
	李仲康	二三	沙市
	鄒志宏	二二	長壽

重庆电力股份有限公司各科、股职员姓名清册　0219-2-196

	羅崇脩		
會計科科長	宋小儒		
簿記股主任	曹志齊	三六	湖北
科員	劉鳴皋	二七	巴縣
	劉德惠	二一	〃
	何篤睦	二八	〃
	廖冰吾		
見習	劉長炎	二〇	巴縣
	劉祖春		
	鄒鶴生		

重庆电力股份有限公司各科、股职员姓名清册 0219-2-196

14

統計股 科員	馮作祥		
出納股 主任	鄧伊凡	三二	江北
科員	馬行之	四五	巴縣
	史明郁	三三	江北
見習	魯泉清	二三	閬中
營核股 代理主任	程志學	三八	湖北
科員	陳魯瞻		
見習	王樹椿	一八	岳池
工務科長 兼總工程師	程本藏	三七	浙江
廠務主任 工程師	吳錫瀛	三五	

重庆电力股份有限公司各科、股职员姓名清册 0219-2-196

用電組工程師	余克稷	二九	湖南	
	王維綸	四六	富順	
工務員	鄭忠惠	二四	巴县	
	陳[illegible]締			
科員	朱子昌	二六		
	葉尚欽			
助理工務員	陳光武	二七	岳池	
	陳孟晋	二六	巴縣	
	許[illegible]巽	二五	〃	已停職
	劉宗生	二四	涪陵	

15

	周思吉	二七	〃〃
	聂自鹏	〃	〃
	曾学民	〃	璧山
	冯光富	二二	浙江
见习	陈季文	二一	遂溪
	吴国藩	二〃	岳池
	姚先一	〃〃	沙市
	程基昌		
	王德铭		
修能组 工程师	易宗模	三一	合川

重庆电力股份有限公司各科、股职员姓名清册　0219-2-196

	王德華		
供電組工程師	宋蓮金	三三	湖北
	劉紹雄	三五	江蘇
	陳景鳳	三〇	富順
	秦世雄	二八	河北
副工程師	朱泰	二七	江西
	張雲山	〃	上海
助理工務員	戴次群	〃	浙江
	鄧德九	二五	璧山
見習	張繼琴	二六	巴縣

重庆电力股份有限公司各科、股职员姓名清册 0219-2-196

16

	何濬溥	〃	〃
	曾[illegible]湘	二九	華陽
管理級工程師	謝用剛	三一	
副工程師	張永書	二七	江蘇
	盛澤闓	〃	湖南
	趙之棟	三二	山西
	楊賢生	五八	安徽
見習	趙[illegible][illegible]	二八	岳池
	周伯宗	二六	四川
圖書室管理員	瞿歐權	二七	

重庆电力股份有限公司各科、股职员姓名清册 0219-2-196

化驗室工程師	梁先宇		
事務室科員	楊尚尊	二八	華陽
沙坪壩辦事處工程師	劉淨民	三一	河北
工務員	堯志篤	二八	華陽
見習	廖玖海	二〇	巴縣
	劉祖蔭	二六	〃
南岸分廠工程師	劉希孟	三一	巴縣
工務員	歐陽鑑	二三	〃
	喬瑋	二六	山西
	吳玉光		

重庆电力股份有限公司各科、股职员姓名清册 0219-2-196

17

見習	高焕明	二八	江蘇
南岸辦事處主任	李德全	三〇	巴縣
科員	魯麗良	四三	成都
	胡尚言	三六	江北
見習	黄肯龍	一九	[illegible]
供電股南岸工程處工務員	鄒松武	二八	浙江
	郭民永	二六	成都
見習	施慎安	二三	江蘇

18

重庆电力股份有限公司各科、股职员姓名清册　0219-2-196

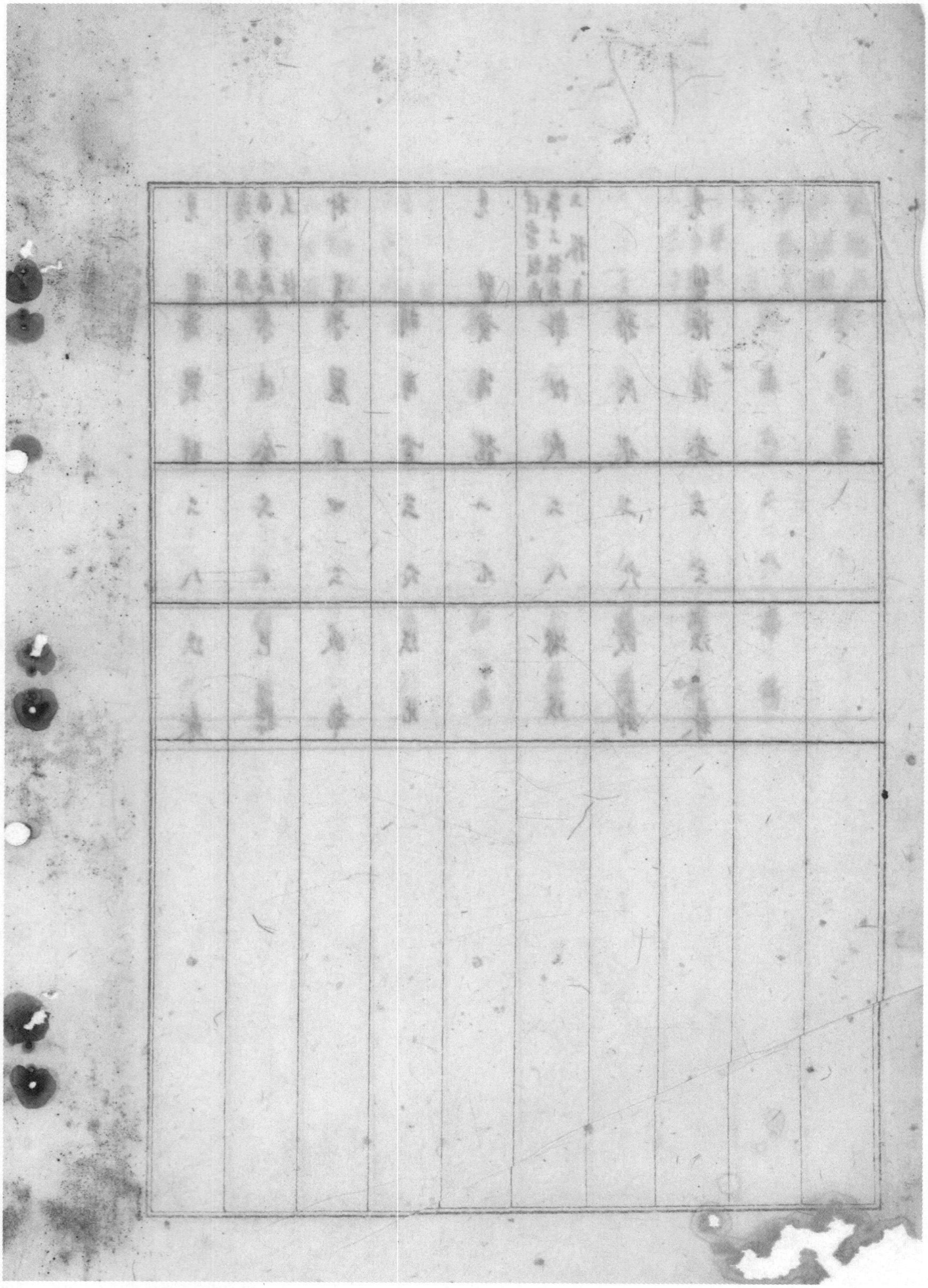

重庆电力股份有限公司全体工友名册　0219-2-138

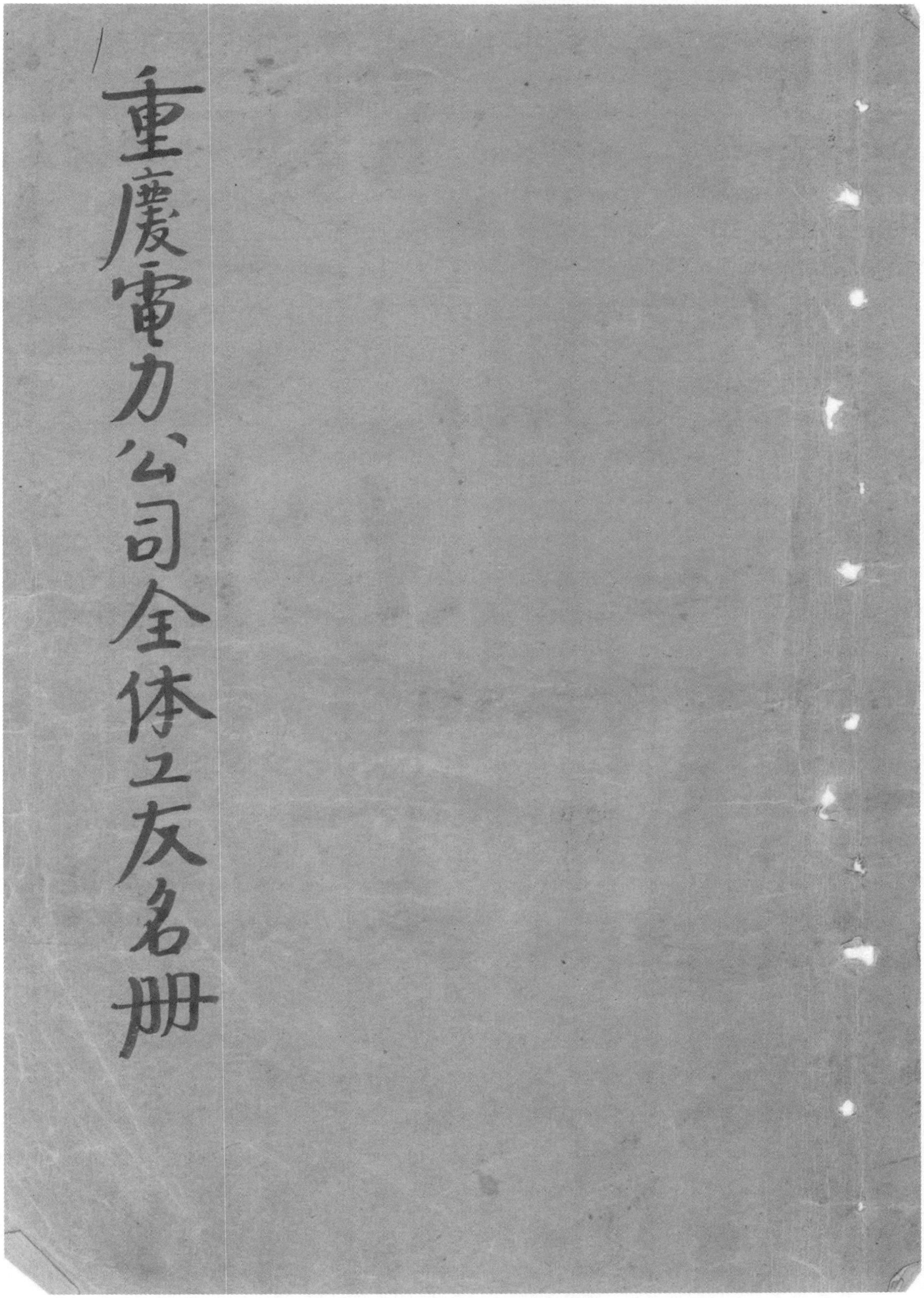
重慶電力公司全体工友名册

重庆电力股份有限公司全体工友名册 0219-2-138

總務科 材料股
燃料股
購置股
庶務股
業務科 收費股
電務科 用電股
表務股
電話室
用電檢查組
廠務科 第一廠 事務室
修配股
管理股
第二廠 修配股
管理股
第三廠 修配股
管理股

江北辦事處
南岸辦事處
沙坪壩辦事處

2

總務科材料股

重慶電力公司全体工友名册

總務科材料股

工別	姓名	年齡	籍貫	到差年月	工作種類	現支工資	倫次
帮工	楊炳林	四六	四川江北	廿三年七月	料工	三六五	
小工	李忠信	三〇	四川渠	廿五年一月	料工	三〇〇	
	蕭鳴皋	五三	四川瀘	廿八年九月	看守材料	二六八	
	趙明揚	四二	四川奉節	廿五年十一月	料工	二七五	

卅五年十二月津貼總數

434.12（李忠信）　589.—（蕭鳴皋）　377.52（趙明揚）

重庆电力股份有限公司全体工友名册 0219-2-138

380.28	鄧鶴清	三八	四川岳池	廿九年七月	料工	二六五
377.52	秦爽明	三五	四川巴	廿八年十一月	料工	二五〇
373.44	嚴炳銀	四六	四川瀘	廿四年一月	料工	二三五
366.72	黄金城	二八	四川岳池	廿七年六月	料工	一七〇
351.72	陳方廷	五二	四川巴	廿年七月	看守材料	一七〇

3

351.72	246.32	帮工 345.00	小工 472.08	466.72
蔣華廷	周伯清	劉憲欽	彭燮廉	江松柏
五二	三八	三〇	三〇	四二
四川潼南	四川巴	四川潼南	四川巴	四川巴
卅一年一月	卅年八月	廿九年十二月	廿六年八月	廿九年十二月
料工	料工	料工	料工	料工
一三〇	一四五	三三五	二三五	二三五

重庆电力股份有限公司全体工友名册 0219-2-138

369.36	李正庭	三九	四川長寿	卅一年一月	料二	一九〇
358.56	蒋海合	二五	四川巴	卅年三月	料二	一九〇
358.56	姚金福	二六	四川灌	卅年一月	料二	一六〇
349.08	蒲心文	三八	四川岳池	卅二年六月	料二	一三五
351.08	王槐清	四三	四川富顺	卅七年十月	料二	二〇五

重庆电力股份有限公司全体工友名册　0219-2-138

4

總務科燃料股

382.92	盧中林	三六	四川巴	廿七年九月	料工	二六五
377.52						
	總務科燃料股					
380.28	小二 盧海雲	五〇	四川江北	廿三年七月	炉房發煤	二七五
366.72	袁奎	二八	四川岳池	卅四年四月	收煤	二三五
362.64	吳述芝	三六	四川長壽	卅四年八月	整理煤棧雜力	二一〇

重庆电力股份有限公司全体工友名册　0219-2-138

賀觀章	三七	四川成都	廿三年十一月	收煤	一七五	353,16
徐良三	二八	四川渠	廿三年十二月	收煤	一四〇	343,68
張子云	三四	四川巴	廿三年二月	炉房燒煤	一三〇	340,44
周自新	二四	四川巴	廿三年二月	仝右	一四〇	343,68
王榮	四三	四川銅梁	廿九年一月	收煤	二五	363,00

重庆电力股份有限公司全体工友名册 0219-2-138

5

363.00	345.72	369.72	335.64	399.04
吴吉三	成吉祥	敖超伯	程恩河	王致清
三三	二七	三五	三二	四七
四川岳池	四川江北	四川江北	四川萬	四川巴
廿九年一月	廿年十一月	廿年七月	廿三年四月	廿四年八月
收煤	仝右	發煤	仝右	仝右
二三五	一三〇	二四〇	一三五	〇七〇

重庆电力股份有限公司全体工友名册　0219–2–138

帮工	匡炳臣	四四	四川潼南	廿三年十月	炉房营煤	四五
48.28						
小工	耿世贵	四一	四川巴	廿九年十一月	公右	一五
380.40						
	戚树樟	五〇	四川江北	廿七年五月	堆煤及杂务	二三〇
368.04						
	薛炳权	三七	四川巴	廿年十二月	炉房营煤	一五〇
346.32						
	邓树山	二六	四川岳池	廿八年六月	整理煤栈	一七〇
41.72						

6

部门	备注	姓名	年龄	籍贯	到职年月	职务	工资
總務科購置股	396.48	陳永棋	四五	四川蓬溪	廿二年二月	收煤	0八0
總務科購置股	395.60 小二	張樹槐	三五	四川綦江	廿七年二月	提運料及送料	一三00
總務科庶務股	570.96 司機	張玉良	四0	四川巴	廿六年五月	司機	一八四00（月資）
	555.60	楊鳴泰	四四	河北天津	廿三年六月		一六00

重庆电力股份有限公司全体工友名册　0219-2-138

503.04	高傳源	三一	四川巴	廿七年七月	"	八七〇〇
421.68	馮兆祥	二六	四川巴	廿七年一月	"	四九五〇
450.36	劉健民	三〇	四川巴	廿六年十月	"	八一五〇
474.60	吳榮厚			廿七年六月	"	二三〇〇
助手 332.28	鄭祥雲	三六	四川江北	廿七年二月	助手	三六〇〇

重庆电力股份有限公司全体工友名册　0219-2-138

332.28	360.36	312.36	309.00	315.72
何炳林	王炳全	劉萬興	廖高卿	蕭達全
三〇	三〇	一九	二五	三一
四川潼南	四川宗池	四川涪陵	湖北漢陽	四川巴
廿一年七月	廿六年六月	廿二年二月	廿二年七月	廿二年五月
助手	仝右	仝右	仝右	仝右
三六〇〇	六五〇	二七〇〇	二五五〇	二八五〇

重庆电力股份有限公司全体工友名册 0219-2-138

業務科收費股

電務科

業務科收費股	帮工	劉有緩	二六	四川西充	卅四年八月	欠費勞搬表	三四〇
469.08		陳顯爵	三一	四川榮昌	卅六年六月	仝右	三七〇
450.84	小工	劉華欽	三六	四川瀘縣	卅九年八月	仝右	二九〇
357.24		張玉山	三九	四川蓬溪	卅年五月	仝右	一八〇
354.48							
電務科							

8

602.16	領工	陳進生	五二	江蘇上海	廿三年十月	架設線路	八一〇
594.00	技工	陳根寶	三七	江蘇上海	廿三年三月	仝右	七五〇
591.30		趙福根	三七	江蘇上海	廿三年五月	仝右	七三〇
594.00		馬春生	三八	江蘇上海	廿七年八月	仝右	七五〇
589.92		沈阿章	四三	江蘇上海	廿三年五月	仝右	七二〇

579.96	夏国章	二九	四川巴	廿三年三月	仝右	六五	
571.92	王德全	三九	四川巴	廿六年一月	仝右	六〇	
567.80	李仲寅	三一	湖北武昌	廿九年六月	仝右	五九〇	
545.52	陆西咸	五九	江苏上海	廿六年一月	仝右	四八〇	
571.92	陈铁夫	四〇	四川泸	廿三年一月	仝右	六〇	

重庆电力股份有限公司全体工友名册　0219-2-138

9

林全寶	三九	江苏江陰	廿七年九月	修理	六二〇	578.96
張洪慶	五三	江苏鎮海	廿六年七月	仝右	六三〇	572.00
余銘德	三〇	浙江上虞	廿一年十二月	仝右	五六〇	521.72
陳章根	三六	江苏上海	廿三年十月	分站值班	六四〇	538.04
趙治云	四五	四川銅梁	廿三年一月	架线	四五〇	492.36 [illegible]二

重庆电力股份有限公司全体工友名册 0219-2-138

482.28	王政全	三二	四川長寿	廿三年四月	仝右	四	〇五
470.04	潘阿海	三九	浙江绍兴	卅三年十一月	仝右	三	四五
471.12	王正團	二八	四川巴	廿六年三月	仝右	三	五〇
453.60	韓智云	二四	湖北宜昌	廿九年十一月	仝右	二	八〇
463.08	段绍云	三〇	四川巴	廿六年五月	仝右	三	五

10

461.76	陳海禄	三四	四川遂寧	廿六年一月	仝右	三二〇
461.76	凌海云	四〇	四川資陽	廿五年七月	仝右	三二〇
468.00	冉義云	三〇	四川華陽	廿六年三月	仝右	三三五
447.68	唐應章	二七	四川巴	廿九年二月	仝右	二四〇
429.12	楊正	二八	四川射洪	廿九年十二月	仝右	一九〇

431,00	438,20	439,16	478,20	475,12
何文模	彭俊倫	羅宣林	向建清	朱如照
二五	三四	二六	二九	三四
四川巴縣	四川巴縣	四川銅梁	四川長壽	浙江鎮海
廿五年六月	廿五年五月	廿六年九月	廿五年一月	廿九年十月
分站值班	仝右	仝右	架線	仝右
三 三〇	三 六五	三 九〇	三 六五	三 六五

重庆电力股份有限公司全体工友名册 0219-2-138

11

478.20	尹奇全	二六	四川巴	廿七年六月	修理	三全
477.12	田春浦	二九	四川長壽	廿六年一月	鉄工	三八〇
467.5	楊倫武	三九	四川巴	廿六年五月	合右	三三〇
471.00	李榮清	四六	四川長壽	廿六年五月	木工	三吾
313.5 学徒	劉学華	一九	四川綦江	廿八年八月	修理	〇九〇

重庆电力股份有限公司全体工友名册　0219–2–138

小2 38700	胡友餘	六〇	四川巴縣	廿九年九月	架线		三〇〇
38568	唐玉廷	四四	四川蓬溪	廿三年八月	仝右		二五〇
38700	王漢臣	三九	四川巴縣	廿三年四月	仝右		三〇〇
38028	趙樹臣	三九	四川銅梁	廿六年一月	仝右		二二五
38160	陳樹清	五一	四川長壽	廿五年一月	仝右		二八〇

12

387.00	楊羲云	三六	四川巴縣	廿五年七月	仝右	三〇〇
387.00	蒲樹軒	四一	四川巴縣	廿六年三月	仝右	三〇〇
376.20	田云貴	三二	四川涪陵	廿六年五月	仝右	二六〇
372.12	劉貴祥	四三	四川長壽	廿六年六月	仝右	二四五
374.36	陳有恒	三六	四川遂寧	廿六年六月	仝右	二三五

重庆电力股份有限公司全体工友名册　0219-2-138

鄧永龍	三九	四川江北	廿八年一月	仝右	二〇五	41120
吳樹云	三〇	四川巴	廿七年一月	仝右	二四五	32212
余海清	四三	四川安岳	廿四年八月	仝右	二六五	4892
黎樹安	四二	四川大足	廿七年五月	仝右	二七〇	31752
唐國元	三七	四川營山	廿七年五月	仝右	二七五	31884

重庆电力股份有限公司全体工友名册　0219–2–138

13

374.76	376.20	374.76	380.28	382.92
張樹清	姚長昇	黄發清	楊國清	陳士昭
四六	四三	四一	五一	四一
四川潼南	四川遂寧	四川武勝	四川綦江	四川蓬溪
廿六年九月	廿一年一月	廿六年三月	廿五年十二月	廿三年一月
仝右	仝右	仝右	仝右	仝右
二六〇	二五〇	二五〇	二八〇	三〇〇

重庆电力股份有限公司全体工友名册 0219-2-138

李九林	三八	四川巴县	廿三年九月	仝右	二[illegible]	38700	
白樹金	三二	四川铜梁	廿三年九月	仝右	二[illegible]	37712	
王銀清	三二	四川巴县	廿三年八月	站值班	二[illegible]	38518	
謝益清	三三	四川[illegible]	廿三年八月	架线	二[illegible]	38160	
舒[illegible]清	二九	四川璧山	廿三年九月	站值班	三〇〇	38700	

14

365.28	黄裕如	四九	四川江津	廿三年十月	修理	二三〇
382.92	王元桑	三六	四川巴	廿七年三月	仝右	二八五
381.60	張慶祥	二九	四川江北	廿七年一月	仝右	二六〇
385.68	袁宗國	四三	四川江北	廿六年二月	仝右	二九五
366.32	屈銀軒	三六	四川大足	廿六年三月	仝右	二三五

重庆电力股份有限公司全体工友名册　0219-2-138

372,12	袁質彬	三六	四川江北	廿六年二月	仝右	二四五
361,20	屈興發	二八	四川合川		仝右	二五
387,20	白純甫	五七	四川酆都	廿九年九月	仝右	三〇〇
387,20 右2	倪炳卅	三八	四川大足	廿三年五月	架線	三〇〇
387,20	楊瑞卿	三〇	四川合川	廿六年六月	仝右	三〇〇

15

38293	趙興順	三九	四川武勝	廿二年八月	架线	二[illegible]	
38028	謝子明	三九	四川岳池	廿五年三月	仝右	二[illegible]	
	王金全	三〇	四川合川	廿五年五月	仝右	二九〇	已請長假
38420	彭海云	四八	四川巴	廿五年七月	仝右	二九〇	
38292	劉炳云	四〇	四川大足	廿五年五月	仝右	二[illegible]	

重庆电力股份有限公司全体工友名册 0219-2-138

385.68	張玉清	四九	四川西充	廿五年十二月	仝右		二九五
385.68	倪光全	三二	四川大足	廿六年六月	仝右		二九五
380.28	倪少全	二九	四川大足	廿六年十月	仝右		二七五
377.12	余治安	五三	四川江北	廿六年七月	仝右		二四五
359.88	梁子文	三一	四川大足	廿七年十二月	仝右		二〇〇

16

電務科
用電股

電務科用電股

35712	35988		58992	58584
		技工		
彭見民	孟一泉	吳興方	李茂兆	劉瑞根
二〇	四五	四〇	四一	三八
四川巴	四川合川	湖北廣口	山東青島	湖北黃安
廿九年七月	卅一年一月	廿三年八月	廿三年八月	廿三年八月
仝右	仝右	裝表	仝右	仝右
一九〇	二〇〇	七二〇	六九〇	六九〇

重庆电力股份有限公司全体工友名册　0219-2-138

58884	49236	49236	49236	49032
楊秀臻	楊永山	鄧海濤	張紹渊	鄧漢卿
三一	三九	四四	三〇	四二
四川射洪	四川涪陵	四川潼南	四川潼南	四川潼南
廿三年八月	廿三年十二月	廿三年十月	廿三年十二月	廿三年十二月
仝右	仝右	仝右	仝右	仝右
四五	四五	四五	四五	四五

17

490.52		陳樹清	三二	四川璧山	廿三年一月	仝右	三〇〇
459.00		荣天蒲	二四	四川璧山	廿九年四月	仝右	二五
452.28	小工	張漢洲	三七	四川潼南	廿二年六月	仝右	三〇〇
387.00		李華欽	三九	四川巴	廿七年十月	仝右	三〇〇
387.00		鄧海洲	四八	四川潼南	廿三年十月	仝右	三〇〇

重庆电力股份有限公司全体工友名册　0219-2-138

387.00	鄧金山	四九	四川潼南	廿二年八月	仝右	三〇〇
387.00	鄧輝光	三五	四川潼南	廿二年七月	仝右	三〇〇
387.00	陳洪三	五〇	四川廣安	廿二年十月	仝右	二五
285.68	胡四海	三一	四川巴	廿六年四月	仝右	二五
285.68	鄧樹臣	五六	四川潼南	廿三年二月	仝右	二五

重庆电力股份有限公司全体工友名册 0219-2-138

18

38,92	胡廷佑	五一	四川岳池	廿七年五月	仝右	二八五
38,92	胡占臣	三八	四川江北	廿七年七月	仝右	二九〇
38424	陳其林	三四	四川樂至	廿八年五月	仝右	二九〇
38424	曾棟材	三六	四川璧山	廿八年六月	仝右	二七五
38028	蔣務廷	三二	四川潼南	廿八年六月	仝右	二七五

重庆电力股份有限公司全体工友名册　0219-2-138

19

37068	36792	36396	35724	34908
胡占云	胡汉保	张树光	李吉阶	陈凤岐
三一	三三	三三	三七	三一
四川江北	安徽太平	四川南充	四川南充	
廿九年五月	廿八年一月	卅年四月	卅年一月	廿九年十二月
仝右	仝右	仝右	仝右	仝右
二三〇	二五〇	一九〇	一七〇	一四〇

重庆电力股份有限公司全体工友名册 0219-2-138

346,32	盧甫國	三六	四川巴	廿二年十二月	仝右	一二五
347,64	王樹榮	三九	四川璧山	廿七年十月	仝右	一三〇
340,44	張傑光	二九	四川南充	廿三年五月	仝右	〇九〇
31[illegible],32	侯益達（李德）	二五	四川岳池	廿七年一月	仝右	一三〇
[illegible]22	蔡昌璧	二一	四川巴	廿三年七月	仝右	〇四五

重庆电力股份有限公司全体工友名册　0219-2-138

20

電務科表務股

316,68	344,44	306,60	380,28	353,52
電務科表務股				
学徒				
陳祖錫	林学		蒋友泉	陳学良
二七	二三		二二	二二
四川綦江	四川安岳		四川潼南	四川巴
卅年九月	卅年七月		卅二年二月	卅年六月
外勤校表	修理電表		仝右	仝右
一二〇	一〇五		一〇〇	一二〇

電務科
電話室

小工	朱宗学	二三	四川巴	廿二年六月	校表室拆装工作	一	四五	345.00
	朱云成	三三	四川巴	廿七年三月	外勤校表	二七	五	346.32

電務科電話室

部工	陳子恒	三六	四川蓬溪	廿二年二月	架設查修線路	三	八〇	47712
	蒲國良	四三	四川巴	廿二年一月	仝右	三	四〇	
小工	廖松如	三八	四川綦陽	廿九年十二月	仝右	二	四〇	46908

重庆电力股份有限公司全体工友名册　0219-2-138

21

370,68	張仕仁	三三	江蘇徐洋	廿三年二月	仝右	二四五
372,12	任直谱	二五	四川大足	廿一年十二月	仝右	二六〇
376,70	楊坤發	二五	湖南道	廿三年八月	仝右	二四〇
370,68	李鈞	四三	湖南湘鄉	廿三年三月	仝右	二一〇
362,64	楊基鴻	三五	四川西充	廿九年二月	仝右	一六〇

用電檢查組

349.08	苏漢禹	二九	河北長垣	廿八年二月	夜间守招	二五
363.76	用電檢查組					
470.04	帮工 王林煊	三三	四川富顺	卅年一月	爬桿學習火停電拆表	三四五
477.12	胡炳生	三〇	四川潼南	廿四年三月	仝右	三八〇
464.40	曾锡奎	四九	四川岳池	廿三年十月	仝右	三三〇

重庆电力股份有限公司全体工友名册　0219-2-138

22

477.12	吕海云	四九	四川巴县	廿二年十二月	仝右	三三〇
469.44	王洪安	四三	四川荣昌	廿二年十月	仝右	三八〇
340.44 学徒	夏代琭	二二	四川巴县	卅年九月	仝右	一三〇
346.32	刘素民	二二	四川华阳	廿八年一月	仝右	一百
316.68	衛連根	二一	江苏上海	卅二年四月	营业股材料	〇八〇

小工

34,224	王治清	四七	四川岳池	廿六年十月	仝右	一三五
36,540	劉遠庸	三四	四川岳池	廿四年五月	仝右	二三〇
47,212	鄧炳林	三六	四川巴	廿六年六月	仝右	二四五
37,884	鄧炳宣	五〇	四川潼南	廿七年二月	仝右	二七〇
38,700	鄧惠林	五五	四川潼南	廿二年十月	仝右	三〇〇

23

厰務科
第一股
事務室

373.44							
	陳晃	三 五〇	四川廣安	廿六年四月	公役	二	五〇
	第二股事務室						
小二	莫玉山	五七	四川武勝	廿二年十一月	清潔	二	三五
363.96							
	曾永春	三十六	四川成鄉	廿六年一月	燒水	二	三五
366.72							
	周洛榮	三十六	四川綦江	廿七年五月	清潔	二	三〇
365.28							
	吕以超	二五	四川榮昌	廿九年七月	雜務	一	五

重庆电力股份有限公司全体工友名册　0219-2-138

368,56	林德全	五四	四川武隆	廿二年七月	清潔	二九〇
384,74	江北川	三九	四川簡陽	廿七年四月	机務	二二五
366,72	楊伯先	四二	四川成都	廿七年一月	傳達	二二〇
365,28	譙盛達	二二	四川岳池	卅年四月	医務室机務	二一〇
362,64	周炳山	三四	四川江津	廿九年七月	机務	二〇五

重庆电力股份有限公司全体工友名册 0219-2-138

厂务科 第二厂修配股 24

36120	廖树清	三九	四川江北	卅二年八月	烧水	一三五
34224	匡子荣	四一	四川潼南	卅二年六月	清洁	一八〇
35448	李少成	三八	四川江北	卅二年六月	仝右	一七〇
35172	莫海洲	四八	四川武胜		仝右	二〇〇
	第二厂修配股					
技工 37344	吴焕诚	四四	四川巴	卅三年十月	透平值班	六七〇

58,320	李光瑞	四二	浙江绍兴	廿九年四月	机务修理	六四〇
57,804	刘德初	三二	浙江青田	廿七年六月	仝右	五四〇
55,764	夏金宝	四七	浙江鄞	廿三年七月	电气修理	七八〇
55,808	唐良栋	二六	四川巴	廿七年六月	检查窃电	五二〇
55,356	窦鑫初	三一	江苏上海	廿九年十二月	电气修理	五一〇

重庆电力股份有限公司全体工友名册　0219-2-138

25

551.64	徐阿文	三〇	江苏上海	卅二年十二月	炉房修理	七	三〇
591.24	田農	三〇	四川潼南	卅一年五月	車二	四	八〇
545.52	顏可能	三〇	四川巴縣	卅一年九月	汽車修理	四	一五
552.52	裴志誠	三四	四川巴縣	卅三年三月	仝右	三	九五
528.24	陳吉昌	三〇	四川巴縣	卅一年六月	仝右	一	六〇

47820　48024　49032　49440　49448

帮工	周鹤林	五四	四川 巴	廿二年十月	机務	四六五
	杜炳臣	三二	四川 江北	廿五年五月	修理助手	四四五
	楊煥云	三二	四川 長寿	廿五年四月	仝右	三五五
	冯成州	三六	四川 江北	廿五年六月	机務	三六五
	陳昭州	三二	四川 巴	廿五年六月	鍋炉值班	三七〇

重庆电力股份有限公司全体工友名册 0219-2-138

26

475.08	管高林	三六	安徽巢	廿六年三月	修理助手	三七五
	張順清	四三	四川銅梁	廿六年十二月	鉄工	三五〇
471.12	尹澤皋	二五	四川巴	廿九年八月	修理助手	三四〇
469.08	羅朝業	三二	四川南川	廿九年二月	修理助手	三〇〇
459.00	歐陽錩	二五	四川巴	廿六年十月	机務修理	三一〇

461,76	劉世安	二八	四川潼南	廿三年一月	電氣修理	四六〇
493,44	陳易生	二八	四川南充	廿七年十二月	修理助手	三四〇
469,08	汪明漢	二一	四川璧山	廿九年三月	仝右	二〇〇
43,188	殷名森	二五	四川長寿	卅年十二月	仝右	一一五
425,16	陳元務	三〇	四川江北	廿九年十月	電焊	二九〇

重庆电力股份有限公司全体工友名册 0219-2-138

27

456.24	陳順才	四二	廣安四川	廿六年九月	木工	四一〇
483.24	黃俊卿	四〇	岳池四川	廿九年十月	台右	三〇〇
459.00 学徒	羅習明	二八	江北四川	卅一年一月	修理学習	一四〇
543.67	黃恒昌	二七	犍為四川	卅一年三月	台右	一三〇
333.72	朱銀春	二三	泸四川	廿九年九月	車工学習	〇九〇

313.32　313.32　小工　387.00　381.60　381.60

顾绍袁	冯焕炎	陳維緒	蒋慶祥	江流才
三三	三六	四九	四六	二七
四川广安	四川巴	四川合川	四川潼南	四川璧山
卅年六月	廿三年三月	廿七年四月	廿七年八月	廿六年六月
学習木工	鍋炉值班	泥工助手	仝右	炉房值班
〇九〇	三〇〇	二八〇	二八〇	二五

重庆电力股份有限公司全体工友名册 0219-2-138

28

374.76	謝吉彬	三六	四川長壽	廿九年三月	修理房打孔	二一〇
362.64	毛青云	四〇	四川渠縣	廿九年六月	鐵工助手	二〇五
361.20	胡世楷	二七	四川璧山	廿九年五月	修理房打孔	一九五
358.56	劉述發	三二	四川潼南	廿九年六月	電焊助手	一九五
358.56	張登榮	二四	四川璧山	廿九年一月	修理房打孔	一六〇

354448	李家發	三一	四川潼南	卅年八月	汽車修理助手	一五五
345644	李云光	二〇	四川潼南	卅年八月	修理房打雜	一五五
347644	李云松	三〇	四川西充	卅二年五月	仝右	一三五
342244	尹國堂	二五	四川巴	卅年八月	仝右	一三〇
333372	莊洁坤	四四	四川成都	卅年五月	管理工具	一三〇

重庆电力股份有限公司全体工友名册 0219-2-138

29

333.72	冉中玉	四一	四川荣昌	廿一年八月	修理房打扎	一二〇
333.72	楊九成	三九	四川璧山	廿三年三月	石工	一〇〇
320.16	王成明	三二	四川江北	廿四年六月	修理房打扎	〇 / 八五
309.96	蔡榮華	三六	四川巴	廿三年三月	汽車修理助手	一二〇
333.72	岳祥先	四二	四川璧山	廿三年十二月	電務修理九股	三〇〇

387.00	胡贊卿	三八	四川華陽	廿三年五月	電話值班	一六五
380.40	譚海民	二九	四川南充	廿九年十月	全右	一六五
350.40	王錕章	二七	四川瀘	廿年三月	全右	一七〇
351.72	周玉章	三五	四川潼南	廿九年十二月	打扎	二三〇
365.28	趙金廷	三一	四川銅梁	廿年八月	起重工作班	一八〇

厂务科 第二厂 管理股

30

第二厂管理股

354.48							
技工 589.92	衛明義	四三	江苏上海	廿六年一月	透平值班	七二〇
585.70	李宜華	三二	湖北漢口	廿三年一月	仝右	六七〇
576.00	曾慶甫	四五	江苏上海	廿六年一月	仝右	六三〇
595.52	汪蘭生	五〇	江苏上海	廿四年三月	鍋炉值班	七六〇

重庆电力股份有限公司全体工友名册　0219-2-138

55164		段國華	四二	四川射洪	廿五年六月	仝右	五一〇
54960		楊治清	四二	四川巴縣	廿五年二月	仝右	五〇〇
57376		陳永章	三二	四川自貢	廿五年十一月	電板值班	六二〇
48624	幫工	馮德云	三七	四川江北	廿五年四月	鍋炉值班	四三五
48624		趙樹清	四四	四川巴縣		小工头	四三五

重庆电力股份有限公司全体工友名册　0219-2-138

31

48024	高洪鈞	四〇	四川江津	廿二年八月	仝右	三五〇
47508	張炳生	三六	四川巴	廿六年四月	值班鍋炉	三七〇
47820	陳思發	四三	四川漢川	廿二年一月	小工頭	三五〇
47304	周紹金	三六	四川巴	廿九年一月	值班鍋炉	三六〇
47304	李均安	四七	四川閬中	廿六年四月	仝右	三六〇

48,776	鄧慶祥	五一	四川潼南	廿三年六月	水池看水工	四五五
47,442	高國清	二四	四川巴	廿七年十月	電氣修理	三六五
47,004	徐世楧	二六	四川涪陵	廿六年六月	透平值班	三四五
46,032	王輝宗	二四	四川岳池	廿六年十二月	仝右	三〇五
47,616	張子云	二六	四川忠	廿七年十月	電板值班	三七五

重庆电力股份有限公司全体工友名册 0219-2-138

32

学徒

468.24	段俞明	二四	四川江北	卅六年三月	仝右	三	三五
425.16	廖俊卿	二三	四川岳池	卅年八月	仝右	一	一五
346.32	封維熙	二七	四川巴	卅六年十月	鍋爐值班	一	二〇
340.44	譚世謙	二一	四川廣安	卅年三月	電板值班	一	三〇
340.44	廖民強	三〇	四川岳池	卅年三月	鍋爐值班	一	三〇

326.88	呂維新	二一	四川内江	卅年六月	電板值班	一二〇
313.32	錢昭炎	三〇	湖北武昌	卅年二月	鍋炉值班	〇九〇
313.32	胡直林	二八	四川大足	卅二年二月	檢查[illegible]電	〇九〇
333.72	張毓佛	二六	四川巴[illegible]	卅年一月	透平值班	一二〇
小工 387.00	陳樹泉	三〇	四川[illegible]	廿七年八月	炉房挑煤	三〇〇

重庆电力股份有限公司全体工友名册 0219-2-138

33

李華山	三六	四川巴	廿六年一月	台右	三〇〇	38700
王明海	四八	四川江北	廿一年十月	透平清潔	三〇〇	38700
楊勤安	五三	四川江北	廿三年二月	鍋爐清潔	三〇〇	38700
張鎬卿	五三	四川涪陵	廿三年九月	鍋爐燒煤	三〇〇	38700
鐘漢卿	四五	四川巴	廿三年八月	水池看水工	三〇〇	38700

重庆电力股份有限公司全体工友名册 0219-2-138

伍春廷	四六	四川江北	廿三年十一月	挑煤	三〇〇		387.00
張國祥	三二	四川江北	廿七年上月	鍋炉值班	三〇〇		387.00
李樹廷	三三	四川長壽	廿二年二月	炉房清潔	三九五	已請長假	
王銀廷	四五	四川巴	廿七年七月	鍋炉挑煤	三〇〇		387.00
徐銀軒	四一	四川江北	廿七年一月	仝右	三九〇		384.20

重庆电力股份有限公司全体工友名册 0219-2-138

34

38,160	黃清田	三五	四川岳池	卅年一月	仝右	二	〇
38,028	何廣廷	三〇	四川江北	廿七年三月	仝右	二	七五
38,028	唐銀發	四一	四川遂寧	廿七年十二月	仝右	二	七五
38,028	唐銀山	四一	四川巴	廿四年十二月	仝右	二	七五
38,028	龍子林	三六	四川潼南	廿八年十二月	仝右	二	七五

38,028	莫世海	三三	四川武胜	三十二年三月	仝右	二七五
[illegible]	官树云	四七	四川巴	廿九年九月	仝右	二八五
38,028	曾發廷	四三	四川江北	卅二年三月	仝右	二七五
38,028	陳绍久	三二	四川潼南	廿九年九月	值锅炉班	二七五
37,752	唐清云	三六	四川巴	廿六年十月	挑煤锅炉	二六五

重庆电力股份有限公司全体工友名册 0219-2-138

35

37752	郭紹軒	四二	四川巴	廿九年二月	仝右	二室
37476	鄧既云	三三	四川江北	廿七年三月	仝右	二五五
38028	簡炳臣	二八	四川涪陵	廿九年一月	仝右	二七五
37670	譚楷樹	二九	四川長壽	廿九年一月	仝右	二六〇
37670	歐陽三	三八	四川潼南	廿六年二月	仝右	二六〇

重庆电力股份有限公司全体工友名册 0219-2-138

374.76	黄海清	二六	四川江北	廿六年九月	仝右	二 三五
374.76	熊治安	四一	四川合川	廿七年二月	仝右	二 三五
374.76	邓炳云	二八	四川巴	廿九年七月	仝右	二 三五
374.76	郭金发	四七	四川蓬溪	廿六年六月	仝右	二 三五
373.44	徐理池	四二	四川涪陵	廿七年一月	炉房除煤	二 三〇

重庆电力股份有限公司全体工友名册 0219-2-138

36

373.44	牟锡民	三八	四川巴	廿七年二月	挑锅煤炉	二五〇
373.44	宋荣成	四六	四川江北	廿八年四月	值锅炉班	二〇〇
370.68	陆正恩	二八	四川江北	廿九年十二月	挑锅煤炉	二四〇
374.36	谯步云	四二	四川长寿	廿六年六月	仝右	二二五
363.16	唐占民	三一	四川江津	廿九年十一月	仝右	一七五

35,580	互萬興	四一	四川巴	廿九年五月	仝右	一六五	已請長假
35,580	陳占榮	三二	四川巴	卅一年十二月	仝右	一六五	
35,448	陳興如	三五	四川江北	卅一年三月	仝右	一六〇	
36,936	徐永清	三二	四川江北	廿六年一月	仝右	二三五	
37,212	苟茂林	四三	四川蓬溪	廿六年二月	仝右	二四五	

重庆电力股份有限公司全体工友名册　0219-2-138

37

372.12	王治云	三六	四川江北	廿九年一月	仝右	二四五
370.68	廖言章	四〇	四川巴	廿九年二月	仝右	二四〇
370.68	陳名先	三六	四川廣安	卅年五月	仝右	二四〇
365.28	吴金臣	三九	四川巴	廿六年一月	仝右	二三〇
366.72	趙利儒	三四	四川涪陵	廿九年五月	仝右	二三五

365,28	周树生	二九	四川江津	廿五年二月	炉房添煤	二三〇
365,[illegible]8	蒋银册	四五	四川潼南	廿九年三月	锅炉挑煤	二三〇
363,96	胡 倭	三九	四川酆都	廿五年八月	管理挑水	二五
361,[illegible]0	肖金云	四三	四川璧山	廿七年一月	锅炉挑煤	二五
359,88	唐占武	三四	四川江津	廿七年五月	公右	二〇

重庆电力股份有限公司全体工友名册 0219-2-138

38

362,64	358,56	358,56	358,56	358,80
樊锡甫	周坤元	谢少卿	黄树生	黄国清
三三	四〇	三四	三三	三二
四川江北	四川潼南	四川潼南	四川合川	四川巴
十七年六月	卅年十一月	卅年五月	卅年三月	廿七年八月
仝右	仝右	仝右	仝右	仝右
二一〇	一五〇	一五〇	一五〇	一五〇

重庆电力股份有限公司全体工友名册 0219-2-138

355.80	周策良	四八	四川铜梁	卅四年四月	仝右	一 [illegible]
355.80	周海林	四三	四川涪陵	卅年三月	看水池	一 [illegible]
347.64	杨相林	二九	四川江津	廿九年十月	锅炉挑煤	一 [illegible]
347.64	涂青云	二一	四川江北	卅二年九月	仝右	一 [illegible]
346.72	胡青云	二九	四川巴县	卅一年五月	仝右	一 [illegible]

重庆电力股份有限公司全体工友名册　0219-2-138

39

347.64	李青合	四三	四川廣安	卅年六月	仝右	一五五
347.64	鄧成貴	三二	四川江北	卅二年二月	仝右	一五五
347.64	楊玉成	四二	四川南部	卅二年一月	水池看水工	一五五
349.08	陳錫卿	三四	四川潼南	卅二年二月	鍋爐值班	一六〇
347.24	陳金萬	三七	四川長壽	卅年五月	鍋爐挑煤	一三五

34,348	33,708	34,224	34,224	34,224
譚長才	胡海清	吳長祿	譙云清	陳長文
三七	三三	二七	二八	三三
四川長壽	四川長壽	四川巴	四川長壽	四川安岳
卅年九月	卅二年三月	卅二年二月	卅二年三月	卅二年五月
鍋炉值班	鍋炉挑煤	仝右	仝右	仝右
一四〇	一三二	一三二	一三二	一三五

重庆电力股份有限公司全体工友名册 0219-2-138

40

厰務科 第二厰 修理股

技工 581.72			303.42	309.96	330.24
殷思夫	陈叔玉	第二厰修配股	龍子合	王芳銀	荣天鈺
四四	三二		三七	三五	二八
浙江奉化	四川巴		四川涪陵	四川璧山	四川璧山
廿七年七月	廿六年七月		廿四年六月	廿三年四月	廿三年四月
修理机械	修理電机		仝右	仝右	仝右
七二○	六六○		○七五	○九五	一三五

58992	楊士華	三一	安徽蕪湖	廿七年六月	合右	二六 二〇
37596	陳傳新	三〇	四川資中	廿年九月	合右	三 二〇
55164	胡海濤	三〇	江蘇上海	廿七年六月	泥工	七 〇〇
58778	張順慶	三三	江蘇無錫	廿九年十月	水工	六 〇〇
58452	夏洪順	三三	四川長壽	廿六年八月	修理機械	四 三〇

重庆电力股份有限公司全体工友名册 0219-2-138

41

535.32	唐有常	二八	四川巴	一九年一月	仝右	三八〇
525.12	于炳林	二八	四川铜梁	一五年八月	仝右	三七〇
523.08	帮工 吴天桂	三〇	四川巴	一六年九月	修理電機	四五
490.32	鄢陽春	三五	四川潼南	一七年五月	修理機械	四五
484.32	周獨層	二五	四川江北	二六年一月	仝右	三六〇

473.04	楊尊卿	二八	四川潼南	廿六年八月	会台	三	五〇
471.00	劉炳生	四一	四川巴	廿二年九月	汽工	三	三〇
467.00	曹尊賢	二五	四川江北	廿九年三月	機械修理	三	四〇
469.00	沈德昌	四八	四川酆都	廿五年二月	汽工	二	八〇
454.92	張榮成	三一	四川合川	廿三年六月	石工	二	六〇

重庆电力股份有限公司全体工友名册 0219-2-138

402

448.20	454.92	453.60 学徒	346.32 小工	377.52
宋俊明	苏炳荣	曹崇德	潘恒清	邓银凤
三〇	三六	二〇	四九	四二
四川泸	四川璧山	四川安岳	四川巴	湖南衡阳
廿三年六月	廿七年三月	卅三年三月	廿五年十二月	廿七年三月
机械修理	河边吸水泵修理	机械修理	泥工打扎	炉房值班
二八五	二八〇	一五〇	二六五	二七〇

重庆电力股份有限公司全体工友名册 0219-2-138

378.84	熊绍良	四九	四川江津	廿六年十二月	炉房打扎	二五五
374.76	赵华高	三六	四川璧山	廿六年七月	代九班工	二五五
374.76	蒋锡安	五四	四川安岳	廿六年十二月	修理扎务代理	二五五
374.76	唐汉成	六〇	四川安岳	卅一年二月	办公室值勤	二四五
372.12	陶邦达	三五	四川璧山	廿九年一月	修理扎务代班	二四五

重庆电力股份有限公司全体工友名册 0219-2-138

43

37,212	陳方榮	二九	四川巴	廿六年二月	電机修理机務	二	四五
37,212	張蘭亭	二八	安徽懷遠	廿九年十月	炉房打机	二	四五
37,212	周海廷	五三	四川巴	卅年一月	机工代理	二	五
363,96	張漢金	四二	四川廣安	廿九年一月	炉房值班	二	五
363,96	鄧樹林	二八	四川巴	卅年一月	炉房挑煤	二	五

36,396	杨洁泉	三〇	四川潼南	卅年十月	炉房值班	二一〇
36,264	王玉成	四二	四川西充	卅年八月	传达	一六〇
34,908	陈天涵	二十六	四川蓬溪	卅年二月	炉房打杂	一六〇
34,908	唐仕云	三二	四川巴	卅年八月	打水船值班	一四〇
34,368	唐伟云	四九	四川岳池	卅年十一月	合右	一四〇

重庆电力股份有限公司全体工友名册　0219-2-138

44

34368	唐林堂	二二	四川江北	廿三年七月	红炉房打扎	一四〇
34368	張文光	四一	四川南充	廿三年六月	代扎班	一四〇
34368	楊金山	三七	四川蓬溪	廿三年六月	合夯	一四〇
34368	楊通山	四八	四川潼南	廿三年六月	修理扎務代班	一四〇
34368	周星照	三〇	四川雲陽	廿三年二月	清潔	一四〇

343.68	劉崇儀	二三	四川綦江	廿三年三月	伙房值班	一二〇
333.72	張海寬	四五	江蘇銅山	廿三年二月	清潔	一二〇
333.72	史從賢	三五	江蘇江浦	廿四年三月	修理打扎	〇七〇
299.76	張秉祥	三三	河南商水	廿四年三月	辦公室值勤	〇七〇
299.76	劉鈞倫	四六	四川潼南	廿三年三月	清潔	一〇〇

重庆电力股份有限公司全体工友名册 0219-2-138

厰務科
第二厰
管理股

45

第二厰管理股

349.68 技二	欒四隆	三二	浙江鄞	廿三年三月	遞手值班	七二〇
589.92	陳祥生	三三	浙江鄞	廿九年二月	仝右	六一〇
571.92	王金波	六〇	江苏南京	廿三年七月	管理吸水	六八〇
584.52						
576.00	房宝精	四五	江苏江浦	廿六年四月	鍋炉值班	六三〇

573.96		石昆飛	四一	浙江鄞	廿七年七月	仝右	六 二〇
483.28	郵2	龍昆洋	三一	四川潼南	廿六年九月	電板值班	四 五
438.72		文國棟	二七	四川巴	廿四年三月	仝右	二 三五
423.80		鄧正俊	二八	四川江津	廿九年一月	仝右	一 八五
423.16		吳常丰	二一	四川巴	卅年六月	仝右	一 七五

46

编号	姓名	年龄	籍贯	入厂时间	职务	工资
494,31	薛炳山	三四	江苏镇江	廿六年十月	锅炉值班	四五
456,24	張青合	三六	四川岳池	廿七年六月	仝右	二八
460,32	陳永厥	三七	湖北漢口	卅年十月	遞手值班	三五
346,32	曹健民（学徒）	二四	四川潼南	廿九年十二月	仝右	一五〇
323,352	孫述培	二一	四川双流	卅年一月	電板值班	一五

	陳以昌	一九	四川巴縣	卅二年一月	仝右	〇	[illegible]
31332	李國崇	二一	四川巴縣	卅四年四月	遞手值班	〇	七〇
29640	張白良	二一	四川南充	卅三年五月	仝右	〇	[illegible]
34044	周俊臣	二一	四川長壽	卅三年五月	仝右	一	三〇
38160 小二	楊健州	三四	四川綦江	卅六年六月	鍋爐值班	二	八〇

重庆电力股份有限公司全体工友名册 0219-2-138

47

37884	楊海山	三一	四川巴縣	廿六年三月	仝右	二七〇
37620	劉華璂	四七	安徽蕪湖	廿九年二月	仝右	二六〇
36396	胡賢安	四一	四川鄰水	卅年二月	爐房挑煤	二三五
36396	王洽生	二九	四川資中	卅年七月	仝右	二三五
36396	蒋炳卅	二八	四川潼南	廿六年十一月	仝右	二三五

359.88	鄧國清	三四	四川鄰水	廿七年四月	仝右	二〇〇
359.88	劉大發	三〇	四川巴	廿七年二月	仝右	二〇〇
359.88	趙海樓	三七	四川巴	廿七年一月	仝右	二〇〇
359.88	朱春榮	三二	四川岳池	卅年十月	仝右	二〇〇
359.88	包純陞	三三	四川巴	廿九年十月	仝右	二〇〇

重庆电力股份有限公司全体工友名册　0219-2-138

48

35448	35448	35448	351.72	349.08
贾本荣	杨三元	杨长清	陶克勝	汤海涛
四八	三九	四一	三三	三四
安徽怀远	四川武勝	四川合川	四川长寿	四川铜梁
廿一年六月	廿一年一月	廿一年三月	廿九年六月	廿一年七月
仝右	仝右	仝右	透平值班	扒煤房
一〇〇	一〇〇	一〇〇	一七〇	一六〇

340,44	張世清	三六	四川閬中	卅八年八月	仝右	一三〇
343,68	田有餘	三四	安徽壽	卅八年九月	仝右	一四〇
343,68	楊子華	三七	四川廣安	卅八年六月	仝右	一四〇
343,68	李玉清	四一	四川合川	卅八年六月	仝右	一四〇
343,68	蕭佳明	四〇	四川瀘	卅八年九月	仝右	一四〇

重庆电力股份有限公司全体工友名册　0219-2-138

49

340.44	王儀三	三七	四川西充	廿三年二月	仝右		一三〇
374.76	張炳安	三六	四川潼南	廿六年二月	仝右		二五五
380.28	任祥伸	二八	四川廣安	廿七年六月	河边接管吸水		二七五
369.36	梁煥文	三五	四川合川	廿七年八月	炉房挑煤		二三五
374.76	鄧洲成	三二	四川潼南	廿六年二月	仝右		二五五

重庆电力股份有限公司全体工友名册 0219-2-138

37068	魏紹清	四二	四川 沂	卅年 三月	仝右	二四
36936	何保山	三四	四川 涪陵	卅年 六月	仝右	二三五
36936	楊海宣	三九	四川 岳池	廿九年 七月	仝右	二三五
36936	蔡厚元	二五	四川 巴	廿九年 十月	仝右	二三五
36672	陳明章	三四	四川 巴	廿七年 八月	仝右	二三五

重庆电力股份有限公司全体工友名册　0219-2-138

50

366.72	甯三元	二九	四川资陽	廿九年二月	仝右		二五
366.72	毛月安	二八	四川岳池	廿九年六月	仝右		二五
366.72	胡树全	三四	四川鄰水	廿九年二月	仝右		二五
363.96	梁錫清	三五	四川長寿	廿九年八月	仝右		二五
365.96	趙興仁	三五	四川遂寧	卅年三月	仝右		二五

魏高伍	三六	四川鄰水	廿九年七月	仝右	二三五	366,72
秦務廷	三六	四川鄰水	卅年二月	仝右	二三五	363,96
鄧金順	三〇	四川岳	廿九年七月	[illegible]	二三五	363,96
黄海清	三三	四川巴	卅年二月	炉房挑煤	二三五	363,96
黄銀山	二七	四川潼南	卅年五月	仝右	二三五	363,96

重庆电力股份有限公司全体工友名册 0219-2-138

51

333.72	夏慶棠	三五	四川渠縣	卅三年二月	仝右	一二〇
333.72	姜宗漢	三四	四川合川	卅三年三月	仝右	一二〇
333.72	樊職修	三八	四川江津	卅三年三月	仝右	一二〇
333.72	黎紹清	三五	四川武勝	卅三年三月	仝右	一二〇
340.44	王泰山	三九	山東[illegible]	卅三年三月	仝右	一三〇

重庆电力股份有限公司全体工友名册　0219-2-138

服务科 第三厂 修理股

周雲清	二四	四川潼南	卅三年三月	河边接管吸水		一二〇
王明宣	四一	四川广安	卅三年三月	烧炉挑煤		〇七〇
邹明福	三三	四川合川	卅二年六月	仝右		〇七〇
彭思发	三二	四川巴	卅三年三月	仝右		〇七〇

第三厂修配股

汪卿蘭	四三	浙江鄞	廿七年三月	机务修理	技二	八〇

重庆电力股份有限公司全体工友名册 0219-2-138

52

600.72	張榮甫	四一	浙江鎮海	廿九年十月	仝右	六二〇
573.96	金仕良	三六	浙江山陰	廿九年十月	仝右	五五〇
559.68	計龍生	三六	江蘇上海	廿九年六月	車工	五九〇
567.84	胡文俊	三六	江蘇上海	廿九年九月	機務修理	五一〇
557.64	顏筱順	五〇	江蘇上海	廿九年四月	泥工	八〇〇

60072	黄紹修	三三	四川巴	卅五年五月	電焊	五一〇
55164	蒋銀輝	三六	四川巴	卅五年四月	起重	五四〇
55766	蔡祐泉	四八	江蘇無錫	卅年十月	鉄工	六〇〇
56988	蔡根泉	四一	江蘇無錫	卅五年五月	仝右	六九〇
	黄柏清	五一	四川廣安	卅五年四月	木工	五九〇

重庆电力股份有限公司全体工友名册　0219-2-138

53

華信寶	四七	浙江鎮海	廿七年十月	電務領工	八〇〇	56,892
曹根務	五一	江蘇上海	廿七年十一月	電氣修理	五九〇	600,72
曹雲根	四三	浙江鄞	卅年十一月	仝右	五三〇	56,784
廖松栢	三四	四川廣安	卅年六月	木工	二六五	55,968 邦二
唐義紀	四四	四川廣安	卅年六月	仝右	二六五	449,52

449,50	李金盛	四九	四川江津	卅一年一月	雜務	三〇〇
459,00	李云華	三七	四川巴縣	廿七年十二月	電氣修理	三七〇
475,08	林宗成	三六	四川涪陵	廿九年九月	信差	三二五
465,72	柏学春	二三	四川岳池	廿九年十二月	机務修理	二二五
446,76	王甫康	二三	四川巴縣	卅年十二月	仝右	一八五

重庆电力股份有限公司全体工友名册 0219-2-138

54

427,80		馬周红	三六	浙江海寧	卅五年五月	泥 2	二七〇
460,84		張玉春	三三	四川南充	卅五年二月	修理杭務	三七〇
440,24	学徒	羅澤隆	二六	四川岳池	卅五年十二月	車 2	一四〇
346,50		傅世華	二六	四川岳池	卅五年九月	值班打水船	一三五
342,24		吳樹臣	二四	四川巴	卅五年八月	修理杭務	一三〇

重庆电力股份有限公司全体工友名册　0219-2-138

34044	耿[illegible]福	一九	四川巴县	卅二年三月	電板值班	一	三〇
34044	譚承遂	二三	四川岳池	卅二年十二月	車工	一	三五
34224	羅生榮	二九	四川巴	卅二年二月	修廠打扎	一	三五
33024	米?林	二〇	四川遂寧	卅二年七月	電焊助手	〇	九五
31668	羅順鑫	二〇	四川岳池	卅二年十二月	車工	〇	八〇

重庆电力股份有限公司全体工友名册 0219-2-138

55

306.62	甘懋棠	二二	浙江鄞	廿三年六月	杭務修理	〇七五
303.13	小二 陳炳榮	四八	四川巴	廿九年十月	小工[illegible]	二七〇
378.74	胡萬鍾	三〇	四川江北	廿九年十月	打扎	二五五
374.76	魏雲成	二七	四川敘永	廿九年九月	仝右	二五五
374.76	譚樹儒	三三	四川銅梁	廿九年十月	仝右	二六五

377.52	何樹雲	二七	四川江津	廿九年十月	仝右	二五〇
374.76	張國賢	二九	四川銅梁	廿九年七月	炉房打机	二四〇
372.12	趙華榮	二二	四川南充	卅年十月	仝右	二二〇
365.28	傅樹清	二七	四川長寿	廿九年六月	仝右	二三〇
368.04	劉大成	三二	四川鄰水	卅年十月	仝右	二二〇

重庆电力股份有限公司全体工友名册 0219-2-138

56

365,28	唐桂林	四二	四川巴	卅年八月	冷作助理	二	二〇
365,28	陳錦堂	四五	四川涪陵	卅年四月	信差	二	二〇
365,28	陳書全	三二	四川涪陵	卅年四月	打杂	二	二〇
365,28	左紹明	二六	四川墊江	廿九年二月	起重代班	二	二〇
365,28	黄昭清	二五	四川合川	廿九年十二月	锅炉代班	二	二〇

365,28	365,28	365,28	365,28	365,28
劉銀煇	蕭炳昌	汪紹濬	王洪訊	周玉祥
二六	三0	二六	二六	三二
四川巴縣	四川巴縣	四川江北	四川巴縣	四川鄰水
卅年十月	卅年七月	卅年一月	卅年三月	卅年十月
泥工	起重代班	仝右	仝右	仝右
二三0	二三0	二三0	二三0	二三0

重庆电力股份有限公司全体工友名册 0219-2-138

57

365,28	吴树云	二四	四川铜梁	卅年一月	抽水值班	二三〇
365,28	陳树云	二八	四川璧山	卅年二月	起重代班	二三〇
365,28	李光锡	二五	四川[illegible]	卅年一月	仝右	二三〇
365,28	李肇毅	五二	四川安岳	卅年七月	烧水	二三〇
365,28	陶海发	二五	四川巴县	先年九月	修理房 九二	二三〇

第⑦辑

唐海廷	三七	四川巴	卅年十二月	仝右	二〇	362.64
唐安民	三三	四川广安	卅年二月	仝右	二〇	359.88
倪德彬	三五	四川江津	卅六年九月	代理班长	二〇	359.88
蒋肇渊	二四	四川江北	卅年九月	值班	二〇	359.88
杨学渊	三七	四川江北	卅年二月	仝右	二〇	359.88

重庆电力股份有限公司全体工友名册 0219-2-138

58

359.88	杨俊学	二九	四川潼南	廿九年八月	管理工	二〇〇
359.88	李平川	三二	四川綦江	廿九年十月	修理技工	二〇五
361.20	柏鸿清	三五	四川江北	廿九年八月	合作小工	一六〇
354.48	叶绳熙	二三	四川巴县	廿九年八月	检务代班	一六〇
354.48	刘树良	二八	四川江北	廿九年七月	起重代班	一六〇

重庆电力股份有限公司全体工友名册 0219-2-138

35448	易錫道	二九	四川江北	卅八年八月	炉房打杂	一百
35448	雍錫周	四九	四川江津	卅八年九月	打杂	一百
35448	胡漢明	四二	四川廣安	卅八年八月	起重代班	一百
35448	譚鍾盛	三三	四川銅梁	卅八年七月	石工	一百
35448	何長富	二八	四川閬中	卅八年六月	起重代工	一百

重庆电力股份有限公司全体工友名册　0219-2-138

59

35448	吴配華	四〇	四川渠县	卅年十二月	修理厰打杂	一六〇
35448	吕配林	三四	四川長寿	廿年十二月	起重代班	一六〇
35448	史文進	四八	四川閬中	廿年一月	宿舍打杂	一九〇
35712	高榮成	二六	四川巴	廿九年二月	實驗室打杂	一六〇
35448	余炎華	三三	四川江津	廿年七月	办公室茶役	一九〇

重庆电力股份有限公司全体工友名册　0219-2-138

357,12	349,908	351,72	349,908	349,908
趙海欽	張禹三	陳炳泉	王志先	李旭東
四二	四七	四七	二九	三四
四川巴	四川合川	四川墊江	湖南長沙	四川江津
卅二年三月	卅二年七月	卅二年九月	卅二年一月	卅二年八月
修理房打雜	機器房清潔	醫務室打雜	查[illegible]打雜	燒水
一六〇	一七〇	一六〇	一六〇	一六〇

60

厰務科 第三厰 管理股

编号	姓名	年龄	籍贯	入厂时间	职务	工资
34908	阚佑民	二五	四川垫江	廿二年一月	工友[illegible]管打扎	一四〇
34368	李成君	三三	四川涪陵	廿一年二月	洽作小工	一三〇
34224						
58992 技二	甘安庆	四七	浙江鄞县	廿九年十月	查道手修理	七〇
57596	陈祖庚	三六	四川南充	廿三年十月	查道手值班	六〇

第三厰管理股

567,84	陳阿榮	四六	江苏無錫	廿[illegible]年三月	電板值班	五九〇
561,72	彭銘遠	三六	四川巴縣	廿[illegible]年四月	炉房值班	五六〇
555,72	顧福堂	五六	江苏上海	廿[illegible]年九月	透平值班	五三〇
555,72	金錦海	四二	江苏上海	廿[illegible]年十月	電板值班	五三〇
553,68	田海清	三五	四川江北	廿三年十一月	炉房值班	五二〇

重庆电力股份有限公司全体工友名册　0219-2-138

61

55,64	祁慎祥	三三	江苏南京	卅年三月	仝右	三一〇
[illegible]	王世昌	三三	四川巴	廿六年四月	仝右	四〇〇
481,20	劉紹文	三一	湖北漢口	廿九年七月	仝右	二四五
480,24	李如渊	三六	四川[illegible]	廿三年二月	仝右	三七〇
475,08	龔家棋	三一	江苏上海	卅年三月	机務修理助手	三三五
476,16						

47508	孫承富	二五	四川南充	廿六年二月	值班電板	三七
47208	陳俊林	三五	四川大足	廿五年五月	值班鍋爐	三五
46896	張佐煌	三五	四川長壽	廿六年六月	仝右	三四
46704	周元壽	三一	四川安岳	廿四年一月	仝右	三三
[illegible]6674	李元芳	三二	四川成都	廿二年十一月	仝右	二九

重庆电力股份有限公司全体工友名册 0219-2-138

62

学徒 34044	羅其昌	二四	四川巴縣	卅年八月	電板	一	三〇
34044	謝昌[illegible]	二三	四川岳池	卅年一月	透平	一	三〇
34044	嚴浩然	二一	四川潼南	卅年十二月	仝右	一	三〇
34044	楊兆南	二二	四川江北	卅年八月	仝右	一	三〇
31668	胡仁堅	一九	四川江北	卅年八月	電板	〇	九五

重庆电力股份有限公司全体工友名册 0219-2-138

30660	陽盛貴	二一	四川岳池	廿三年四月	仝右	○	六○
30996	王芳芸	一九	四川江北	廿三年八月	仝右	○	六○
29304	姜存禮	一九	四川內江	廿三年三月	仝右	○	六○
38028 小2	唐三春	三五	四川璧山	廿七年一月	爐房挑煤	二	七五
38028	李海波	四九	四川長壽	廿九年十月	仝右	二	七六

重庆电力股份有限公司全体工友名册 0219-2-138

63

37620	陳樹安	二九	四川巴	廿九年七月	仝右	二	六
37752	陳潤森	三六	四川遂寧	廿八年十月	仝右	二	五
38028	楊致文	三三	四川閬中	廿八年三月	仝右	二	七
37426	張治清	三五	四川巴	廿九年五月	仝右	二	三
37752	張科丰	四四	四川武勝	廿九年十月	[illegible]	二	五

重庆电力股份有限公司全体工友名册　0219-2-138

37344	37212	37068	36894	36804
張元清	彭崇臣	張金廷	張炳祥	何瑞成
三三	三三	三四	二八	二九
四川巴縣	四川涪陵	四川巴縣	四川巴縣	四川江津
卅三年十月	廿九年九月	廿九年十二月	卅三年三月	卅年四月
炉房打[illegible]	水池司机	仝右	炉房校[illegible]	仝右
二三〇	二四〇	二四〇	二三〇	二三〇

重庆电力股份有限公司全体工友名册 0219-2-138

64

368,04	368,04	368,04	365,28	365,28
汪紹文	況平安	劉德芳	陳茂軒	陳紹清
三三	三三	二六	三六	二七
四川江北	四川巴	四川長壽	四川長壽	四川遂寧
廿六年一月	廿一年二月	廿九年二月	廿一年四月	廿九年一月
爐房生火	仝右	仝右	下煤代班	爐房擋火
二三〇	二三〇	二三〇	二三〇	二三〇

365.28	岳朝伯	二八	四川遂宁	廿年二月	仝右	二二〇
365.28	刘世吉	三六	四川江北	廿九年十月	挑炉煤房	二二〇
365.28	唐国理	四二	四川广安	廿年四月	扎水务船	二二〇
365.28	高海楼	三〇	四川巴	廿年三月	挑炉煤房	二二〇
365.28	范海山	三九	四川岳池	廿年一月	仝右	二二〇

65

365,28	馮益三	三二	四川酆都	卅年十月	仝右	二二〇
365,28	鄧萬才	三五	四川巴縣	卅年八月	仝右	二二〇
365,28	吳玉山	三三	四川銅梁	卅年五月	仝右	二二〇
365,28	何炳林	二五	四川合川	卅年四月	仝右	二二〇
365,28	盧樹清	三三	四川巴縣	卅年一月	仝右	二二〇

重庆电力股份有限公司全体工友名册 0219-2-138

重庆电力股份有限公司全体工友名册 0219-2-138

365,28	蒲天忠	三二	四川岳池	卅年十月	仝右	二三〇
365,28	趙来三	四七	四川安岳	廿九年一月	仝右	二三〇
365,28	劉君儒	二六	四川永川	卅年九月	仝右	二三〇
365,28	王海全	四三	四川江津	卅年一月	仝右	二三〇
365,28	唐清和	三三	四川遂寧	廿九年一月	仝右	二三〇

重庆电力股份有限公司全体工友名册 0219-2-138

66

365,78	侯彬武	三八	四川巴縣	卅年九月	仝右	二	二〇
365,78	葛樹清	三〇	四川長壽	卅年一月	仝右	二	二〇
365,78	謝亭九	三三	四川巴縣	卅年三月	仝右	二	二〇
365,78	朱華軒	四二	四川巴縣	廿九年一月	仝右	二	二〇
365,78	蔣海山	三二	四川江北	卅年三月	仝右	二	二〇

365.28	彭貴林	二七	長壽四川	卅九年三月	仝右	二三〇
365.28	鄭樹成	二九	長壽四川	卅九年二月	仝右	二三〇
365.28	程紹宣	三五	長壽四川	卅九年三月	仝右	二三〇
365.28	甘炳臣	四二	鄰水四川	卅九年一月	仝右	二二〇
361.[illegible]	楊友傑	四四	長壽四川	卅九年九月	仝右	二一五

重庆电力股份有限公司全体工友名册　0219-2-138

67

35856	楊海云	二九	四川遂寧	廿五年七月	仝右	一九五
36120	王慶云	三〇	四川巴	廿五年十月	仝右	二〇五
35988	余明清	三四	四川江北	廿五年五月	打水看字	二〇〇
35712	楊明燕	二八	四川閬中	廿二年二月	爐房加煤	一九〇
35712	宋維卅	三六	四川璧山	廿一年一月	仝右	一九〇

354,48	涂树清	二八	四川江北	廿七年一月	仝右	一10
354,48	李治平	四七	四川灌县	廿七年八月	仝右	二10
354,48	吴志清	二四	四川巴县	廿七年九月	仝右	一10
354,48	刘述轩	三二	四川大足	廿七年九月	仝右	一10
354,48	刘金成	二八	四川巴县	卅年八月	仝右	一10

重庆电力股份有限公司全体工友名册　0219-2-138

68

354,448	宋炳成	四八	四川大足	卅四年四月	仝右	一石
354,448	鄧海云	三八	四川巴	卅四年七月	仝右	一石
354,448	葉光寬	二六	四川江北	卅四年八月	仝右	一石
354,448	張玉文	三六	四川江北	卅四年八月	仝右	一石
354,448	高元成	三四	四川長壽	卅四年九月	仝右	一石

354,48	井榮清	二一	合川 四川	卅年七月	仝右	一石
354,48	馮清榮	二四	巴 四川	卅年八月	仝右	一石
354,48	譚進之	三四	涪陵 四川	卅年七月	仝右	一石
354,48	伍正照	三三	巴 四川	卅年七月	仝右	一石
354,48	劉樹榮	三二	巴 四川	卅年九月	仝右	一石

重庆电力股份有限公司全体工友名册 0219-2-138

69

35448	35448	35448	35448	35448
張建明	黄永春	于世清	李海明	盧光福
四一	四四	四六	三三	二七
四川富順	四川墊江	四川簡陽	四川巴	四川巴
卅年九月	卅一年九月	卅年八月	卅年八月	卅年十月
仝右	仝右	仝右	仝右	仝右
一	一	一	一	一
否	否	否	否	否

354,448	文树堂	三四	四川綦江	卅八年	仝右	一石
354,448	詹崇餘	二六	四川綦江	卅七年	仝右	一石
354,448	黄国田	三三	四川隆昌	卅八年	仝右	一石
354,448	匡益和	三〇	四川潼南	卅八年	仝右	一石
354,448	况光明	三三	四川巴县	卅五年	仝右	一石

重庆电力股份有限公司全体工友名册 0219-2-138

70

35448	鄧煥堂	三五	四川綦江	卅年七月	仝右	一名
35448	王既達	三五	四川安岳	卅年七月	仝右	一名
35448	周光輝	三四	四川巴	卅年七月	仝右	一名
35448	余海波	二七	四川長壽	卅年七月	仝右	一名
351,72	王占林	三三	四川瀘	卅年六月	仝右	一名

354448	354448	354448	354448	354448
王焕林	周世荣	张汉成	傅海发	周世发
四九	三二	二八	四二	四五
四川泸	四川长寿	四川长寿	四川綦江	四川富顺
卅年八月	卅年九月	卅年十月	卅年八月	卅年八月
仝右	仝右	仝右	仝右	仝右
一百	一百	一百	一百	一百

重庆电力股份有限公司全体工友名册　0219-2-138

71

354448	354408	351,72	354448	354448
趙華章	譚葉明	戴潤清	趙勞森	彭子青
四二	二八	三二	二一	三六
四川富順	四川潼南	四川江北	四川南充	四川長壽
卅年八月	卅年八月	卅年七月	卅年八月	卅年七月
仝右	仝右	仝右	仝右	仝右
一/10	一/10	一/七0	一/10	一/10

35448	熊福臣	三三	四川长寿	廿八年八月	仝右	一百
350,40	彭福云	四三	四川宜宾	廿八年九月	仝右	一百
349,08	刘星武	四六	四川涪陵	廿八年八月	仝右	一百
349,08	王荣林	五〇	四川江北	廿八年十一月	仝右	一百
349,08	左世忠	三〇	四川垫江	廿八年六月	仝右	一百

重庆电力股份有限公司全体工友名册 0219-2-138

72

34908	何崇華	三〇	四川宜中	廿三年八月	仝右	一三〇
34908	趙吉壽	四四	四川射洪	廿三年八月	仝右	一三〇
34908	游國清	三三	四川綿陽	廿三年八月	仝右	一三〇
34908	唐萬順	三九	四川富順	廿三年八月	仝右	一四〇
34368	羅紹清	二八	四川江津	廿三年七月	仝右	一四〇

重庆电力股份有限公司全体工友名册 0219-2-138

343,68	楊清理	三三	四川閬中	卅二年二月	仝右	一四〇
343,68	余顯培	二六	四川長壽	卅年一月	仝右	一四〇
343,68	段海云	三三	四川璧山	卅三年六月	仝右	一四〇
343,68	劉萬祥	三三	四川長壽	卅二年六月	仝右	一四〇
333,72	文明陽	三一	四川潼南	卅二年七月	仝右	一三〇

重庆电力股份有限公司全体工友名册 0219-2-138

73

江北办事处

江北办事处

电工		帮工	学徒	小工
韩国勋	黄彤甫	唐慧轩	熊泉生	温良臣
五三	四八	四八	二七	三五
江苏上海	浙江镇海	四川岳池	江苏武进	四川岳池
廿三年十月	廿七年四月	廿三年三月	卅年七月	廿六年七月
装表及修理	全右	全右	全右	全右
七九○	六三○	三九○	一三○	二五
599.40	576.00	477.16	344.44	

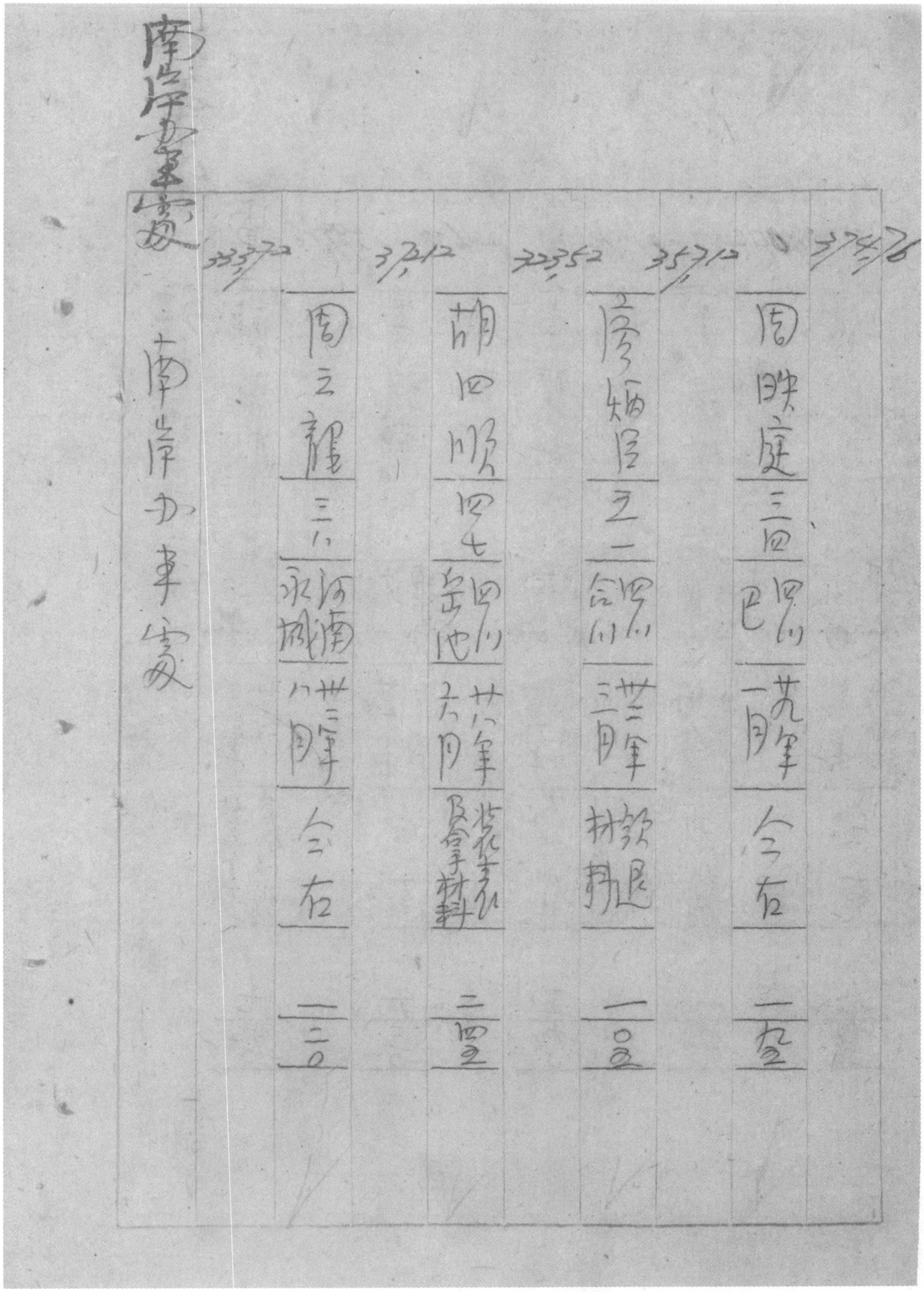

南岸辦事處

南岸辦事處

37426	周映庭	三四	四川巴	廿九年一月	仝右	一九五
35712	廖炳臣	三二	四川合川	廿三年三月	辭退材料	一〇五
22352						
37212	胡四順	四七	四川岳池	廿六年六月	裝表及零星材料	二四五
22372	周三龍	三八	河南永城	廿三年八月	仝右	一二〇

重庆电力股份有限公司全体工友名册 0219-2-138

74

599.76	領工 黄在其	四六	江苏上海	廿三年三月	領工	七〇
592.86	電工 施福生	三九	江苏崇明	廿三年二月	值班 分電站	七四
557.64	王松林	三六	安徽桐城	廿七年八月	電工	五四
577.92	陳杏生	四六	江苏上海	廿三年九月	值班 分電站	六四
581.76	沈阿根	四八	江苏上海	廿三年三月	仝右	六〇

557.64	羅維萬臣	三二	四川蓬溪	廿八年二月	電二	五	四〇	
464.40 工B中二	韓丙仁	三三	浙江諸暨	廿九年八月		三	三〇	
430.04	蔡澤民	三〇	四川成都	廿六年七月		三	四五	
449.52	劉孝康	二九	四川巴	廿六年七月		二	六五	
486.24	周章慶	三三	江蘇上海	廿三年五月		二	九〇	

重庆电力股份有限公司全体工友名册　0219-2-138

75

427.80		馮子書	二九	四川 巴县	廿九年十月	一	三五
346.32	学徒	李耀成	二五	四川 巴	廿九年十月	一	三〇
303.12		廖俊良	二二	四川 成都	廿九年十月	〇	七五
306.48		彭玉林	二七	四川 蓬溪	廿九年四月	〇	六〇
363.96	小工	張永福	三四	四川 江北	廿九年五月	二	三五

376,08	羅信成	三六	四川岳池	廿五年九月	二六〇
377,00	陳志明	三九	四川南充	廿五年六月	二四五
380,16	張紹成	三七	四川遂寧	廿五年六月	二七五
316,48	陶志成	三一	四川巴	廿五年二月	〇七五
370,48	陳玉合	三六	四川南充	廿五年三月	二四〇

76

359,88	361,70	373,44	374,76	387,00
張海金	邱雨林	李世才	苏玉合	余海金
四六	四二	三九	三三	三二
四川岳池	四川江津	四川岳池	四川岳池	四川岳池
廿九年九月	廿六年三月	廿六年六月	廿七年九月	廿六年三月
二〇〇	二五〇	二五〇	二五〇	三〇〇

重庆电力股份有限公司全体工友名册　0219-2-138

38,160	鄧福恩	四三	四川岳池	廿九年九月	二〇
35,988	李樹江	三五	四川巴縣	廿九年八月	二〇
37,068	李海章	三八	四川巴縣	廿九年二月	二四
36,936	李鹽全	四九	四川巴縣	廿九年七月	二三
38,424	繆占清	四二	四川巴縣	廿九年二月	二五

重庆电力股份有限公司全体工友名册　0219-2-138

77

385.56	377.52	367.92	358.44	372.00
陳法元	江國文	楊法之	張永賢	孔順進
四一	三〇	二九	二三	三〇
四川三台	四川長壽	湖北宜昌	四川巴	四川富順
廿六年二月	廿九年十月	卅年六月	卅年十一月	廿七年三月
二九五	二六五	二三〇	一九五	二四五

重庆电力股份有限公司全体工友名册 0219-2-138

372.00	365.28	372.00	354.40	361.20
江萬良	温吉成	張紹清	劉俊德	張志坤
二八	四八	三一	三七	三三
四川鄷都	、	四川江北	四川大足	四川忠
廿七年一月	廿七年三月	廿七年九月	廿六年二月	廿七年九月
二四五	二二〇	二四五	一六五	二〇五

重庆电力股份有限公司全体工友名册　0219-2-138

78

33074	李盛堂	三九	河南唐河	卅三年十一月	一三
34336	譚定國	四六	四川[illegible]	卅三年一月	一四
34632	張順和	四二		卅三年一月	一五
34044	張肇鈞			卅三年六月	一三
33[illegible]51	何紹卿			卅三年六月	一五

陳夢昭			卅三年六月	一三〇	333.60
張光富			卅三年六月	一三〇	333.60
鄧永昌	四〇	巴縣	卅三年五月	二六〇	376.08
甘海全	四九	巴縣	卅三年二月	三〇〇	387.00
歐文山	三六	合川	卅三年六月	二五〇	385.56

79

383.92	370.68	361.70	376.08	377.52
段玉清	段康全	严绍云	简绍践	简树清
三六	二七	三七	四四	四
四川南充	四川武胜	四川合川	四川南川	〃
卅六年八月	卅六年十月	卅六年七月	卅六年十月	卅六年十月
二[illegible]	二[illegible]	二[illegible]	二[illegible]	二[illegible]

重庆电力股份有限公司全体工友名册 0219-2-138

重庆电力股份有限公司全体工友名册 0219-2-138

366,60	简元生	二七	〃	卅五年十月			二三五	√
374,76	余海云	二七	四川江津	卅五年二月			二五五	√
351,72 熊绪	高丙云	四二	四川江北	卅五年六月			一七〇	√
343,56	高树云	四一	四川涪陵	卅五年三月			一四〇	√
320,04	周世華	二四	〃	卅五年七月			一〇〇	√

重庆电力股份有限公司全体工友名册 0219-2-138

80

沙坪坝办事处

沙坪坝办事处

603.48	领工	姜阿狗	三九	江苏上海	廿三年九月	线路工作修理领工	八	三〇
578.04	电工	余维孝	二九	四川彭[illegible]	廿三年八月	线路依	六	四〇
549.60		王仲尼	三〇	四川江北	廿三年二月	分站值班	五	〇〇
578.04		王瑞初	二八	江苏江阴	廿三年四月	线路依	六	四〇
		陈国民	四二	江苏上海	廿三年四月	渝[illegible]站值班	五	〇〇

565.80		顧正庭	五二	浙江寧波	廿年八月	新橋修理值班	四六
453.60	邦工	李家麟	三三	四川巴	廿六年八月	協助綫路工作	四五
483.28		王正安	二八	四川長壽	廿六年九月	仝右	三五
480.34	小工	張經之	三二	四川遂寧	廿六年三月	綫路材料搬運	三〇
387.00		劉清泉	三九	四川巴	廿六年六月	〃	三〇

重庆电力股份有限公司全体工友名册 0219-2-138

81

38,700	向榮華	四六	四川江北	廿四年一月	〃	三〇〇
38,700	萬松柏	三〇	四川巴縣	廿六年六月	〃	二九〇
38,424	諶吉昌	四〇	四川江北	廿七年二月	〃	三〇〇
38,700	蔣雲臣	三七	四川潼南	廿六年八月	〃	二四五
37,212	周華生	四一	四川巴縣	廿七年六月	分站值班	二六五

38,468	王永亮	三二	四川江北	廿七年三月	仝右	二九○
384,24	陳超群	二九	四川潼南	廿二年二月	線路器材搬運	一四○
343,68	李廷才	三五	四川江北	廿七年六月	〃	二四○
370,68	何登賢	三六	四川梁山	廿七年七月	〃	二九○
38,424	何樹華	三二	四川巴	廿六年七月	〃	三一○

重庆电力股份有限公司全体工友名册 0219-2-138

82

387,00	胡双全	三二	四川岳池	卅三年三月	〃	二	1.0
381,60	周庆云	二八	四川江津	卅年八月	〃	二	九〇
384,24	高玄璧	四二	四川巴县	卅七年二月	〃	二	1.2
383,92	李荫林	三六	四川巴县	卅七年七月	〃	二	七〇
378,84	黄银州	三〇	四川巴县	卅二年一月	〃	〇	1.2

309.96	蒋树清	三二	四川江北	廿七年九月	〃	一三〇
340.44	刘大清	三六	四川江北	廿六年八月	〃	二七〇
378.84	房合一	三〇	四川华阳	廿六年八月	〃	二七〇
374.76	熊[illegible]钊	三一	四川涪陵	廿六年一月	〃	二一〇
362.64	王厚贞	二七	四川璧山	廿六年三月	〃	二四

重庆电力股份有限公司全体工友名册　0219-2-138

83

377.12	罗汉章	二八	四川巴	卅六年三月	〃	二壹五	√
377.52	蒋镛	四二	四川广南	卅六年七月	〃	二三五	√
374.76	周桂林	四三	四川三台	卅六年一月	〃	二〇〇	√
377.44	赵子用	三九	四川遂宁	卅七年三月	分组值班	二〇〇	√
381.60	何友清	二〇	四川大足	卅二年三月	分组清洁	一二〇	

重庆电力股份有限公司全体工友名册　0219-2-138

333.72	梁保清	三二	四川大足	廿九年九月	線路工	一二〇
387.00	何炳欽（石工）	三一	四川大足	廿年二月	石工	三〇
387.00	毛進宣	二六	四川大足	廿七年六月	〃	三〇
387.00	田吉榮	二六	四川大足	廿九年三月	〃	二百
369.36	葉雲山	二四	四川廣安	廿年九月	〃	一百

重庆电力股份有限公司全体工友名册　0219-2-138

84

350,40		伍燮任	二九	四川渠	廿九年九月	〃	一三〇
340,44	学徒	谢天陇	二四	四川巴	廿九年七月	线路工作	一三五
342,24							
343,12		张钩生	二一	四川巴	卅二年三月	〃	〇七五

共计二百一十名

重庆电力股份有限公司稽核室稽查股现有职员名册 0219-1-14

016

重慶電力公司稽核室稽查股現有職員名冊

職別	姓名	年齡	籍貫	到職日期	備考
主任	王松懋		江蘇	三十年十二月	
副主任	李仙槎	五二	四川秀山	二十七年五月	
	孫光宗	二六	湖北	二十九年八月	
科員	孫錦雲	三二	湖北	三十年十二月	
	金馨遠	三二	湖北	二十八年六月	
	徐世和	三〇	湖北	二十九年八月	
	楊震	三三	湖北	三十年五月	
	榮新民		江蘇	三十一年一月	

重慶電力股份有限公司稽核室稽查股

重庆电力股份有限公司稽核室稽查股现有职员名册　0219-1-14

黄居中	三五	湖南	三十一年一月
陳紹華	三四	四川内江	二十九年十月
楊鎮海	三〇	山東	三十一年一月
傅德新	二四	四川巴縣	二十七年十月
胡子傑	三〇	湖北	三十一年一月
易抗强	二五	四川梁山	二十八年十一月
曾碧青	二七	四川萬縣	二十八年十一月
葉白藝	二二	湖北	二十八年十一月
傅道乾	三四	四川長壽	二十七年五月

重庆电力股份有限公司一九四七年到职名册　0219-1-34

卅六年到職名册

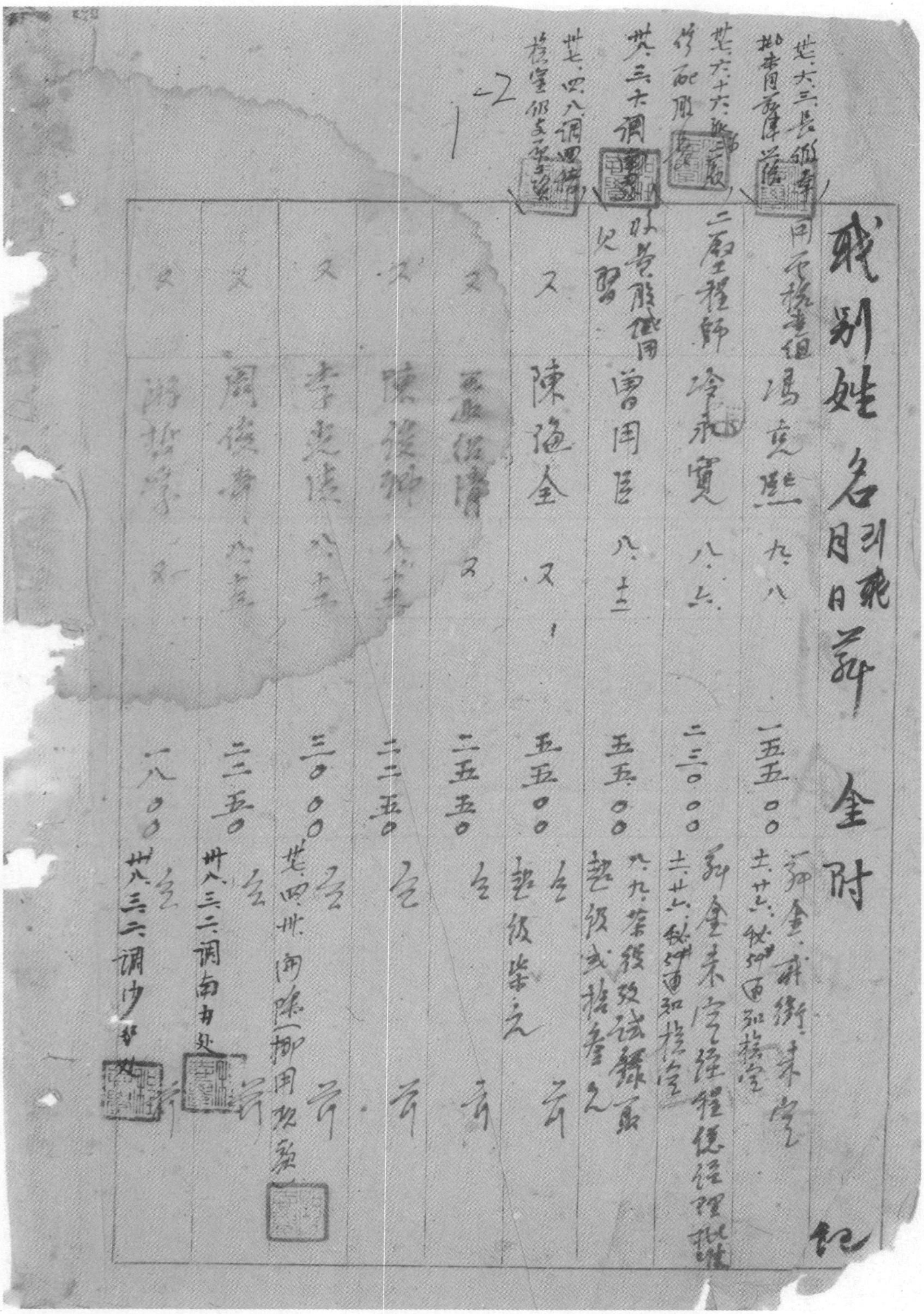

-2

廿六、三、長級[illegible] 撤[illegible]

廿六、十六、[illegible] 修配股[illegible]

卅六、三、十調[illegible]

廿七、四、八調四[illegible] 稽室[illegible]

職別	姓名	到職月日	薪金	附記
用戶稽查組	馮克熙	九、八	一五〇〇	一月薪金、薪衡未定 十、廿六、秘書室通知核定
二廠工程師	冷永寬	八、六	二三〇〇	薪金未定經程總經理批准 十、廿六、秘書室通知核定
財務股職員	曾用臣	八、十三	五五〇〇	八、九、葉總發試驗員 照級試核委之
又	陳隆全	又	五五〇〇	仝 照級委之 荐
又	聶紹清	又	二五五〇	仝 荐
又	陳俊卿	八、十三	二二五〇	仝 荐
又	李炎佳	八、十三	三〇〇〇	仝 廿四卅開除挪用款項 荐
又	周後奇	八、十三	二二五〇	仝 卅八、三、二調南岸處 荐
又	游哲學	又	一八〇〇	仝 卅八、三、二調沙坪處 荐

重庆电力股份有限公司一九四七年到职名册 0219-1-34

重庆电力股份有限公司一九四七年到职名册 0219-1-34

又	殷安成		二六五〇	卅八.五.二調沙舟處
又	向德滋		四六五〇	仝 前
副科長	歐陽鑑		一三五〇〇	[illegible]
[illegible]	[illegible]		二六〇〇〇	秘書待遇 一年 [illegible]
[illegible]	姚文安	十二.廿三	五五〇〇	茶役提升 卅六.十二.廿三.通知
又	萬正麟	又	五五〇〇	[illegible]
又	錢俊明	又	三七五〇	卅八.三.二調南岸處
又	鄭子玉	又	五四〇〇	卅八.三.二調江北處
又	陳大芳	又	三六〇〇	[illegible]
又	沈叔生		二二五〇	[illegible]

卅八.八.五.又升員

重庆电力股份有限公司一九四七年到职名册　0219–1–34

2–1

收發兼記錄	詹昌緒	十六·十二	三一五〇	升任 [illegible]
	劉雲恆	又	壹五〇〇	小工提升 又
	張玉文	又	二一〇〇	偉韋提升 又
董事長秘書	涂重光	卅七年九月	四〇〇〇〇	秘書室 [illegible]
秘書	徐代植	九月	一七〇〇〇	總經理 [illegible]
專員	帥增榮	三·廿	二五〇〇〇	[illegible]
	田增之	五·一	一〇〇〇〇	[illegible]
	萬朝傑	六·四	一四〇〇〇	[illegible]
	李逢春	六·九	一七〇〇	[illegible]
會計科科員	葉德成	六·十六	三五〇〇	[illegible]

[illegible]

重庆电力股份有限公司一九四七年到职名册　0219-1-34

秘書室 秘書	趙循伯	八.一	一七000	七.廿九.函知 [illegible]
臨時文書員	宋信渠	六.一	一0000	七.卅.函知 [illegible]
試用練習員	謝稚煜	七.廿四	三0000	八.二.函知 [illegible]
臨時僱員	何正清	八.廿四	三0000	[illegible]
文書股 臨時僱員	李雲翔	九.廿三	三0000	九.廿三 [illegible]
譯電股 股員	楊昌謀	十.七	五000	十.十七 [illegible]
顧問	臧康泰			十二.十六 [illegible] 函知
駐滬辦事處 副主任	陸錫成	一.一	二0000	[illegible]
電話室 見習生	譚世秀	卅八.二.一	二000	元.廿五.函知 [illegible]
顧問	梁穎文			十二.廿六 [illegible]

總務課史美成於三月廿八日到職去後
庶務股

1950 五三 登人#263 江北处签 服務年餘 成績優異
請改定為工務員名義 奉批已准

重慶電力股份有限公司 人 股

石硯 三月十四

重慶電力股份有限公司便箋

重庆电力股份有限公司一九四七年到职名册 0219-1-34

卅八.十.廿二调业务科票据股 卅八.十一.九调[illegible]

13-2

职务	姓名	到职日期	薪额	备注
新栎委员会工程师	何建伯	三.五	三〇〇〇〇	三.三任用通知奉谕协助装设新[illegible]；三.卅二通知按会月薪叁百元
抄表股试用员暂	唐明光	三.九	二〇〇〇〇	三.九通知发派在抄表股试用；三.卅通知为试用员暂月薪廿元
厂务科工程师	黄嵩生	三.十六	一五〇〇〇	三.十二通知；三.廿一通知按定月薪壹百五十元；1950七七秘人405派为一厂生产技术组组长
总务科科员	史美宬	三.廿六	八〇〇〇	三.廿二通知协助总务科[illegible]；1950三.[illegible]秘人109调江办
总工程师室工务员	鲁秉灵	三.廿五	一〇〇〇〇	三.廿六任用通知；三.卅调三厂工务员[illegible]
抄表股见习	谭世谦		三九〇〇	三.卅秘人字[illegible]号通知一厂学徒改见习
江办处暂行试用	宋国华	四.十八		四.十五任用[illegible]；[illegible]九秘人85通知来
江办处暂行试用	冰墨镇	四.十五	二〇〇〇	五.廿五秘人[illegible]通知[illegible]；1950三.二调西[illegible]
南岸处暂行试用员暂	杨栢	四.廿五	二〇〇〇	五.廿六秘人[illegible]通知[illegible]
沙岸处暂行试用见习	戴立贤	四.廿一	二〇〇〇	五.廿六秘人[illegible]通知[illegible]

重庆电力股份有限公司一九四七年到职名册　0219-1-34

卅八、六、十八调[illegible]

1949.十二、卅批人235号通知本月止支薪[illegible]

南岸办事处行政试用见习	杨云斋	四、十三	二〇〇	四、廿六任用通知 五、廿六批人[illegible]通知[illegible]核薪廿元
江北办事处行政试用	李兆瑞	四、廿七	二〇〇	四、廿五任用通知 五、廿五批人[illegible]通知[illegible]核薪廿元
沙坪坝办事处行政试用见习	陆必隆	四、廿九	二〇〇	四、十三任用通知 五、廿六批人[illegible]通知以见习名义核[illegible]
董事会秘书	田孟甫	七、廿一	一五〇〇	
用电股见习	黎昌望	七、廿九	六八五〇	学徒提升
电务科实习员	葛天麟			八、八批人[illegible]通知程协理请暂以实习员名义月支薪津叁拾元
[illegible]务科实习员	余秉桂		三〇〇	仝 1950.五.四批人[illegible]助理干事员[illegible] 1950.四[illegible]批人[illegible]通知[illegible]四月份起[illegible]余两生[illegible]
江北办见习	惠泉生		[illegible]〇〇	学徒提升
总经理	傅友周	八、八	二四〇〇〇	八、廿二董事会决定 1950.五、[illegible]通知四年资[illegible]为340元
助理秘书	申倚晨	八、廿五	[illegible]〇〇	奉[illegible]人事股[illegible] 1950.二、十四批人95号通知使用名号改为以辰

重庆电力股份有限公司一九四七年到职名册 0219-1-34

4-1

会计科助理秘书	曾昭明	九、十三	一四〇〇	1949 十二、卅一调薪记股副股长
秘书室助理秘书	由寿农	九、廿八		
会计科统计股科员	沈怀丹	十、八	四五〇〇	1950 二、六 秘人80通知迟到记过一次
总务科材料股科员	孙铁庵	九、廿八	四五〇〇	奉总经理派一厂服务 1950 四、六 秘人145通知与二厂杨同培对调
总务科科员	陈四维	九、廿七	六五〇〇	十一、调购置股
用户股见习	刘国军	十、一	二〇〇〇	由催费调任
仝前	汪绍琦	十、一	二〇〇〇	仝
仝前	易东祝	十、一	二〇〇〇	仝
用户股见习	戴继帅		二五〇〇	补正 十、十六通知 秘人卅一 由代理者回任
法律专员	王勋芸	十、廿	二五〇〇	秘书待遇 十二、六调秘书室

重庆电力股份有限公司一九四七年到职名册 0219-1-34

5

稽查组督员	谭达崇	十二、卅	四〇〇	十二、十四通知 科员待遇
区务室区务员	骆路立	十二、一	五〇〇	卅六秘人字151号通知[illegible]月起改为每月银元[illegible]
顾问	王瑞骙	十二、一		卅七、廿五秘人字[illegible]号通知自[illegible]月支[illegible]
又	邓伯奎		[illegible]	十二、六秘人[illegible]号通知停支[illegible]
又	林龙岗	/		仝
票据股见习	孙法培		三一五〇	仝 1950.一.六由学徒提升 秘人[illegible]号
又	夏代琢		三九〇〇	仝
抄表股见习	林学		三一五〇	1950.一.六由学徒提升 秘人[illegible]号
又	陈祖铸		四六五〇	仝
又	卫连根		二八五〇	仝
检查组见习	刘素民		四五〇〇	1950.一.十九秘人字54通知由学徒提升